产业集群理论模型与实证研究

（第二版）

The Theory and Empirical Research on industrial cluster

翁智刚 著

西南财经大学出版社
Southwestern University of Finance & Economics Press

图书在版编目(CIP)数据

产业集群理论模型与实证研究 /翁智刚著 . —2 版. —成都:西南财经大学出版社,2015.3(2024.8重印)

ISBN 978 - 7 - 5504 - 1669 - 7

Ⅰ.①产…　Ⅱ.①翁…　Ⅲ.①产业经济学—研究

Ⅳ.①F062.9

中国版本图书馆 CIP 数据核字(2014)第 275692 号

产业集群理论模型与实证研究(第二版)

翁智刚　著

责任编辑:植　苗
封面设计:杨红鹰　张姗姗
责任印制:封俊川

出版发行	西南财经大学出版社(四川省成都市光华村街 55 号)
网　址	http://www.bookcj.com
电子邮件	bookcj@ foxmail.com
邮政编码	610074
电　话	028 - 87353785　87352368
照　排	四川胜翔数码印务设计有限公司
印　刷	北京业和印务有限公司
成品尺寸	148mm×210mm
印　张	11
字　数	270 千字
版　次	2015 年 3 月第 2 版
印　次	2024 年 8 月第 3 次印刷
印　数	1— 3000 册
书　号	ISBN 978 - 7 - 5504 - 1669 - 7
定　价	66.00 元

摘　要

　　当今世界经济体系中普遍存在产业集群现象，也被称为"经济马赛克"现象，产业集群已经成为了伴生在经济全球化浪潮中的一种新的经济景观。在全球化经济浪潮中，一国欲获得竞争优势，不能只依靠少数的全球性大企业，还需要更多的根植于本地化的产业集群。产业集群优势在许多地方已经超越低成本优势，成为吸引外资的重要因素。世界经济合作与发展组织在全球范围内极力提倡并推广地方产业集群发展战略，在许多国家和地区，产业集群也已经或正在成为新的产业发展热点。波特在区域竞争力研究中作出了这样的诠释：一种新的被称为"集群"的生产组织形式正在支配当今世界的经济版图，它使全球经济中持久性的竞争优势根植在远方竞争者无法复制的当地要素——知识、关系与企业战略之中。

　　产业集群的兴起，从现象上看是一种新的产业组织结构形式的产生；从生产力发展的实质来看，则是因为全球化的社会生产方式以及信息技术的飞速发展带来的产业行为发生了显著的变化，并导致生产组织形式相应发生了根本性的变革，实现了从所谓的福特制大工业流水线生产向后福特制的网络化敏捷组织形式的变迁。许多区域因为适应了新的生产力发展要求，实现了产业组织形式的创新，因而在参与全球化经济中获得了竞争优势。在这个过程中，现代网络信息技术的广泛应用为企业改变传统协作模式提供了关键的技术支持，在网络信息基础上，供应链及区域一体化协作，虚拟网络组织与产业集群等新的产业组织形式得以更有效地整合外部资源，实现"范围经济"，实现学习、创新与敏捷制造。

一、研究路径与主要内容

产业经济研究主要存在两大主线，其中，哈佛学派结构—行为—绩效（Structure - Conduct - Performance）分析范式，建立在新古典主义经济学基础之上，长期以来一直是产业组织理论的核心与基本分析框架，20 世纪 70 年代以后有学者将其修正为双向动态 SCP 范式。相对应的，芝加哥学派更加重视厂商的市场行为，认为是市场行为或市场绩效决定市场结构，强调厂商行为分析与减少政府干预。本书在研究过程中，在传统哈佛学派结构主义基础上，有机地吸收了芝加哥学派的行为主义内核，以及新产业组织理论中的逻辑循环与反馈方法，增加了技术、信息、学习、创新及长期博弈等新经济的内涵，从而建立了一个动态的多循环的研究范式框架（参见下图 1）。

本书研究主要沿着概念界定——基础文献梳理——产业结构、产业行为与产业绩效（SCP）理论分析——中国产业集群实证研究的逻辑进行展开。全书共分为八章，核心内容部分基本上是按照传统的产业经济学的结构、行为与绩效框架进行层次递进，并将定性理论探讨与定量实证研究有机结合，将产业集群理论与中国的产业集群发展实践分析及政策模型有机结合。

本书主要研究内容如下所述：

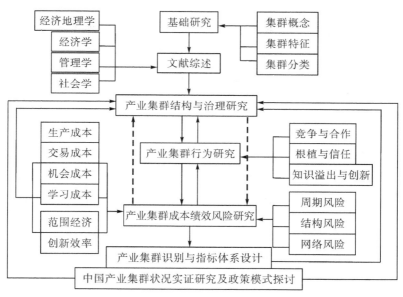

图1　本书研究范式框架图

第一章为导论，介绍本书的选题背景——方兴未艾的产业集群现象和相应的理论研究价值，总结和整理了一些国内外有代表性的理论研究及实证研究成果，设计出了本书的基础研究框架与技术路径，以及主要的研究内容与研究方法，最后是研究创新与局限总结。

第二章是对产业集群研究中的基础问题进行界定与解析，包括对产业集群有代表性的概念进行总结与述评，解析产业集群的属性及特征，然后，根据研究目的对产业集群各种类型进行划分，并对各种产业集群类型特征进行解析。

第三章是综合性的文献综述，对于产业集群，理论经济学、产业经济学、经济地理学、管理学与社会学等学科都有不同的解读，每一学科下面也有不同的流派对其提出各自的主张与看法。本章主要对理论经济学、经济地理学、产业经济学、管理学与社会学等学科产业集群相关理论研究成果进行了综合分析与述评。其中，经济学方面，主要对传统的古典经济学分工理论、制度经济学交易费用与制度变迁理论，以及新兴古典经济学超边际理论关于产业集群的研究进行了描述与分析；在经济地理学方面，对早期产业区位理论、新古典区位理论与当代产业集群及集聚经济理论进行了描述与分析；在区域经济学及产业经济学方面，主要是对竞争力与战略理论、核心能力理论、全球价值链理论与产业模块理论进行了描述与分析；在社会学理论方面，主要涉及文化、社会网络与社会资本及根植理论的描述与分析。

第四章、第五章与第六章是本书的理论研究主体，分别研究了产业集群的组织结构、产业行为与经济绩效。其中，第四章主要研究产业集群的组织结构及治理。本章在解析产业集群的各种组织结构特征的同时，也分析了各种产业行为和经济绩效可能对产业集群结构的影响，即各种治理结构模式。最后，通过图解的形式对农产品加工产业集群、制造业产业集群及高技术产业集群三种典型的产业集群内部结构进行了解析，分析其内部的商业关系，以及其中大企业、大学、政府与市场中介的影响与作用。

第五章是产业集群行为研究。本章结合了新产业组织理论的技术、信息与长期博弈思想及社会学根植理论，重点分析了产业集群中的竞争与合作行为，信任、权利与资源分配行为，以及学习与创新行为三种富有特色的集群产业行为。其中，对产业集群的合作行为特征，产业集群合作机制的建设与合作规则，产业集群中特殊的社会性根植、信任与权利，以及相应的授信行为进行了深入分析；最后是针对知识经济时代特征，对产业集群内部的知识溢出、学习与创新行为作了一个比较全面的研究。

第六章是对产业集群的绩效研究。本章将产业集群绩效分为运行成本、静态规模经济与范围经济绩效、动态创新绩效，以及相应的风险四个层面进行研究，从广义视角解析了产业集群运行中的各项成本，如生产成本、交易成本、学习成本与社会成本，以及各种成本间的相互影响与平衡；在对产业集群的各种绩效收益，包括规模经济、范围经济，以及动态的集群创新效率分析基础上，笔者又对产业集群的布局与结构进行了反馈性分析，研究各种绩效对产业组织结构演进的影响。最后，结合产业集群行为特征，对其蕴藏的风险进行了分析，并设计出相应的风险防御机制。

从第七章开始，全书进入应用实证研究部分，也是对理论研究的部分总结与应用研究的展开。笔者在综合相关研究理论成果基础上，分析了各种经典的产业集群的识别方法与技术，结合中国实际情况，设计了一套具有理论性与实践操作性的产业集群识别评价指标体系。

笔者在第八章对中国产业集群进行了实证研究与政策模式探讨，应用反映产业结构的集中度分析，反映市场行为与绩效的区位商（Location Quotient，LQ）与专业化水平分析，以及反映产业集群状况的主流的产业空间基尼系数（Spatial Gini Coefficient）分析和最新的产业集聚指数（Index of Industry Concentration）分析四种方法，对中国当前的产业组织及产业集群状况进行了定量研究。作为补充，笔者结合我国产业发展历史资料对国内产业集群现状的成因进行了历史的追溯，并对我国当前的劳动力与资本的流动及其对产业集群的影响做了分析。最后，对中国主要产业的产业集群现状进行了总结性的描述分析，并对区域经济发展与集群产业发展的政策模式进行了探讨。

二、研究创新

产业集群作为区域经济发展理论的研究热点，许多国内外专家学者都对此做出了重要贡献。在学习、研究和借鉴前人研究成果的基础上，本书的创新主要体现在以下几个方面：

（1）本书在产业经济学经典的哈佛 SCP（"产业结构—经济行为—经济绩效"）分析框架基础上，有机地吸收了芝加哥学派的行为主义的科学内核，及新产业组织理论中的逻辑循环与反馈方法，增加了网络、信息、学习与创新等新经济的内涵，从而构建了一个动态的多循环 SCP 研究范式框架。

（2）本书高度重视中国产业集群的统计分析，并专章研究了产业集群识别与统计指标体系设计，认为这方面的研究是对中国产业集群进行科学研究的基础和前提。本书认为，在中国产业集群研究中，这方面的全面、系统、准确的统计资料缺失，以及对产业集群统计分析工作的忽视，是一个应当引起重视，并尽快予以解决的重大问题，是一项具有长远意义的基础工作。本书全面地总结了关于产业集群识别的基本方法，并构建了一套关于产业集群的评价指标体系，涵盖产业集群基本情况、公共基础设施、资源与能力 4 个维度 39 个指标。

（3）本书对中国当前产业集群现状进行了多视角的实证研究，并溯源中国产业发展历史，对其做出了合理的解释。在研究数据选用方面，笔者在一部分采用国内通用的产值（增加值）指标的同时，更多的是与国际研究范式接轨，采用更能够反映产业集群特征的劳动力就业人数指标。在分析方法上，不但采用了国际主流的空间基尼系数法，还采用了最新的产业集聚指数法，这样就对中国当前的主要产业集群在宏观层面进行了一个比较全面、科学与系统的描述。

（4）本书高度重视一个地区的人文社会历史因素对产业集群形成和发展的重大影响作用，提出在研究产业集群与特定地区的辩证关系时，不仅把这一地区的经济因素作为产业集群形成和发展的基本条件，而且要把区域的人文社会历史因素作为形成产业集群特色的重要影响因素，从而把培育和做强做大产业集群融入一个地区的全面协调可持续发展的总体战略之中。

在理论分析和实证研究中，本书力求科学严谨，但由于研究资源等多种因素的限制，从而使本书的研究存在以下局限：

笔者一直认为城市是产业集群研究的最佳对象，但是，囿于统计数据的缺失，只能够以省级区域作为研究对象，这将在一定程度上影响产业集群特征的描述分析；基于同样的原因，2位数的产业分类方法也显得有些粗糙。如果可能的话，采用企业级统计数据，以城市为研究对象，以3位数产业分类为标准，会得到更好的研究成果。

在中国，毋庸置疑，招商引资及地方产业政策对产业集群的形成与发展起到了重要的影响作用。由于本书的研究视角与技术路线，没有对此进行专门的研究，但这并不表示这些问题不重要。

Abstract

The phenomenon of industry cluster, which is also refered to as "economic mosaic" phenomenon widely exists in today's world economic system. Industry clusters have became a new economic scenery that follows the tide of economic globalization when one nation should root in local industry clusters rather than a few large international businesses to obtain competitive advantages. The advantage of industry clusters has surpassed the low-cost advantage and becomes the significant drive to attract foreign investment. World Organization for Economic Cooperation and Development is actively advocating and spreading the developemental strategy of local industry clusters. In many nations and regions, industry cluster has been or is becoming the new focus of industrial development. Poter has interpreted in his research on regional competitiveness as followed: a new production organizing form called "cluster" is dominating the world economic territory, which makes persistent competitive advantage in global economy root

产
业
集
群
理
论
模
型
与
实
证
研
究

in local factors that cannot be duplicated by distant competitors, such as knowledge, relationship and coporation strategies.

The emergency of industry clusters is the product of new industry organizing structure phenomenally; while from the perspective of the essence of productivity development, it is the substantial change of industry behavior that was brought forth by the rapid development of globalized social production methods and information technology. This change led to fundamental reform of production organizing pattern accordingly and realized the transformation from such called Ford's pattern of assemble line production to after-Ford's computerized agility organizing form. Because many regions were adapted to new requirement of productivity development, they realized the innovation of industrial organizing form and thus obtained the competitive advantages when taking part in globalized economy. In this process, wide application of modern network information techonology provides technological support for corporation to change traditional cooperative pattern. Based on network and information, the new industry organizing forms, such as the cooperation of supply chain and regional integration, virtual net organization and industry cluster, can integrate external resources more efficiently. Eventually, it can achive "area economy", learning, innovation and agility production.

I. Research Path and Major Content

There are two major paths existing in industrial economy research, thereinto, the Structure—Conduct—Performance analyzing pattern of Harvard University was based on new classic economism and has been always the core and basic analyzing frame of industrial organization theory. After 70s, it was modified into two-direction dynamic SCP pattern by some scholars. Accordingly, Chicago University paid more attention to market behavior of manufacturers. They held that market behavior or market performance determines the market structure and stresses behavior analysis and reduction of government intervention. This book is based on traditional structuralism of Harvard University and organically absorbs the behaviorism core of Chicago University and logic circulation and feedback methods of new industrial organizing theory. The book increases the connotations of new economy, such as technology, information, learning, innovation and long-term game so as to establish a dynamic multicirculation research pattern. (as showed in the following figure)

The book will mainly follows the logic of defining concepts arranging basic literatures—analyzing the theories of industrial structure, industrial behavior and industrial performance—practical research of Chinese industry clusters. The thesis can be divided into eight parts. The main content is basically following traditional structure, behavior and performance of industrial economics to carry through gradually. The book organically combines the qualitative analysis of theories and quantitative study of practices, and combines the theories of industry cluster and the practical analysis as well as political molds of Chinese industy clusters' development.

The main content of the book:

The first chapter is introduction to the research context and the value of theoretical study. The author summarizes and puts up some representative results of theoretical and practical research, and designs the basic research frame and technical path as well as major research contents and methods. At last, the author concludes the innovations and limits of the research.

The second chapter defines and analyzes the problems exsiting in

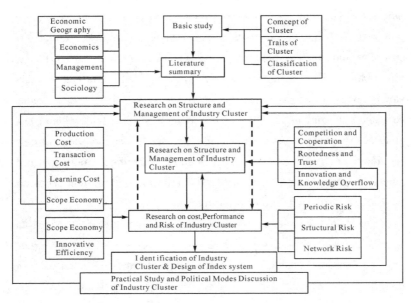

Figure 1   The Dynamic Multicirculation Research Pattern

the research of industry cluster, including summary of representative concepts in industry cluster, interpretation of the qualities and traits in industry cluster, classification of industry cluster according to research purposes and interpretation of different types.

The third chapter is comprehensive literature summary. The author makes different interpretation of industry cluster, Industrial Economics, Economic Geography, Management and Sociology. Thereinto, as for Economics, the author mainly discusses traditional classic Economics incuding Division of Work Theory, Transaction Cost and System Transformation Theory in System Economics and etc. ; as for Economic Geography, the author discusses earlier Industrial Region Theory and modern theory of industry cluster and Convergency Economics; as for Regional Economics and Industrial Economics, competitiveness and strategy theory, main competence theory, global value chain theory and industrial module theory are described in the book; as for Sociology, the author analyzes culture, social net, social capital and rootedness theory.

The forth, fifth and sixth chapters are the main body of the book, separately studies organizing structure of industry cluster, industrial behavior and economic performance. The forth chapter mainly studies the structure and organization of industry cluster. The organizing structure characteristics of various industry clusters are analyzed, as well as the possible impacts that different industrial behavior and economic performances have on structure of industry cluster.

The fifth chapter is the research of industrial behavior. In this chapter, combining the techonoly, information, game theory of new industrial organizing theories and rootedness theory of Sociology, the author analyzes three distinctive behaviors in industry cluster including the competition and cooperation; credit, authority and resources allocation; and learning and innovation. Finally, the author makes a relatively thorough study of knowledge overflow, learning and innovation in industry cluster according to the traits of information economy.

The sixth chapter researches the performance of industry cluster. This chapter divides the performance of industry cluster into operational cost, static scale economy, area economy, dynamic innovative performance and corresponding risks. Different types of cost and their mutual effects and balance are analyzed from the broad sense, such as production cost, transaction cost, learning cost and social cost. Based on the analysis of different types of performance income including scale economy, area economy and dynamic innovative efficiency of industry cluster, the author makes feedback analysis of layout and structure of industry clusters and studies the effects of different performance on the development of industry organizing structure. Finally, the author analyzes the risks of industry cluster and designs the corresponding risk preventing system.

From the seventh chapter, the book comes into the practical research part. Based on combining relative research theoryies, the author analyzes different identifying methods and technology of classic industry cluster. Combining with the practical situation in China, the author designs a set of identifying and evaluating systerm for industry cluster with the theoritial and practical significance.

Finally, the auther discusses the political module of Chinese industry cluster and applies the four types of analysis which are the centralizing degree analysis reflecting the industrial structure; analysis reflecting the market behavior, Location Quotient of performance, and professional level; the Spatial Gini Coefficient of industry analysis reflecting the condition of industry cluster; and new Index of Industry Concentration analysis, then makes quantitative study on China's current condition of industrial organizations and clusters. As a complementarity, the author analyzes the impact of current work force and capital flow in China on industry cluster. Eventually, the author makes depictive analysis on the condition of China's industry cluster and discusses the political modules of reginal economy and industry cluster's development.

II. Innovations in this Research

Industry cluster is the hotspot of reginal economic development theory and plenty of domestic and oversea experts have made substantial contribution on this. Based on the research outcomes made by former experts, the innovatioan of the book is demonstrated in the following aspects:

1. Based on the classic Harvard University's SCP ananlyzing frame, the book absorbs the behaviorism's scientific core of Chicago University and increases some new economy connotations such as network, information, learning and innovation, thus establishes a dynamic and multi-circulation SCP research frame.

2. The book highly emphasizes the statistic analysis of China's industry cluster and spares one chapter to study the identifying and statistic index system of industry cluster, considering that study is the foundation and premise to scientific study of China's industry cluster. The author holds that the lack of thorough, systematic and accurate statistic data, as well as the neglect of statistic analysis on industry cluster, are the important problems needing recognition and quick settlement. The author thoroughly concludes the fundamental methods of industry cluster identification and establishes a set of evaluation index system of industry cluster covering 39 indexes in four dimensionality — — — basic situation, public infrastructure, resources and competence.

3. The author makes multi-perspectives practical study on China's current centralizing condition of industry cluster, traces back to the history of the development of industry cluster and makes reasonable explaination to it. As for data used in research, one part of it uses domestic universal index, while most is consistent with the international research model. As for analyzing methods, the author applys not only the internationally used Spatial Gini Coefficient method, but also latest Index of Industry Concentration method. Therefore, a thorough, scientific and systematic description of China's current industry

cluster is made on an macro level.

4. The book highly focuses on the significantly cultural, social and historical impacts of one region on the emergency and development of industry cluster, and puts forward that cultural, social and historical factors should be useed as important affecting factors when studying the dialectic relationship between industry cluster and certain region. Thereby, the cultivation and enhancement of industry cluster can inosculate with the overall strategy of one region's continuable development.

In the theoretical analysis and practical study, the author does his best to make the book to be scientific and precise, however, due to the limits of research resource and other factors, the following limits are existing in the book:

The author always holds that the city is the best object to study industry cluster, however, owing to the lack of statistic data, the provincial region can only be used as research object which will affect the depictive analysis of industry cluster's characteristics at some degree. Based on the same reason, binary classification of industry cluster is somewhat rough. If corporational data is applied, city is regarded as object and ternary classification as standard, the research results will be better.

In China, there is no doubt that attracting foreign business and capital and local industrial policies play a significant role in the emergency and development of industry cluster. Considering the research perspective and technical path, the author does not make special research, but this doesn't mean these factors are not important.

目　录

3. 文献述评 67

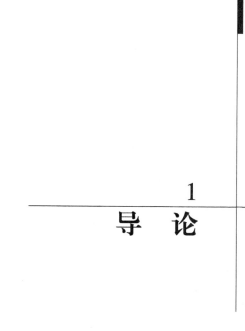

1

导　论

1.1 研究背景和价值

1.1.1 研究背景

产业集群（Industrial Cluster）雏形在 20 世纪 70 年代甚至更早以前就已经存在，只是在近二十几年随着美国硅谷高技术产业集群与欧洲"第三意大利产业区"① 的兴起，人们才对其惊人的发展速度及强劲的竞争力表现开始关注，并伴随波特（Porter）、斯科特（Scott）、皮奥里（Piore）和撒贝尔（Sabel）等著名学者的研究发现，人们才惊奇地感觉到：原来世界经济已经变成一片马赛克式的集群经济版图。

（1）全球产业集群现象

世界各地的产业集群中比较著名的和比较有代表性的产业集群，在发达国家，有美国的硅谷和 128 号公路的电子产业集群、新泽西州纽约地区的制药产业集群、密歇根的汽车产业集群、明尼阿波利斯的医学设备产业集群、马萨诸塞的制鞋产业集群，德国图特林根的外科器械产业集群、斯图加特的机床产业集群、韦热拉的光学仪器产业集群，法国布雷勒河谷的香水玻璃瓶产业集群、巴黎森迪尔区的网络产业集群，丹麦日德兰半岛家具业集群，意大利贝鲁诺眼镜产业集群、意大利伦巴底的包装产业集群，瑞士居鲁诺的钟表产业集群；在发展中国家，有印度班加罗尔的电子信息产业集群、巴基斯坦锡亚尔科特外

① 第三意大利产业区是以传统产业的中小企业专业化集群、在地理上高度集聚的企业集群为特征的意大利产业区，主要是指意大利的中央和东北部地区的中小企业集群，它既不同于发达的西北部，也不同于落后的南部，又称"意大利式产业区"（Itali-armte industrial district）。

科手术器械集群、尼日利亚尼韦汽车零部件制造集群；在我国，也有诸如北京中关村电子产业集群、福建晋江的运动鞋产业集群、广东的电子与家具产业集群、江苏的纺织品产业集群、重庆的摩托车产业集群及浙江嵊州的领带产业集群等，各个地方的产业集群正在推动本地经济增长过程中起着重要作用。

产业集群已经成为了当前影响世界经济格局的一个重要因素，成为伴生在经济全球化浪潮中的一种新的景观。

全球产业集群的繁荣发展也引起了相关国际经济组织、许多国家和地方政府部门的浓厚兴趣。它们发现：在全球化经济浪潮中，一国欲获得竞争优势，不能只依靠少数的全球性大企业，还需要更多的根植于本地化的产业集群。联合国贸易与发展大会发布的《2001年世界投资报告》中明确指出，产业集聚优势已经超越低成本优势，成为吸引外资的重要力量。于是，联合国工业发展组织和经济合作与发展组织在全球范围内极力提倡并推广地方产业集群发展战略。在许多国家和地区，产业集群已经或正成为新的产业发展热点。相应的，从事经济与管理研究的学者以及政府研究机构，也因为产业集群能够有效带动区域经济发展、增加就业并产生强大的区域竞争优势，而将其作为研究区域经济发展的重点课题。

（2）产业组织形式变革

产业集群的兴起，从现象上看，是一种新的产业组织结构形式，从生产力发展的实质来看，则是因为全球的社会生产方式及结构发生了许多显著性的变化。

1970年以来，生产要素资源全球化配置进程显著加快，同时，信息技术飞速发展，带来的不仅仅是企业内部管理成本与市场交易成本的同时降低，还对社会财富的生产方式产生了革命性的影响，并导致企业的生产组织形式实现相应的变革。全球化经济和信息技术的飞速发展催生了产业集群这样一种介于传统企业与单纯市场之间的网络化产业组织形式。

经济全球化的直接表现就是市场的全球化与竞争的全球化。全球化的竞争，导致每一个地方、每一个企业面对的可能都是世界级的竞争对手，竞争也因此变得空前激烈。竞争最直接的后果就是消费者受到前所未有的重视，消费者对产品与服务质量、供货时间以及个性化的要求变得越来越高，而且，这种高的要求得到的满足加剧了更高更新要求的产生。市场的高要求、个性化与快速转移大大增加了企业经营管理的不确定性，企业传统的控制与管理，从内部完善产品变得越来越不能适应竞争，而快速市场响应与创新成为了企业竞争优势的重要来源。这时，传统的科层制纵向一体化的生产组织形式对此显然不能很好地适应。

在产品市场全球化的同时，生产要素与服务也在全球范围内实现了交换，资源获取路径被大大拓宽，关注企业自身核心能力的提高与大量资源外包成为了最佳组合，这些都推进了供应链的全球纵向一体化协作与水平一体化的资源共享（请注意，不是水平一体化的规模效应）。于是，市场的全球化推动了生产的全球化。

在市场与生产全球化的过程中，现代网络信息技术的广泛应用为企业改变传统协作模式提供了关键的技术支持，在网络信息基础上，供应链及区域一体化协作，虚拟网络组织与产业集群等新的产业组织形式才可能更有效地整合外部资源，实现"范围经济"，实现定制化生产与敏捷制造。

随着企业之间的竞争与合作的升级，产业链中的上下游企业需要建立更加密切的协作伙伴关系，和规模庞大的要素市场，通过动态组合与协作，加速生产知识与市场信息的流动，促进创新的产生与扩散。这样，由渠道中间商、专业供应商、竞争者以及诸如大学、专业技能学校、管理咨询机构、政府等支持性机构与大量的生产制造企业集聚在一定的区域，就形成了区域产业集群。

图1-1　硅谷产业集群图

生产方式的变革，导致西方发达国家的生产组织形式也相应发生了许多根本性的变革，实现了从所谓的福特制大工业流水线生产向后福特制的网络化敏捷组织形式的变迁。许多区域因为适应了新的生产力发展要求，实现了产业组织形式的创新，因而在参与全球化经济中获得了竞争优势。

波特（Porter，1991）在区域竞争力研究中指出，一种新的被称为"集群"（Cluster）的生产组织形式正在支配当今世界的经济版图，它使全球经济中持久性的竞争优势根植在远方竞争者无法复制的当地要素——知识、关系与企业战略之中。

事实上，生产组织形式在社会财富创造过程中的作用，丝毫不亚于劳动力、资本与技术等生产要素，只是很遗憾，它长期被视为经济增长的外生变量，甚至被抽象掉了。

因此，产业组织形式、产业组织形式的演进与创新成为产业经济学研究中的一大重要课题。

1.1.2　研究价值与意义

（1）研究价值

经济理论研究的价值就在于它能够解释经济现实，从而推动经济发展。

一个不容置疑的经济现实是，今天的世界经济体系当中已经普遍存在着产业集群，或者被称为"经济马赛克"现象，当人们需要搜寻一家世界级的共同基金时，目光会聚集在波士顿；当人们寻找领带供应商时，会到浙江嵊州；当人们寻找高品质的汽车公司或者时尚的皮鞋时，想到的首先是德国南部地区与意大利的北部地区。

值得人深思的问题是，这些集群现象背后的经济学原理是什么？是什么导致集群的存在？集群存在的主要行为表现怎样，又会对经济绩效产生哪些方面的影响？尤其值得思考的是，经常被忽略的空间因素在经济学模型中到底扮演着一个什么样的角色？

历史上，关于产业集群，列昂惕夫（Leontief）、钱纳里（Chenery）、佩鲁克斯（Perroux）、艾萨德（Isard）、缪尔达尔（Myrdal）、切尼兹（Chinitz）、阿朗索（Alonso）、贝里（Berry）以及赫希曼（Hirschman）等大师级人物都在其经典文献中有所论述，只是他们都侧重于建立纯理论模型，而不是当前的研究热点，如非市场的关系、信任、依赖与路径等（Harrison，1992）。

在经典的新古典经济学框架中，标准的阿罗—德布鲁（Arrow－Debrew）一般均衡模型有两个基本的前提假设——规模报酬不变以及不存在交易成本（包括运输成本）。因此，空间经济的两个最重要特征——运输成本（交易成本的一种形式）和生产与消费中的递增收益——在该模型中双双被抽象掉了。于是，作为新古典方法典范的竞争性均衡模型与规模经济变得不相容，并导致了典型的"马歇尔冲突"。

新古典理论经济学的研究当中，一直都把空间假设为外生的与均质的。事实上，我们都知道空间与时间都是事物及行为的存在形式，现代经济学体系已将时间范畴引入了经济学的分析框架之中，形成了静态研究和动态研究的体系以及短期分析和长期分析的方法。但是，经济学体系对空间范畴的研究却仅仅局限于克鲁格曼（Krugman）、藤田昌久（Masahisa Fujita）等空间经济学中，尚未真正进入主流研究范式。

主流经济学在致力于回答诸如"为谁生产、如何生产、何时生产"等问题的同时，应该考虑解释"何地生产"问题了，在经济全球一体化的今天，这个问题显得前所未有的重要与急迫。

（2）研究意义

在中国这样一个迅速融入经济全球化浪潮中的发展中国家，产业集群的研究具有重要理论与现实意义。经济的全球化和信息化正导致要素、资源和分工在不同层次上迅速地变化着，并日益集聚于特定区域，作为全球生产制造基地的中国，如何实现产业升级、增加就业，并更多地创造具有高附加值的产品，发挥不止是"低成本"的竞争优势，是一个重要的问题，而产业集群是解决该问题的重要路径之一。

创新是新经济财富创造的主要源泉，也是市场竞争力提高的主要手段。创新产生于人们的相互联系，产业组织间的交流与合作，以及研究机构的知识运用与扩散。具有较强外部性或溢出效应的企业、研究机构，以及其他中介组织集聚在一定区域，为创新搭建了一个优质平台，在这里，有更多的商业机会与市场和技术信息，企业能够更好地了解市场，了解顾客消费需求与发展趋势，了解生产技术的失败与成功，减少企业学习成本，加强产业链的技术合作，促进产品差异化与技术进步，加速企业的产品创新。世界上各具特色的产业集群，实际上就是各具特色的产业创新组织，这也是欧洲一部分研究者将产业集群视作区域创新环境的缘由。

从国际大背景看，经济全球化与新的科技革命加速了世界产业结构的调整，特别是高技术产业和知识经济的快速发展将引发一场新的产业革命，发达国家产业升级、产业转移与扩散的步伐显著加快，这对发展中的中国而言，既是重大机遇，也是空前的挑战。

在国内，我国的经济发展也进入一个新的转型阶段，以短缺经济和数量扩张为主的发展基本完成，国民经济正在向市场导向、科学发展、资源节约、环境和谐的新阶段过渡。但与此同时，许多经济问题也不容乐观，比如地区产业结构趋同化趋势日趋加剧，低水平的重复建设、重复生产和盲目竞争问题仍然十分严重。

这些，都要求必须要适应国内外经济发展的新形势、新要求和新变化，尽快实现产业组织的创新，形成独具特色的产业体系，而产业集群是地区产业组织创新的重要形式，对于我国国家及各地区提升产业竞争力和实现区域产业经济的有序协调可持续发展具有重要的现实意义。

1.1.3　主要研究成果回顾

基于产业集群的重大研究价值，国内外不同机构、团体、非政府组织的不少学者和研究人员花费了大量的精力于产业集群的实证分析研究，以期发现产业集群产生、发展与作用的机制，找出影响产业集聚的直接因素和间接因素，探索政府产业政策的路径与内容。在产业集群理论逐渐走向成熟的过程中，也涌现了一大批富有创见的研究成果。

（1）理论研究成果

从当前的研究现状来看，国内外学术界对产业集群的研究，核心问题主要包括：产业集群的成因，影响产业集群形成的主要因素；地方化的外部性是否存在，其影响范围程度；产业集群的普遍性及其在特定产业或者特定产业发展的特定阶段的特征分析；产业集群效应等。

产业集群研究的当前主要热点问题是：产业集群与创新；产业集群、核心能力与资源共享；产业集群、信任与社会网络；产业集群周期与路径依赖。这反映出该理论的研究目前尚未形成一个主流与系统框架，各派专家学者更多的是通过与其他学科的知识交叉（如社会学、管理学），或者引进前沿的经济学及企业理论内核，如知识、能力、创新做出相应的研究。

从研究进程来看，主要的研究成果如下：

马歇尔是产业集群研究的早期研究者，他首先发现了产业集群的外部经济性，还有资源禀赋、交易便利、社会性根植以及偶然性，首创了"产业区"概念与理论。

1826 年，古典区位理论的创始人德国经济学家冯·屠能（Johann Von Thunen，1783—1850）最早将空间引入到经济学领域加以研究，创立了农业区位论与著名的"屠能圈"，建立了一个孤立国模型。① 工业区位理论的创立者阿尔弗雷德·韦伯（Alfred Weber，1909）第一个全面系统地论述了工业区位，从微观企业的区位选择角度，阐明了企业是否靠近取决于集聚的好处与成本的对比。20 世纪 90 年代以来，区位经济理论从新熊彼特主义观点出发，将创新、技术变迁、经济增长和贸易的分析结合起来，研究产业集聚的创新体系。

国际经济学大师保罗·克鲁格曼（Paul Krugman）将空间经济研究纳入了主流经济学研究范畴，应用不完全竞争经济学、递增收益、路径依赖和累积因果关系等来解释产业的空间集聚现象。1991 年、1995 年和 1999 年，麻省理工学院先后出版了保罗·克鲁格曼的著作《地理和贸易》、《发展、地理和经济理论》和《空间经济：城市、区域和国际贸易》。

巴卡提尼（Becattini）把社会学融入区域经济研究范畴，将"马歇尔产业区"定义为"一个社会地域经济实体"。格兰诺维特（Granovetter，1985）提出了根植性（Embeddedness）的概念，认为经济主体之间的交易"根植"于社会关系之中。哈里森（Harrison，1992）发现，产业区模型展示了经济关系实际上根植在一个更深层的社会结构中，由此提供了一种强大的力量，足以（在当地）不断形成表面上看来自相矛盾的竞争与合作关系。

林·米特卡（Lynn Mytelka，1998）基于产业集群的发展水平与内在社会经济关系把产业集群分为自发的非正式集群、有组织的产业集群与创新型集群三类，彼得·克劳瑞格（Peter Knorringa，1998）借鉴马库森（Markusen，1996）对产业区的分类方法，把产业集群分为意大利式产业集群、集群卫星式产业集群与集群轮轴式产业集群三类。

---

① MARK BLAUG. Thunen and New economic Geography［M］. Edward Elgar Publishing，1992.

日本京都大学经济研究所（KIER）藤田昌久（Masahisa Fujita）教授，与比利时鲁汶天主教大学教授雅克·弗朗科斯·蒂斯（Jacques Francois Thisse）合著了《集聚经济学》（Economics of Agglomeration：City，Industrial Location and Regional Growth），首次对企业和家庭集聚提供了一个统一的经济学解释框架。

在产业集群研究中，战略理论因为波特教授的重大影响力而处于重要地位（Port，1991），波特在其《国家竞争优势》（The Competitive Advantage of Nations，1990）一书中提出了关于国家和地方竞争力的微观经济理论，认为竞争优势和持久经济租金并不是某一个产业或企业所特有的。在全球化经济背景下，产业集群（Industrial Cluster）在区域经济发展过程中处于显著地位，建立产业集群是中等发达经济和发达经济发展的一个不可或缺的重要条件。在波特教授著名的钻石理论模型中，具有广泛相关的支撑性产业的集群被视作全球竞争优势的主要决定因素之一，共同面临激烈竞争压力的企业，相互迫使对方进行改进和创新，为了获得成功，企业日益需要在集群里进行合作与相互作为产业支撑。

学者们通过对欧洲（Herrigel，1996）、美国（Saxenian，1994）和日本（Gerlach，1992）的传统产业（Sabel，1986）以及新兴产业（Powell，1996）的研究发现，经济组织的一些最基本要素——学习（Powell，1996）、知识传播（Storper，1996）、职业创新（Piore and Sabel，1984）、技术进步（Podolny and Stuart，1995）、企业家精神（Freeman，1996）和绩效（Uzzi，1996）等，可以被归纳为企业网络而非单个组织的特性。大量的实证研究结果也检验了产业集群战略的效果，承认其存在一般有效性（Harrison，1992；Harrison，1995；Kelly and Helper，1997）。

以欧洲创新环境研究小组（GREMI）为代表的区域经济研

究学派，将产业的空间集聚与创新活动联系起来，提出了"创新环境"（Innovation Milieu）概念，强调产业区内的创新主体和集体效率（Collective Efficiency）以及创新行为所产生的协同作用。

类似的，联合国经济发展与合作组织（Organization for Economic Corperation and Development，以下简称 OECD）对产业集群的研究也是基于对国家创新系统的研究。OECD 对国家创新系统的研究分为两个阶段：第一阶段主要研究国家创新系统中知识分配能力的评价体系；在第二阶段则组成不同的研究小组对国家创新系统的研究进一步深化，研究主题包括：制度的关联性；人力资源流动；创新企业行为；发展中国家创新系统；产业集群。产业集群作为研究的主题，其研究范围包括：集群的界定、集群的创新方式、创新风格、相同的集群在不同国家的绩效研究及差异分析、产业集群的政策意义及产业集群政策设计的原则。

OECD 还对以下国家产业集群进行了实证分析：丹麦、芬兰、瑞典、比利时、美国、英国和荷兰。并且，在此基础上提出了有待深化的问题：如何使产业集群更有竞争力；重要知识问题的确认；产业升级优化战略的设计；如何从传统的竞争走向战略协作和差异化竞争。

北京大学的王缉慈教授将产业集群描述为"新产业区"现象（1994），强调专业化分工、网络协同、创新、社会文化环境根植以及柔性生产地域系统（Flexible Production Territorial System）。她在 2001 年出版的专著《创新的空间——企业集群与区域发展》中，兼容了波特集群结构分析和社会学理论。

南京大学梁琦教授（2004）秉承克鲁格曼的研究方法，对产业集聚进行了三个层次的解析。仇保兴博士在《小企业集群研究》中，分别从问题、历史和概念，一般理论问题分析，以及应用分析三个方面对小企业集群进行了解析。

（2）实证研究成果

关于产业集群的实证研究，主要分为以综合统计数据为基础的宏观产业集群研究以及以典型案例为基础的微观产业集群研究。

①综合统计数据研究。波特主持了著名的"集群分布图项目"（Cluster Mapping Project），基于国际贸易数据，应用现代统计学方法和工具，对美国各州主导产业集群及其集聚程度进行了深入研究，描绘出了美国经济的交叠产业集群示意图（参见图1-2）与美国各州典型产业集群图（参见图1-3），同时，波特还对其他许多国家的产业集群进行了分析，如下面的葡萄牙产业集群图（参见图1-4），并发现：像葡萄牙这样的中等收入国家，产业集群主要表现为资源密集型与劳动力密集型。

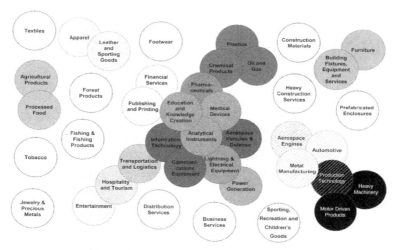

图 1-2　美国经济的交叠产业集群示意图

（Schematic diagram of cluster overlap in the US economy）①

———————————

① MICHAEL E. POTER. the Economic Performance of Regions ［J］. Regional Studies，2003（37）：549-578. 该图主要描述了美国的两位数工业的各产业之间的相互交叠与关联状况。

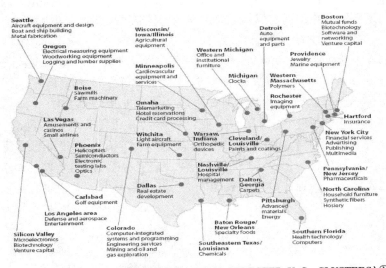

图 1 - 3 美国典型产业集群图（MAPPING SELECTED U. S. CLUSTERS）①

　　南京大学梁琦教授（2004）对我国东部沿海地区的制造业
集群、出口贸易集群与 FDI 集群的运用区位商进行了统计分析，
发现：我国东中西部在经济发展和人均 GDP 的差异，其根本原
因在于工业化水平的差异；三大区域出口贸易差异的绝大部分
可以用外商投资的地区差异来解释。

---

　　① MICHAEL E. POTER. Clusters and the new economics of competition［J］. Har-
vard Business Review，Nov/Dec 1998.

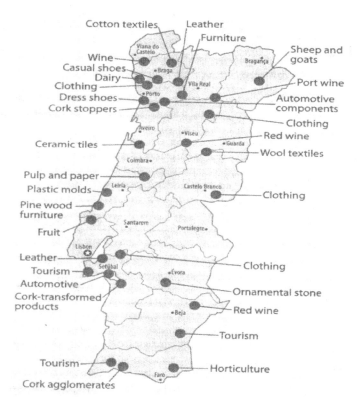

图 1-4　葡萄牙产业集群图①

　　澳大利亚国立大学文玫教授（2004）运用第二次和第三次工业普查的数据考查了中国工业在区域上的集中程度。研究发现：至 1995 年，中国的许多制造业都高度集中在几个沿海省份，而且自改革以来，中国制造业在地域上变得更为集中了，中国工业依然位于倒 U 曲线的左方，随着交易和运输费用的进

---

① PORTER M E. Clusters and the new economics of competition ［J］. Harvard Business Review, 1998（11/12）.

一步下降可能会促进制造业在地域上进一步聚集。

中国社会科学院金煜研究员等（2006）使用新经济地理学的分析框架讨论了经济地理和经济政策等因素对工业集聚的影响，发现：经济开放促进了工业集聚，而经济开放又与地理和历史的因素有关；市场容量、城市化、基础设施的改善和政府作用的弱化也有利于工业集聚；沿海地区具有工业集聚的地理优势。罗勇与曹丽莉（2005）对中国 20 个制造行业 1993 年、1997 年、2002 年以及 2003 年的集聚程度进行测算，发现1997—2003 年的集聚程度呈增长趋势。集聚程度由高到低的行业分布依次为：技术密集型产业——资本密集型产业——劳动密集型产业。江苏、广东、山东、浙江、上海五省市集中度很高，西部边远地区则远远落后，两极分化严重。路江涌与陶志刚（2006）考察了中国制造业的区域集聚程度在 1998—2003 年间的发展趋势，并进行了国际比较，发现中国的行业区域集聚程度仍处在一个上升阶段。

②案例研究。案例研究（Case Studies）就是在产业集群分析中，通过对被选取的一个或几个典型产业集群进行实地调研或通过其他途经获得的该集群相关资料，分析其产生、现状和历史发展演变，以求发现产业集群产生的条件、影响集群发展的因素以及各种不同地域、不同产业集群的特征。

关于这类实证研究的例子，数不胜数，国外经典案例研究，如：凯伯等（Keeble，1999）从马歇尔的"产业区"理论出发，分析了创新环境与集群创新的关系，以及集群学习过程的重要性，并通过对剑桥地区产业集群的实证研究，总结出了集群学习的三种机制：显性技术和管理专长以企业家形式在本地流动和企业衍生；企业网络交互活动；研发人员在当地企业间流动。凯伯还提出，集群内企业长期的集体学习和连续的知识积累可能会使一个集群被"锁定"，因而向外部知识源学习对于"创新环境"的持续成功而言就非常必要。他们也在对剑桥地区的实证研究中发现区际和国际网络在当地高科技企业的外部创新资源投入、合作研发和科技人才三个方面起着非常重要的作用。

Khalid Nadvi 和 Gerhard Halder（2002）用集群和价值链作为分析方法对巴基斯坦的锡亚尔科特和德国的图特林根（Tuttlingen）的外科器械集群进行了实证研究，通过对比两个分别处于发展中国家和发达国家、低端技术和高端技术的产业集群，发现它们在生产和技术方面有相当多的联系，同样面临质量升级、低成本竞争和医疗技术发展的挑战。

Capello（1999）通过对特定产业集群的实证案例研究，提出集群学习与小企业突破性产品创新之间存在显著相关关系，即产业集群有助于提升小企业的创新绩效。Morosini（2004）从集群的知识整合与竞争范围角度研究了集群的绩效，认为产业集群行为主体间的知识整合水平与经济活动范围是影响经济绩效的关键参数，并据此建立模型进行了大量的实证分析。

其他的，如 Baptista 和 Swann（1998）就企业成长、发展及创新能力对英国和美国电脑产业集群进行了实证研究与分析；Shohei Kaibori 对日本产业集群的现状进行了实证研究与分析；Bayer等（1993）对于澳大利亚木材与造纸（Wood & Paper）产业集群关系进行了实证研究与分析；Leo 等（1994）对澳大利亚电信产业集群进行了实证研究与分析。

尽管国内产业集群分析起步较晚，但是，很快引起了学者们的注意。笔者检索了 2004 年以来，以"产业集群"、"产业集聚"和"企业集群"为标题或关键词的博士论文，竟达上百篇，相关的其他文献更是数不胜数。北京大学的王缉慈教授与中国社会科学院倪鹏飞研究员对中国产业集群的现状做了大量深入细致的调研与分析研究，其他的学者在案例研究方面也做出了显著的贡献，可以用不胜枚举来形容。简单罗列一些如下：朱华晟、王玉华和彭慧（2005）对绍兴、宁波、嘉兴和温州等地区的10个产业集群进行了实地调研，按照集群生命周期的主要发展阶段，从三个方面定性地观察分析了浙江地区产业集群空间结构的演化及其内在动力；吴强军（2004）以浙江海宁皮鞋产业集群为案例，对乡镇企业成长与企业集群做了实证研究；朱杏珍（2005）以中关村科技园区高新产业集群及浙江嵊州领带集群为例进行了产业集群生命周期理论研究与实证分析；蔡宝家（2006）对福建省晋江运动鞋产业集群进行了实证研究。

1.1.4 研究创新

产业集群作为区域经济发展理论的研究热点，许多国内外专家学者都对此做出了重要贡献，在学习、研究和借鉴前人研究成果的基础上，本书的创新主要体现在以下几个方面：

（1）本书在产业经济学经典的哈佛SCP（"产业结构——经济行为——经济绩效"）分析框架基础上，有机地吸收了芝加哥学派的行为主义的科学内核，以及新产业组织理论中的逻辑循环与反馈方法，增加了网络、信息、学习与创新等新经济的内涵，从而构建了一个动态的多循环SCP研究范式框架。

（2）本书高度重视中国产业集群的统计分析，并专章研究了产业集群识别与统计指标体系设计，认为这方面的研究是对中国产业集群进行科学研究的基础和前提。本书认为，在中国产业集群研究中，这方面的全面、系统、准确的统计资料缺失，以及对产业集群统计分析工作的忽视，是一个应当引起重视并尽快解决的重大问题，是一项具有长远意义的基础工作。本书全面地总结了关于产业集群识别的基本方法，并构建了一套关于产业集群的评价指标体系，涵盖产业集群基本情况、公共基础设施、资源与能力4个维度39个指标。

（3）本书对中国当前产业集群集聚现状进行了多视角的实

证研究，并溯源中国产业发展历史，对其做出了合理的解释。在研究数据选用方面，笔者在一部分采用国内通用的产值（增加值）指标的同时，更多的是与国际研究范式接轨，采用更能够反映产业集群特征的劳动力就业人数指标。在分析方法上，不但采用了国际主流的空间基尼系数法，还采用了最新的产业集聚指数法，这样就对中国当前的主要产业集群在宏观层面进行了一个比较全面、科学与系统的描述。

（4）本书高度重视一个地区的人文社会历史因素对产业集群形成和发展的重大影响作用，提出在研究产业集群与特定地区的辩证关系时，不仅把这一地区的经济因素作为产业集群形成和发展的基本条件，而且要把区域的人文社会历史因素作为形成产业集群特色的重要影响因素，从而把培育和做强做大产业集群融入一个地区的全面协调可持续发展的总体战略之中。

在理论分析和实证研究中，本书力求科学严谨，但由于研究资源等多种因素的限制，从而使本书的研究存在以下局限：

笔者一直认为城市是产业集群研究的最佳对象，但是，囿于统计数据的缺失，只能够以省级区域作为研究对象，这将在一定程度上影响产业集群特征的描述分析；基于同样的原因，2位数的产业分类方法也显得有些粗糙。如果可能的话，采用企业级统计数据，以城市为研究对象，以3位数产业分类为标准，会得到更好的研究成果。

在中国，毋庸置疑，招商引资及地方产业政策对产业集群的形成与发展起到了重要的影响作用。由于本书的研究视角与技术路线，没有对此进行专门的研究，但这并不表示这些问题不重要。

1.2 研究路径与方法

1.2.1 研究框架与技术路径

本书的研究主要是沿着概念界定——历史文献梳理——产业结构、产业行为与产业绩效（SCP）理论分析——中国产业集群实证研究的逻辑进行展开，全书共分为八章，基本上是按照传统的产业经济学的结构、行为与绩效框架进行层次递进，并且将定性理论探讨与定量实证研究有机结合，将理论与中国的产业集群实践分析及政策模型有机结合。

结构—行为—绩效（Structure - Conduct - Performance）分析范式，是在 20 世纪 30 ~ 50 年代，由梅森（E. S. Mason）和贝恩（J. S. Bain）等代表的哈佛学派提出，它建立在经济学新古典主义基础之上，长期以来一直是产业组织理论的核心与基本分析框架。

哈佛学派 SCP 范式认为：产业组织理论由市场结构、市场行为、市场绩效三个基础部分及政府产业组织政策组成。其中，市场结构是对市场内竞争程度及价格形成等产生战略性影响的市场组织特征，决定市场结构的主要因素有市场集中度、产品差别化程度和进入壁垒高低；市场行为是企业在充分考虑市场供求条件及与其他企业的关系基础上，所采取各种决策行为，包括产品差异化策略、定价策略、建立战略合作、联合创新及排挤竞争对手行为等；市场绩效是在一定市场结构和市场行为条件下市场运行的经济效果，包括各种经济活动运行成本与收益，以及整体资源配置效率等。由于哈佛学派将市场结构作为整个产业组织理论分析的重点与基础，因而信奉哈佛学派的人也被称为"结构主义者"。最初的 SCP 范式的市场结构、行为与绩效之间是一种简单的、单向的、静态的因果关系，20 世纪 70 年代以后，产业组织理论又提出了双向的动态的 SCP 范式。

20 世纪 60 年代后期，以施蒂格勒（J. Stigler）、波斯纳（R. Posner）与德姆塞茨（H. Demsetz）等为主要代表人物的芝加哥学派对哈佛学派 SCP 范式进行了批判。芝加哥学派认为，即使市场中存在着某些垄断势力或不完全竞争，只要不存在政府的进入规制，这种高集中度产生的高额利润会因为新企业大量进入而消失。如果一个产业持续出现高利润率，这完全可能是该产业中企业高效率和创新的结果，即使市场是垄断的或高集中寡占的，只要市场绩效良好，政府规制就没有必要。芝加哥学派认为技术和进入自由这两个因素决定市场结构。除了政府进入规制以外，真正的进入壁垒在实际中几乎是不存在的。

芝加哥学派与哈佛学派的主要区别在于哈佛学派强调市场结构，而芝加哥学派强调和重视厂商的市场行为分析；哈佛学派的 SCP 范式强调市场结构是决定性的因素，即市场结构决定市场行为和市场绩效，芝加哥学派认为是市场绩效或市场行为决定了市场结构，而不是市场结构决定市场行为和绩效。芝加哥学派和哈佛学派相比，更加注重厂商行为的分析；在政策主张方面，哈佛学派主张制定严格的反垄断政策，完善维护公平竞争的法律体系；芝加哥学派则主张消极的反托拉斯政策。

20 世纪 70 年代以后，由于可竞争市场理论、博弈论、交易成本理论及合约理论等新理论的引入，产业组织理论在研究基础、方法、工具及研究方向都产生了突破性的变化，大大推动了产业组织理论的发展。代表人物有考林（Cowling）、沃特森（Waterson）、鲍莫尔（W. J. Baumol）等。在研究基础上，新产业组织理论更加注重市场环境与厂商行为的互动关系，这种互动关系体现了逻辑上的循环和反馈链。在研究方向上，新产业组织理论更加强调在不完全市场结构条件下厂商的组织结构、市场行为和经济绩效研究，在理论假定上增加了交易成本和信息的维度，为解释和分析不完全竞争市场提供了更好的行为分析工具，对厂商的策略性市场行为对市场绩效和结构的影响的解释更加符合逻辑，将传统 SCP 的单向关联也演绎成复杂的双向或多重关联机制。新产业组织理论在研究方向上更强调市场行为而非市场结构，并将市场结构视为内生变量，突破了传统产业组织理论单向、静态的研究框架，建立了双向的、动态的研究框架。①

本书在研究过程中，在传统结构主义基础上，有机地吸收了芝加哥学派的行为主义的合理内核及新产业组织理论中的逻辑循环与反馈方法，增加了技术、信息、学习、创新及长期博弈等新经济的内涵，从而建立了一个动态的多循环的研究范式框架（如图 1-5 所示）。

1.2.2 主要研究内容

本着上述理论研究逻辑，全书共分为八章。

第一章为导论，介绍本书的选题背景——方兴未艾的产业集群现象和相应的理论研究价值，总结和整理了一些国内外有代表性的理论研究及实证研究成果，设计出了本书的基础研究框架与技术路径，以及主要的研究内容与研究方法，最后是总结的研究创新与局限。

第二章是对产业集群研究中的基础问题进行界定与解析，包括对产业集群有代表性的概念进行总结与述评，解析产业集群的属性及特征，然后，根据研究目的对产业集群各种类型进行划分，并对各种产业集群类型特征进行解析。

---

① 史忠良．产业经济学 [M]．北京：经济管理出版社，1998．

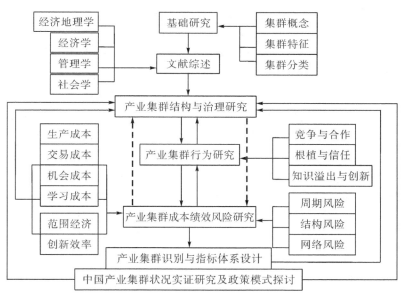

图 1-5　全书结构框架及研究技术路线图

　　第三章是综合性的文献综述。关于产业集群，理论经济学、产业经济学、经济地理学、管理学与社会学等学科都有不同的解读，每一学科下面也有不同的流派对其提出各自的主张与看法。本章主要对理论经济学、经济地理学、产业经济学、管理学与社会学等学科产业集群相关理论研究成果进行了综合分析与述评。其中，经济学方面，主要对传统的古典经济学分工理论、制度经济学交易费用与制度变迁理论，以及新兴古典经济学超边际理论关于产业集群的研究进行了描述与分析；在经济地理学方面，对早期产业区位理论、新古典区位理论与当代产业集群及集聚经济理论进行了描述与分析；在区域经济学及产业经济学方面，主要是对竞争力与战略理论、核心能力理论、全球价值链理论与产业模块理论进行了描述与分析；在社会学理论方面，主要涉及文化、社会网络与社会资本及根植理论的描述与分析。

第四章、第五章与第六章是本书的理论研究主体，分别研究了产业集群的组织结构、产业行为与经济绩效。其中，第四章主要研究产业集群的组织结构及治理。此章在解析产业集群的各种组织结构特征的同时，也分析了各种产业行为和经济绩效可能对产业集群结构的影响，即各种治理结构模式。最后，通过图解的形式对农产品加工产业集群、制造业产业集群及高技术产业集群三种典型的产业集群内部结构进行了解析，分析其内部的商业关系，以及其中大企业、大学、政府与市场中介的影响与作用。

第五章是集群产业行为研究。本章结合了新产业组织理论的技术、信息与长期博弈思想及社会学根植理论，重点分析了产业集群中的竞争与合作行为，信任、权利与资源分配行为，以及学习与创新行为三种富有特色的集群产业行为。其中，对产业集群的合作行为特征，产业集群合作机制的建设与合作规则；产业集群中特殊的社会性根植、信任与权利，以及相应的授信行为进行了深入分析；最后是针对知识经济时代特征，对产业集群内部的知识溢出、学习与创新行为做了一个比较全面的研究。

第六章是对产业集群的绩效研究。本章将产业集群绩效分为了运行成本、静态规模经济与范围经济绩效、动态创新绩效以及相应的风险四个层面进行研究，从广义视角解析了产业集群运行中的各项成本，如生产成本、交易成本、学习成本与社会成本，以及各种成本间的相互影响与平衡；在对产业集群的各种绩效收益，包括规模经济、范围经济以及动态的集群创新效率分析基础上，笔者又对产业集群的布局与结构进行了反馈性分析，研究各种绩效对产业组织结构演进的影响。最后，结合产业集群行为特征，对其蕴藏的风险进行了分析，并设计出来相应的风险防御机制。

从第七章开始，全书进入应用实证研究部分，也是对理论研究的部分总结与应用研究的展开。笔者在综合相关研究理论成果基础上，分析了各种经典的产业集群的识别方法与技术，结合中国实际情况，设计了一套具有理论性与实践操作性的产业集群识别评价指标体系。

笔者在第八章对中国产业集群进行了实证研究与政策模式探讨，应用反映产业结构的集中度分析、反映市场行为与绩效的区位商（Location Quotient，LQ）与专业化水平分析、反映产业集群状况的主流的产业空间基尼系数（Spatial Gini Coefficient）分析和最新的产业集聚指数（Index of Industry Concentration）分析四种方法，对中国当前的产业组织及产业集群状况进行了定量研究。作为补充，笔者结合我国产业发展历史资料对国内产业集群现状的成因进行了历史的追溯，并对我国当前的劳动力与资本的流动及其对产业集群的影响做了分析，最后，对中国主要产业的产业集群现状进行了总结性的描述分析，并对区域经济发展与集群产业发展的政策模式进行了探讨。

1.2.3 研究方法

（1）跨学科多角度分析方法

在研究视觉上，由于产业集群是产业网络、市场网络、创新网络和社会网络多重合一的区域经济系统，其结构、行为与绩效必然受到区域的经济、社会、政治、地理、历史等多重因素的综合作用与影响，因此，对产业集群的研究必然要跨越发展经济学、产业经济学、区域经济学、管理学、社会学、经济地理学等多个学科。本书在研究过程中，综合运用发展经济学、制度经济学、区域经济学、产业经济学、管理学与社会学的相关研究成果，全方位解析产业集群的现象与本质特征。

（2）系统研究方法

在对产业集群形象进行研究的过程中，本书采用系统的观点与方法来研究和处理产业集群的问题，从研究对象上，本书从企业之间及其企业与区域内其他经济主体之间的相互关系与作用，对产业集群的结构、行为与绩效进行了系统性研究，并综合分析产业集群内以企业为主体的网络节点之间的竞争与合作关系、经济与社会关系，把"产业集群"作为一个具有网络系统特征的整体研究对象，而不是孤立地去分析单个企业的行为或布局。

（3）历史、动态与社会的分析方法

研究第三意大利产业区的学者们（Becattini，1978）将社会学引入了产业集群的研究，认为产业集群是具有共同社会背景的人们和企业在一定自然地域上形成的社会地域生产综合体，具有历史性特征，具有路径依赖，并根植在一定的社会与人文环境中。

本书以产业集群的结构、行为与绩效作为研究的出发点和研究路径，以应用型实证研究和案例分析为工具，进行了社会、历史与动态的研究，并结合当前的新经济时代主题，对学习与创新这个产业发展与演进的主要力量源泉进行了重点研究。

（4）文献与典型案例研究方法

本书的研究是在大量地研究与学习前人研究成果的基础上完成的，很多案例无法获得第一手的资料，因而文献资料和资料的挖掘就非常必要而且重要了。

案例研究是制度经济学研究运用的主要研究方法，也是国外常用的产业集群研究方法之一，它通过提出理论假说并加以检验来实现案例的一般化。"经济学不是物理学，同时，科学精神在无休止的精雕细刻的一般模型中也起不了作用……在一定程度上预言是不可能的，解释和启蒙仍然是值得做的目标"（John Nye，1991）。我们所研究的产业集聚现象，是由具体的区域产业活动模式所构成的，每个区域都有各自的特点，每个区域都有自己独特的发展轨迹，同时，也存在一些共同的规律。但是，要对产业集群进行完整的案例研究，实施的难度相当大，产业集群形态千差万别，而且许多产业集群的数据资料也比较散乱，没有系统的数据统计，并且，还受到其他各种研究资源的局限。因此，书中的许多案例都是引用的国内外的典型案例。

（5）定性研究与定量分析相结合的方法

在基本理论分析方面，我们采用了定性研究的方法，在应用方面，采用了实证分析，通过计量研究方法，对中国各省市区产业的集群状况进行了产业集聚与专业化程度分析，并对产业集群的评价指标进行了定性的系统设计。

（6）比较研究方法

比较研究方法是发现新问题的有效途径之一，本书运用比较研究方法对国内外关于产业集群的概念、特征、分类等方面的现有文献进行比较、评价与总结，从而发现各自背景与研究视角的差异；同时，对于各种产业集群，运用比较研究方法，如对比分析中国与美国传统产业集群以及创新型产业集群的不同特征，传统产业集群与高技术产业集群的不同结构，不同产业集群中各种组成部分的不同作用。

2

产业集群基础研究

2.1 产业集群概念

2.1.1 有代表性的产业集群概念

要对"产业集群"概念做一个全面完整的界定，难度较大。首先，产业集群形态万千，不同地域、不同经济发展水平以及不同产业技术特征，导致产业集群的表现形式、集群特征、集群结构、集群行为与绩效也相应呈现出质的水平差异；其次，产业集群作为重要的经济现象和研究热点，引起了产业经济学、区域经济学、经济地理学、产业经济学、管理学及社会学等多学科的广泛关注，这些学科分别从各自学科背景出发，作出相应的阐释；再次，各国学者及政府机构的研究动机与取向不同，侧重点不同，理论解释视角不同，定义也就不同；最后，由于翻译等原因，以及官方的政府文件导向等，也导致产业集群概念的普遍化、通俗化，于是，出现当前产业集群概念的丰富多样现象也就成为客观必然了。马丁（Martin，2002）在《集群解构：概念混淆或者政策万能药》一文中对各种集群概念做了一个较好的总结与诠释。①

最早关注产业集群现象的马歇尔，在其经典著作《经济学原理》（1890）中，把专业化产业集聚的特定地区称为"产业区"（Industry District）。受马歇尔产业区理论的影响，后来的学者把以"第三意大利产业区"为代表的一些中小型企业高度聚集、企业间既竞争又合作、广泛存在正式与非正式联系的社会区域称为"新产业区"（Becattini，1978）。哈佛商学院波特

---

① RON M，PETER S. Deconstructing Clusters：Chaotic Concept or Policy Panacea？[J]. Journal of Economic Geography，2002，3（1）.

（Porter）教授在《国家竞争优势》(1990) 中最早明确提出产业集群（Industrial Cluster）概念并加以定义和解释。此外，还有地方产业集群（Local Cluster of Enterprises）和区域集群（Regional Cluster）等多种称谓，也有为强调创新与网络特征而称之为"区域创新系统"（Regional Innovation System）或"网络产业集群"（Network Industrial Cluster）的。

另外也有许多学者认为产业集群中，包含着不止一个产业，还有许多的支持性产业，因此主张定义为"企业集群"（王缉慈，2001），或者由于企业集群中大多是中小企业，而叫做"中小企业集群"（仇保兴，1999）。国外文献中关于中小企业（SMEs，Small Medium Enterprises）集群与网络的研究也是一个热点课题，并曾被联合国工业发展组织（UNIDO）作为专门主题立项研究。其实，产业集群虽然以广大的中小企业为主体，但是，产业集群并不是只有中小企业，甚至许多产业集群是依附于一个或几个大型企业而建立起来的，包括著名的硅谷，就是依附 IBM 公司、美国半导体公司等几家大型企业不断衍生裂变而发展起来的，不同的是，有些大企业在产业集群内部，有些是在产业集群之外。

笔者在这里通过列表的形式列举出一些国内外比较有代表性的概念与定义，并在接下来的部分，按照集群概念的发展渊源及不同学派，对其进行梳理和比较分析。

表 2－1　　　　　　　　**产业集群概念列表**

作者	提出时间	概念	定义
Marshall	1890 年	产业区	为一种由历史与自然共同限定的区域，其中，（大量）中小企业积极地相互作用，企业群与社会趋向融合。①

① 马歇尔. 经济学原理［M］. 北京：商务印书馆，2004.

表2-1(续)

作者	提出时间	概念	定义
Becattini	1978 年	新产业区	由具有共同社会背景的人们和企业在一定自然地域上形成的社会区域生产综合体。①
PORTER M E.	1990 年	产业集群	一组通过垂直（买方、供应商）或水平（共同的客户、技术、渠道）关系连接的产业。②
Becattini	1991 年	新产业区	由同业工人及其企业群在特定地域内大规模自然地历史地形成为特征的区域性社会实体。③
Pyke	1992 年	企业集群	在生产过程中相互关联的企业集群，通常在一个产业内，并且根植于地方社区。④

产业集群理论模型与实证研究

① BECATTINI G. JI Distretto industrial Marshalliano Come Concetto Socio-economico. ［M］in Pyke F. Becattini G, and Sengeberge W (eds.), Distrettiindustrialie Cooperazione Tra Imprese In Italian, Quadernon n. 34 di Studie Infonnazione Della Banca Toscana, 1991.

② PORTER, M E. The Competitive Advantage of Nations ［M］. The FreePress, 1990.

③ BECATTINI G. JI Distretto industrial Marshalliano Come Concetto Socio-economico. ［M］in Pyke F. Becattini G, and Sengeberge W (eds.), Distrettiindustrialie Cooperazione Tra Imprese In Italian, Quadernon n. 34 di Studie Infonnazione Della Banca Toscana, 1991.

④ PYKE F, SENGENBERGE W. Industrial Districts and Local Economic Regeneration ［J］. Geneva: International Institate for Labour Studies, 1992.

表 2-1（续）

作者	提出时间	概念	定义
Enright	1995 年	产业集群	一个或几个产业与技术创新环境的结合。①
Schmitz	1995 年	企业集群	企业在地理和部门的集中，这些企业之间存在着范围广泛的劳动分工，且拥有参与本地市场为竞争所必须具备的，范围广泛的专业化创新。②
Alex	1997 年	产业集群	一系列相互大量地使用各自产品的产业。③
Rosenfeld	1997 年	企业集群	是为了共享专业化的基础设施、劳动力市场和服务，同时共同面对机遇、挑战和危机，从而建立积极的商业交易、交流和对话的渠道，在地理上有界限而又集中的一些相似、相关、互为补充的企业群。④

---

① ENRIGHT M. Regional Clusters and Econpmic Development: A Research Aganda ［C］. Paper Presented to the Conference on Regional Clusters and Business Networks 1993, Fredericton, New Brunswick, Canda revised version 1, 1995.

② SCHMITZ H. Does Local Co-operation Matter? Evidence From Industrial Clusters in South Asia and Latin America ［J］. Oxford Development Studies, 2000（28）: 323-336.

③ ALEX HOEN. Three Variations on Identifying Clusters: Paper Presented at the OECD-Workshop on Cluster Analysis and Cluster-Based Police ［J］. Amsterdam, 1999（10）.

④ ROSENFELD. Bringing Business Clusters into the Mainstream of Economic Development ［J］. European Planning Studies, 1997（1）.

表 2 - 1（续）

作者	提出时间	概念	定义
Porter	1998 年	产业集群	一组地理上靠近的相互联系的公司和关联机构，他们同处在一个特定的产业领域，由于具有共性或互补性而联系在一起。集群通常包括下游产业的公司、互补产品的生产商、专业化基础结构的供应者和提供培训、教育、信息、研究和技术支撑的其他机构。①
OECD	1998 年	产业集群	为由创造附加价值的生产链把众多相互依赖的企业（包括专业化的供应商）、知识生产机构（大学、科研院所和技术支撑机构）和一些中介服务机构（经纪商、智囊团）以及客户所组成的一种生产网络。②
Feser	1998 年	集群	不仅是指相关的和支持性的产业和机构，更应该指那些由于关联性而更有竞争力的相关和支持性机构。③
Bergman	1999 年	产业集群	趋向位于同一地方的一组经济活动，产业集群的判断标准是这一组经济活动中任何两种经济活动的就业人数之间是否存在相关性。④

① PORTER M E. Clusters and the new economics of competition ［J］. Harvard Business Review, 1998.

② 陈剑锋, 唐振鹏. 国外产业集群研究综述 ［J］. 外国经济与管理, 2002 (8).

③ 陈剑锋, 唐振鹏. 国外产业集群研究综述 ［J］. 外国经济与管理, 2002 (8).

④ BERGMAN E M, FESER E J. Industrial and Regional Clusters: Concepts and Comparative Applications ［M］. The Web Book of Regional Science, Regional Research Institute, WVU, 1999.

表2－1（续）

作者	提出时间	概念	定义
仇保兴	1999 年	中小企业集群	由一群彼此独立自主但相互之间又有着特定关系的小企业组成；在这种特定关系中隐含着专业分工和协作现象，即产业集群中企业间的互为行为；互为行为包括小企业间的交换与适应；集群中存在企业间的互补与竞争关系；信任与承诺等人为因素来维持集群的运行并使其在面对外来竞争时拥有其独特的竞争优势。①
Bagelsa	2000 年	企业网络	存在投入产出关系、受共同的社会规范约束、相互之间充满正负两种溢出的中小企业在特定地理区域内高度集中形成的企业网络。②
Roelandt	2000 年	创新网络环境	是为了获取新的和互补的技术、从互补资产和利用知识的联盟中获得收益、加快学习过程、降低交易成本、克服或构筑市场壁垒、取得分工合作效益、分散创新风险、相互依赖性很高的企业包括专业供应商、知识生产机构（大学、研究机构和工程设计公司）、中介机构（经纪人和咨询顾问）与客户通过产品链、增值链和信息链相互联系形成的网络。③

① 仇保兴. 小企业集群研究［M］. 上海：复旦大学出版社，1999.
② BAGELLA M, BECCHETTI L, SACCHI S. , The Positive Link Between Geographical Agglomeration and Expert Industry：The Engine of Italian Endogenous Growth? ［J］. // BAGELLA M，BECCHETTI L. The Competitive Advantage Districts：Theoretical and Empirical Analysis，A Springer-Verlag Company.
③ ROELANDT. Cluster Analysis and Cluster-based Policy Making in OECD Countries. // THEME. Boosting Innovation：The Cluster Approach［M］. OECD Proceeding, 2000.

表 2 - 1（续）

作者	提出时间	概念	定义
Scott	2002 年	产业集群	是给予合理劳动分工的生产商在地域上结成的网络（生产商和客商、供应商以及竞争对手等的合作与链接），这些网络与本地的劳动力市场密切相连。①
王缉慈	2001 年	企业集群	是大量专业化的产业（或企业）及相关支撑机构在一定地域范围内的柔性集聚，它们结成密集的合作网络，植根（embedded）于当地不断创新的社会文化环境。②
金祥荣	2002 年	专业化产业区	是以同类产品生产企业在特定地理区域内高度集中为其主要特征，企业之间形成高度专业化分工，规模普遍很小，企业同质性强，并存在强烈而残酷的生存竞争。③

2.1.2 产业集群概念与特征研究

马歇尔作为"产业集群"现象的早期研究者，发现了"许多性质相似的小型企业集中在特定地域"，因为外部经济而形成"产业区"（Industrial District）。在马歇尔的"产业区"概念中，社会性、历史性与规模经济是其主要特征。

20 世纪 70 年代末 80 年代初，以意大利的巴卡提尼（Becat-

---

① 陈剑锋，唐振鹏. 国外产业集群研究综述［J］. 外国经济与管理，2002
（8）.

② 王缉慈. 创新的空间：企业集群与区域发展［M］. 北京：北京大学出版社，2001.

③ 金祥荣，朱希伟. 专业化产业区的起源与演化［J］. 经济研究，2002
（8）：74 - 82.

tini，1978）为代表的社会学家为解释"第三意大利"（即意大利中部与东北部地区）繁荣的小企业集群现象，重拾了马歇尔的产业区理论，并提出了"新产业区"的概念，认为新产业区是由具有共同社会背景的人们和企业在一定自然地域上形成的社会地域生产综合体，与马歇尔的产业区概念的共同点是，他们都强调区域内的社会因素与经济因素的相互融合。后来，新产业区概念还反映了许多新的经济特征，如弹性专精（Flexible Specialization）、供应商、制造商与经销商之间的频繁交流互动；企业之间竞争与合作创新并存；商会、培训机构、教育机构及政府服务部门的支撑性作用等（1991）。

新产业区概念更多的是立足于社会学研究，或者叫企业之间的社会关系研究，在强调其共同的社会背景与地域性特征的同时，对其产业特征并没有更充分的诠释。相对而言，派克（Pyke，1992）的解释既反映了集群中企业的产业联系，也反映了其存在地域的根植性（即社会性）特征，显得比较全面。

1990年，哈佛商学院迈克尔·波特教授在其代表作《国家竞争优势》中首次明确提出了产业集群（Industrial Clusters）的概念，认为产业集群是"一组通过垂直（买方、供应商）或水平（共同的客户、技术、渠道）关系连接的产业"，并从经典的"钻石理论模型"角度，用纵向的供应链与横向的要素与市场平台关系对产业集群概念进行了阐释与补充。波特在后来的《集群与新竞争经济学》（载《哈佛商业评论》，1998）一文中做了更为详细的补充，解释产业集群为"一组地理上靠近的相互联系的公司和关联机构，它们同处在一个特定的产业领域，由于具有共性或互补性而联系在一起。集群通常包括下游产业的公司、互补产品的生产商、专业化基础结构的供应者和提供培训、教育、信息、研究和技术支撑的其他机构"。

波特强调了产业集群中企业之间的竞争与合作关系，并认为产业集群不同于科层组织或垂直一体化组织，它是对科层制企业组织价值链的一种替代。尤其在新的概念解释中在列举了传统的专业化要素供应商的同时，强调了一系列的研究、培训、教育等学术支持机构，这是与20世纪90年代高技术产业集群的特殊性，以及新经济中知识在财富创造过程中的突出贡献分不开的，这也为后来的产业集群概念强调知识与创新埋下伏笔。

波特还将产业集群根植到一个更为广泛的动态竞争环境中，认为产业集群是一个自我强化系统，该系统刺激集群内企业的竞争战略调整，同时也增强集群本身的竞争力；波特的产业集群概念同时也将网络与竞争联系起来，认为产业集群提供了一种新的理论方法去探讨网络、社会资本和市民参与影响竞争力（Competitiveness）机制。波特认为：企业竞争就是集群竞争，就是国家竞争。[①]

世界经济合作与发展组织的集群分析和集群政策专门研究小组（the OECD Focus on Cluster Analysis and Cluster-based Policy，1998）的定义与波特基本相同，都认为产业集群是由专业供应商、中介组织（更多意义上的营销中介组织，如经纪人、技术和咨询服务的提供者）、知识生产机构（如大学、研究所、提供技术的企业、知识密集型的商业服务机构）以及顾客等连接起来而形成的生产网络。

以欧洲创新环境研究小组（GREMI）为代表的区域经济研究学派，将产业的空间集聚与创新活动联系起来，提出了"创新环境"（Innovation Milieu）的概念，当然，这主要针对的是欧洲范围内的高科技和创新型中小企业集群，主要目的是为了强调产业区内的创新主体和集体效率（Collective Efficiency），以及创新行为所产生的协同作用。也有学者直接称之为创新集群，

---

① PORTER M E. The Competitive Advantage of Nations ［M］. New York：The Free Press，1990.

并定义为：主要通过供给链，并在相同市场条件下运作的，具有高层次协作的大量相互关联的产业中的企业和（或）服务性企业（Simmie and Sennett，1999）①。

从这以后，产业集群作为一个热点概念被理论界以及政府部门广泛引用，逐渐形成了一种泛化的趋势，许多组织与学者也从不同的视角层面和各自的需要对产业集群做出了一些新的解释。归纳起来，其他学者对产业集群概念的认识主要反映了其以下几个方面特征：

创新特征：恩拉特（Enright，1995）认为是产业与技术创新环境的结合，斯密茨（Schmitz，1995）则重新强调企业之间的专业化分工、竞争与创新。

产业关联性特征：如"大量相互使用各自产品的产业"（Alex，1997），反映了产业之间的交易量与交易频率，这对从制度经济学交易成本角度对产业集群的组织与治理分析不无裨益，也为产业集群的识别提供了理论基础。国外主流的产业集群识别标准，是观察这一组经济活动中任何两种经济活动的就业人数之间是否存在相关性（Bergman，1999）。

网络特征：如作为生产协作网络，认为"产业集群是给予合理劳动分工的生产商在地域上结成的网络（生产商和客商、供应商以及竞争对手等的合作与链接），这些网络与本地的劳动力市场密切相连"（Scott，2002）；作为生产技术与社会网络，"存在投入产出关系、受共同的社会规范约束、相互之间充满正负两种溢出的中小企业在特定地理区域内高度集中形成的企业网络"（Bagelsa，2000）；作为分工合作与创新网络，罗莱特（Roelandt，2000）在总结经济合作与发展组织（OECD）各国学者对产业集群本质的理解基础上，引用制度经济学与价值链

---

① THEME. Boosting Innovation：The Cluster Approach ［C］. OECD Proceeding，2000.

相关理论，对产业集群下了一个综合的定义，认为"产业集群是一个由产品链、增值链和信息链将专业供应商、知识生产机构、中介结构与顾客相互联系而形成的网络，目的是分散创新风险、降低交易成本、快速市场反应与学习"。

罗莱特还总结了各国政府对产业集群概念的不同诠释，如美国、德国、加拿大与墨西哥强调它是一个区域创新系统（或模式），英国强调供应链网络和生产网络，法国强调知识链，意大利强调产业知识流，荷兰强调价值链和生产网络（Roelandt，2000）①。

至于产业集群仅局限于同一产业还是包括相关产业方面，多数学者倾向于认为它是所有相关产业的企业为实现专业化协同效应与增强竞争力而在一定区域的集聚（Feser，1998），即使它们的就业规模可能并不突出（Rosenfeld，1997）②。

国内的专家学者对产业集群概念也有一些精辟的见解。北京大学王缉慈教授将产业集群描述为"新产业区"现象（1994），强调其专业化分工、网络协同、创新、区域社会文化环境的根植以及柔性生产地域系统（Flexible Production Territorial System）特征，并在2001年出版的专著《创新的空间——企业集群与区域发展》中，兼容了波特的集群结构分析和社会学理论，从经济地理的角度称之为"地方产业集群"，认为集群不仅包括相互关联的企业，还包括支撑性机构，如大学、研究机构、咨询中介和政府服务部门等，强调地方网络和根植性是衡量集群的两个标准。仇保兴博士（1999）主要侧重于研究小企业集群，强调其内部的分工、协作与交换，以及相应的社会关

① ROELANDT. Cluster Analysis and Cluster-based Policy Making in OECD Countries［Z］. 2002.
② RON M，PETER S. Deconstructing Clusters：Chaotic Concept or Policy Panacea？［J］. Journal of Economic Geography，2002，3（1）.

系。金祥荣（2002）从历史和理论的视角，以浙江"块状经济"为实证分析对象，提出"专业化产业区"的概念。

在对各位专家学者进行评析的基础上提出自己的个人定义，是一种通行的研究方法，但是，笔者认为上述定义并无优劣之分，只是侧重点不同而已，即使把这里的所有定义全部囊括进来，也不一定就是一个完整的定义。

出于本书的研究目的，笔者主要从产业经济学的角度对产业集群概念做如下界定：

产业集群是全球价值网络中根植于某社会区域的一个竞争与协作并存，知识流动与创新频繁的生产与市场结点。

之所以下这样一个定义，主要是结合当前全球经济一体化的背景，认为任何一个成功的产业集群，都是开放的，纳入全球经济体系的，只是在全球价值网络中各自发展程度不同，参与度不同，所处的产业链层次不同而已，如美国硅谷的产业集群就处于电子信息产业链的高端，我国台湾地区处于产业链的中端，大陆地区主要处于产业链的低端。

同时，产业集群处于一定的社会环境中，社区内部的正式与非正式关系，社区的地域文化、规范、历史传统会对其产生直接或间接的影响作用，甚至是关键作用。

从产业组织角度来看，它是一种介于纯市场和企业科层制之间的中间体网络组织，各个企业之间既存在激烈的市场竞争，也实现着广泛的深度合作（相对于更大的竞争对手，或者共同面对市场时），产业集群实现着广泛的专业化分工，供应商、制造商与渠道中间商之间存在长期的正式或非正式协作关系。

差异化与创新是产业集群竞争合作的基础与产物，由于地域临近、人才的流动、企业的创建、产品的展示，无一不在溢出其专业的生产知识与市场信息，这些都为企业进行产品与市场创新提供了宝贵的资源，尤其在新技术浪潮中，产品市场生命周期迅速缩短，这更是企业生存与发展的必要条件。

2.1.3　产业集群与产业集聚

与产业集群密切关联的一个概念是产业集聚（Agglomeration），由于二者经常被交替使用，容易混淆，笔者在这里做一个简单的区分，并对产业集聚分析背景做一个扼要介绍。

集聚（Industrial Agglomeration）的英文原意是"凝聚"、"结块"的意思，表示凝聚作用，即（没有组织的）聚结成团块的行为或过程；或者聚结、杂乱的或混杂的一团①。由此可见，产业集聚更多的是强调产业的集中与集聚的过程，或者是尚未形成正式群体的一种集群早期状态。

而如以上所述，产业集群是一种产业组织形态，具有独特的产业组织特征，是在某一特定领域内的公司及其相关机构，因共用性和互补性而形成的在地理上接近的相互联系的产业群体。产业集群的范围可以从一个城市或一个地区延伸到一个国家甚至几个相邻的国家。产业集群主要包括：最终产品或服务公司；专业化投入品、零部件、机械和服务供应商、金融机构以及相关产业企业；通常还包括下游产业企业（即销售渠道或客户）、互补产品生产商、专业化基础设施提供者；以及许多政府机构、贸易协会和其他专业化培训、教育、信息、研究和技术支持的机构（如大学、智囊团、职业培训提供者）与标准制定机构。

正是基于这个原因，所以关于"产业集聚"概念，很少见到明确的界定或定义，而更多的是研究产业集聚影响因素、产业集聚程度、产业集聚过程以及产业集聚模型。著名学者克鲁格曼等研究的就是产业集聚的"中心—外围"模型。区域经济

---

① 牛津高阶英汉双解词典［M］. 6 版. 北京：商务印书馆，2005.

学与经济地理学大师藤田昌久（Masahisa Fujita）与雅克·弗朗科斯·蒂斯（Jacques Francois Thisse）在《集聚经济学——城市产业区位与区域增长》中对产业集聚的阐述也只是沿用的集群（Cluster）的说法，更多的是分析集聚因素与集聚效应。南京大学梁琦教授的《产业集聚论》，也是研究的产业集聚模型及其影响因子。

产业集聚理论背景，主要是区域经济学家和经济地理学家们将厂房、企业，甚至整个城市作为抽象空间（Abstract Space）的最基本元素——点，并由此进行资源在实体空间（Concrete Space）的配置和经济活动区位问题的研究，认为：空间集聚是人类在区位选择中一个极为重要的空间经济活动原则，不仅能够克服距离的成本和费用达到最低，满足人的社会需要，促进物质和信息的交流，而且还能够增加生产和分配的效率；对微观主体企业来说，产业集聚作为一种资源配置或布局的空间形式，不仅能带来基础设施共享的外部经济，而且有利于开展专业化协作，产生高的生产效率和经济效益。

因此，在产业集群和产业集聚的关系上，我们认为产业集群是经过较长时间的产业集聚过程，集群内相关企业之间、企业与支撑机构之间，通过长期的正式或非正式的交流和互动，才形成的一个深度分工、交互学习、协同创新、成熟而复杂的生产关系网络。在产业集群的发展演进过程中，也同时受到集聚与离散两种作用力的影响。如早期的荷兰造船业、佛兰德尔的纺织业集聚；工业化早期以英国曼彻斯特为中心的兰开斯特郡棉纺织工业带和伯明翰地区分布的金属工业带；工业革命时期德国西部鲁尔区的煤钢联合体及美国东北部五大湖区制造带；战后意大利中部和东北部形成的特色工业带、日本高速增长时期形成的名古屋汽车工业带；一直到 20 世纪末的美国硅谷 IT 产业集聚，无一不是由最初的非正式聚集经过较长历史时期的不断强化而形成正式的产业集群。

2.2 产业集群属性

属性指的是事物本身所固有的性质，是物质必然的、基本的、不可分离的特性，又是事物某个方面质的表现。一定质的事物由于存在多方面的联系，因而常表现出多种属性。

在前面对产业集群概念界定与特征描述分析基础上，我们对产业集群属性从四个角度进行描述：从产业组织与制度经济学的角度看，产业集群是一种介于纯市场和企业科层制之间的中间体网络组织，企业之间的交易不确定性，交易频率和资产专用性决定着产业集群的组织边界；从组织生态学的角度看，产业集群是一个高密度的互补共生产业种群生态系统，系统内部存在大量的竞争、合作与依附关系；从生产分工和创新的角度看，产业集群是一个柔性专精生产与创新系统；而从社会资本、根植与路径依赖角度看，产业集群又是一个社会根植系统。

2.2.1 中间体网络组织

古典经济学意义上的经济活动形式，主要是通过市场进行自由的交换。新制度经济学家们通过对交易费用和企业制度的解析，认为存在科层制（Hierarchy）企业对纯市场组织形式（Pure Market）的替代关系，即企业是将生产要素的市场交换内化到组织内部，并主要通过科层制的内部权威协调来实现。近期研究表明，除了市场与企业这两种形式外，还存在第三种形式，即介于这两者之间的中间体组织形式，它的一端是等级制的权威协调方式——企业，另一端是依靠个人的自利动机自动协调的价格机制——市场。在形式上它表现为企业这只看得见的手和市场这只看不见的手之间的握手，或者说表现为市场和企业的某种交集形式，如将市场机制部分引入企业内部，形成内部虚拟市场，强调各部门之间的相对独立和自主决策，以激发企业内部的竞争意识与活力；或者将企业这种组织形式部分地借用到企业之间，形成虚拟企业，减少机会主义行为，跨组织协作，降低市场风险和交易费用。

产业集群就是介于科层制组织形式与纯市场组织形式之间的中间体网络组织形式（Network）。这种中间体网络组织形式建立在资源依赖与共享以及外部性基础上，当单个企业无法通过市场交换和企业内部化进行资源的有效配置时，企业就开始跨越自身边界，实现企业间的资源共享、优势互补与跨组织协作，企业之间的这种交易行为既不完全由企业内部科层制管理与控制机制决定，也不完全由市场供求和价格机制决定，还受到企业间长期非正式契约与合作关系所决定。

产业集群作为中间体网络组织形式，还在于它内部包含了许多的经济组织，包括生产同类产品的竞争对手、提供互补品与原材料的供应商、渠道中间商或者其他的服务机构与组织，这些组织相互依存，通过正式或者非正式网络连接在一起，它们之间存在着广泛而紧密的生产、市场、信息、技术、创新、制度甚至文化等方面的联系与互动。

2.2.2 高密度的产业种群生态系统

种群生态学认为：在某一特定生态环境内，每个种群都试图找到足以支持自己生存与发展的领地或缝隙（生存空间）。在种群组织发展的早期，它们的领地或生存缝隙通常很小，如果组织获得成功，它们的领地就会随着时间的推移而逐渐扩大，从而使种群组织的规模不断地演进与发展；但如果它们的领地失效，种群组织就会衰退甚至消亡。

作为产业种群生态系统的产业集群，主要反映在集群内产业的共荣共存，彼此竞争又相互依赖。在产业集群内，通常包含至少一个主导产业以及与之相互配套、相互支持的关联产业，这些产业在特定区域范围内相互依存，形成一个有机整体，当该产业集群适应社会经济发展与市场需要，并具备所需要的资源时，就会迅速地衍生与繁衍，表现出旺盛的生命力与竞争力；相反，如果某一特定产业集群不能够有效适应市场需求的变迁，或者所依赖的特定资源枯竭，则该集群就有可能陷入衰退的危险。

按照波特的竞争与战略理论解释，在产业集群中，由于激烈的竞争压力与市场信息相对公开，集群内部的企业会不断地调整其发展战略，选择各自有利的市场定位，从而使得整个产业集群表现出较强的环境适应能力，呈现出勃勃生机。

产业集群的显著特征也就是经济活动的高密度空间集聚成群。在一定区域存在较大规模，甚至巨大规模的经济产出，既是产业集群的外在表现形式，也是产业集聚效应的内在体现。当前理论界关于产业集群公认的识别指标之一就是单位地理范围内集群产业的雇佣人数或产值。如美国的硅谷，在加利福尼亚州北部圣弗朗西斯科南部的一个长70千米宽15千米的条状地带，集聚了近万家高科技公司，电子产品销售额每年超过4 000亿美元，占美国电子产品总销售额的40%左右（刘斌，2000）。又如，生物医学产业（不包括药品在内的卫生产品或技术）具有典型的集群特征，全球主要集中在美国和意大利少数几个生产国，美国占有全球市场份额40%，并主要集中在加利福尼亚、佛罗里达、伊利诺斯、马萨诸塞和纽约五个州。加州的医疗设备生产又大多集中在南部地区，洛杉矶、奥伦奇和圣迭戈三县就占57%以上，雇员人数占该地区就业人数的68%，该产业的高科技部分主要集中在奥伦奇县的欧文城。在意大利，生物医学产业集群特征也是很明显的，以至于摩德纳德一些区域被称为"生物谷"（Biomedical Valley），尤其是米兰德拉，是这一产业区的中心和大多数技术革新的发源地①。

为了直观展现产业集群的高密度集聚特征，波特还通过著名的"集群图示"（Cluster Mapping），将高密度经济活动的产业集群，在经济活动三维地图上，描绘为整个区域（国家或地区）中凸起的一个个"高地"（Elevations）。

福建省在"十一五"期间确定以信息、机械、石化为三大主导产业，形成了 11 个产业集群，主导产业集群增加值占规模以上工业增加值的 35% 以上。其中机械制造业大类形成以福州汽车及零部件、厦门汽车及零部件、厦门工程机械、龙岩运输及环保等专用设备制造、闽东电机电器五大支柱产业，并同时推进了东南汽车、厦门金龙客车的发展，也带动了泉州、龙岩、永安汽车零部件及专用车发展，加快了电工电器、工程机械及港口机械、环保机械、船舶修造等优势特色产业等一系列关联性产业的发展。

湖南长沙工程机械产业集群涵盖主要产品 12 大类、100 多个小类、400 多个型号规格，产品品种占全国工程机械品种的 70%，集群内企业由于地理邻近，普遍联系紧密，网络密集度很高，企业间存在较为频繁的知识交流和合作。一些大型龙头企业如中联、三一和山河智能等由于和协作供应商有着紧密联系而处于网络密集度较高的位置，并处于网络中心，小企业则分布于大型企业周围。产业集群内部不但企业之间联系紧密，企业也与园区内高校联系频繁。

产业集群的种群生态不只是表现在制造业，也可以表现在

---

① 安娜·格兰多里．企业网络：组织和产业竞争力［M］．刘刚，罗若愚，等，译．北京：中国人民大学出版社，2005：144.

各种其他的服务业，如中国影视文化产业集群——浙江横店。横店影视城拥有广州街、香港街、秦王宫、清明上河图、明清宫苑、梦幻谷等多个汇聚南北地域特色的影视拍摄基地，拥有影视服务中心、制景公司、营销公司、旅游商品公司、产品管理开发等子公司。横店影视产业集群内共有涉及影视拍摄、制作、器材租赁、道具制作、广告、发行等影视文化企业 276 家，规模位居全国首位。2008 年，入区企业影视制作投资 8.9 亿元，实现营业收入 15.5 亿元，上交税费达 1.1 亿元，其中纳税超百万企业有 22 家。

2.2.3 柔性专精生产与创新系统

产业集群之所以体现出柔性专精与创新的属性，是与从上世纪末开始，产业组织所面对的市场和技术环境重大变化分不开的。

首先，工业革命 200 年以来，物质财富的创造达到了前所未有的丰富水平，"商品短缺"已经成为了上一个经济时代的名词，取而代之的是买方市场成为市场主流，消费者不再满足于简单的商品数量与质量的满足，而更多地追求个性化和与时俱进，产品的差异化开发与个性化满足成为厂商竞争力的主要武器，工业革命以来的大规模流水线的"福特式"生产方式开始被柔性的、精益的、快速市场响应的新生产方式所替代。其次，随着经济全球化与全球统一市场的日渐形成，发达国家的过剩生产力不断在全球范围内开拓市场，厂商开始面对越来越多的世界级竞争对手，强调核心竞争能力，全球性的资源配置与持续创新，成为了竞争的一种新的思维范式。最后，现代网络信息技术和交通运输工具的飞速发展，也为现代柔性专业化生产方式和网络产业组织形式提供了巨大的技术支持与保证。

产业集群的柔性专精与创新属性，主要包括三个层次：首先是专精，即产业的区域化或地方专业化；其次是柔性，因为专精，所以柔性，柔性化即可以对顾客需求提供个性化、差异化的满足，并动态调整；最后，因为专精与柔性，知识与信息的产生与扩散效率大幅提高，故表现出巨大的创新能力。

（1）专业化

区域专业化即某一地理区域上的产业集群专注于某一产业的经营，如美国硅谷电子信息产业集群、印度班加罗尔的软件业集群，又如我国沿海发达地区的一乡一品、一镇一业。

该属性特征的主要表现为，某一产业的产值或者就业在当地所占的比重，远远超过全国的平均比重。这一指标又可以表现为：在某一区域，某一产业集群的经济规模占该区域总体经济规模较大的比重；同时，该产业集群的经济规模占全国或全球该产业经济规模的较大比重，这也是国内外识别产业集群专业化的重要指标。当然，这里的产业的界定是一个难题，界定得太具体，如袜业、外科手术钳、陶瓷产业，产业集群特征会反映得比较突出，但是，站在产业的角度研究，会显得过于狭隘，如果界定得比较宽泛，如航天业、通用机械制造，各产业集群内部的具体产品品目差别可能又比较大，与常规的产业集群想法又存在一定距离。纵观国内外的研究文献，经济学意义上的产业集群界定都相对较宽，通常是按照 2 位数或 3 位数统计大类进行统计分析。

（2）柔性化

产业集群作为一种柔性生产系统，很好地适应了新经济时代的消费需求特征——即呈现出高度的差异化与个性化，又不断地发展变化，并因其快速的市场响应而显示出强大的生命力。

产业集群柔性生产系统的特征又主要表现在：在产业集群内部，各个制造商之间的产品之间存在差异化特征，整个集群总量呈现出小批量和多品种的生产特征；单个厂商的生产能力都比较有限，但是可能通过灵活的订单分配以实现巨大的供应能力；而且，近距离竞争，大家相互学习，又彼此补充，呈现出差异化的产品创新和频繁的过程创新特征。

在生产运作层次，由于产业集群内供应商、制造商与市场中介机构之间联系紧密，因此，在制品、原材料可以保持一个较低的库存，以便根据市场需求状况快速调整产品线与规格品种，这样就能够很好地适应新经济许多高技术产业的莫尔效应（Moor Effect）（即产品性能每隔一定时期提高一倍，如半年，而价格降低到原来的一半）。

（3）持续创新

将知识创新作为产业组织发展的中介变量，正被越来越多的经济学者所重视与运用，在一个不确定是唯一确定的经济环境中，知识与信息是所有组织获得竞争优势和发展的重要源泉。产业集群作为柔性专精的生产与创新系统，其主要特征是默会知识的创造和共享，而默会知识的生产和转移主要是通过集群内的非正式网络实现的。在柔性化过程中，企业员工的知识更新也比较快，工人更多地通过在职培训的机会，在实干中学习，通过学习得来的经验以及频繁的过程创新，使得创新成本、生产成本和扩散成本大幅降低。

在竞争优势可以维护较长时间的准静态环境中，对速度的追求更多侧重于提高现有制造过程效率，市场快速反应与创新并不受到太多的重视。而产业集群处在超强竞争的环境下，这是一种优势迅速崛起并因为近距离快速模仿，而迅速消失的环境。企业的成功，不在于一时一地或者某一产品的成功，关键是企业能不能够持续创新，创造出一系列的暂时优势，快速地从一个优势转移到另一个优势。

产业集群内的企业，因为集聚，市场、技术、组织等方面的知识与信息处于高度流动状态，这种高度流动的知识与信息，让企业可以快速准确地捕捉市场需求，改进生产技术与组织管理手段，并在对手采取行动前创造出新的竞争优势，并将优势迅速转移到不同的市场。

美国硅谷是世界上最具持续创新能力的高新技术产业集群。从发展初期到现在，硅谷始终保持着持续不断的自主创新活力，其创新发展模式和经验已成为世界各国高新技术产业集群竞相模仿的对象。集群内既有老牌的半导体产业企业（如英特尔等），也有后来居上的计算机产业企业（如苹果、惠普等），还有众多的网络公司（如网景、甲骨文、Yahoo 等）。正是由于这些企业处于硅谷这样一个高新技术产业集群内，使得市场、技术、组织等方面的知识与信息处于高度流动状态，再加之以斯坦福大学为代表的创新源和加州政府、市场以及完善的风险投资机构、培训机构、咨询机构等中介服务机构共同组成的区域产业集群创新系统，而使得硅谷能持续创新，并且一直成为世界高新技术产业的代表。

2.2.4 社会根植系统

社会根植性又称嵌入性，它最早由社会学家葛莱维特（Granovetter，1985）提出，认为一切经济行为都是嵌入或根植在人际关系网络之中，并依赖于特定的社会关系和区域文化。

许多产业集群的发展都受益于本地传统文化和历史传统，如我国最大的休闲服装生产基地广东沙溪，拥有"鳄鱼T恤"、"剑龙"、"圣玛田"、"汉弗莱"、"柏仙多格"等70多个全国知名品牌，中国十大休闲服品牌中有八个出自沙溪。据不完全统计，沙溪镇拥有纺织服装企业3 500多家，从业人员近5 万人，产销70 多亿元，创汇1.8 亿美元，拥有从织造、整染、面料到成衣、销售相配套的系列化产业链。其实，沙溪的制衣业已有着上百年的历史，沙溪休闲服装产业集群的形成与当地文化传统一脉相承。清末民初，很多沙溪人就在当时的香山县走街串巷地卖布，同时还在香港深水埗、广州高第街以及海外卖服装。这就说明了服装文化很早就在沙溪形成，而香山文化精髓赋予了休闲服装重要内涵，香山文化中一个重要的价值取向就是"道法自然"，以中国民主革命先行者国父孙中山（香山人）命名的中山装的特点之一也就是相对西装的方便和休闲。香山地域文化为沙溪休闲服装业发展提供了基础，同时，历史上民间的商业传统、古典心态和东方式的人文环境使得相互依存的沙溪休闲服装产业集群得以迅速形成并且不断发展。

社会经济学界也认为，诸多社会要素与关系能够作为一种资本形式存在，即社会资本，并可以通过投资而被积累，增加资源的可获得性和影响经济活动的成本与收益。信任、规范和关系网络作为社会资本的关键要素，支撑着广泛复杂的经济关系及经济过程。

产业集群不仅是一个从事区域专业化的柔性专精的生产与创新系统，更是一个内部各主体之间存在复杂相互作用并有强烈同质性文化和根植性的社会有机系统，产业集群的社会根植性来源于其良好的社会关系资本与信任。

正是在这个同质化的社会文化背景下，产业集群内部的各种产业组织，制造商、供应商、营销中介以及其他的服务机构，相互以此为联结的纽带，形成复杂的中间体网络组织，建立起比市场更稳定、比企业更灵活的社会联系，在竞争与合作相互作用的过程中，构成柔性专精的生产与创新系统，以应对后工业化时代对快速市场响应、差异化与个性化的市场要求。

波特也认为这种由相互独立而又非正式结盟的公司和机构组成的产业集群，代表着一种富有活力的组织形式，这种形式具有效率、有效性和灵活性方面的优势。但是，为波特所忽略的，正是这种产业集群的内部有机联系的纽带——经过长期经济活动发展起来的社会资本与社会根植性。这也是许多地方政府不遗余力地进行产业集群的复制，却难以奏效的主要原因——它们忽略了一个问题，那就是产业集群具有强烈的社会根植性特征，社会资本的质量和数量对产业集群的运行效率有着重大的影响。

产业集群为了获取柔性专精的动态效率和避免刚性一体化的企业科层制度在面对复杂多变环境时的僵化，其内部各主体之间的产权联系并不十分紧密，但是，由于纵向一体化的深度分工，它们之间的资产专用性却很强，企业之间的交易频率也很高，为了有效地抑制机会主义行为，通过长期动态博弈，企业发现彼此之间的长期关系导向与信任，可以有效地降低市场交易与监督成本。这样，社会资本的润滑剂和粘连作用就凸显出来了。也就是说，产业集群不但需要硬件的基础设施，还需要信任、社会关系与非正式规范等软件"社会基础设施"（Social Infrastructure）的支持。正如福山所说，当一个社会群体彼此分享同一套道德价值观念，并因此建立起对彼此规范与诚实行为的期望以后，这个社群的信任度也就会跟着提升。优良的社会资本是产业集群的重要软实力组成部分。

2.3　产业集群分类

将研究对象进行分类，是基于解析的方法，分析各个部分的共同形态及其相互之间的差异，然后，根据其普遍性与特殊性，对事物本质有更好的把握。分类的结果，主要取决于分类的目的与标准。

关于产业集群的分类，国内外学者大多将研究范围局限于制造业。其实，在第一产业，由于自然禀赋的原因，呈现出天然的产业集群景象；同时，第三产业的集群现象也是非常普遍的，如各大中城市商业中心 CBD 的零售业集群、港口码头的物流业集群，在国际上比较有名的，如美国纽约的金融产业集群、第五大道的广告产业集群、好莱坞娱乐产业集群。

与主流集群分类相一致，结合本书研究的重点，我们将研究重心集中在制造业产业集群的分类上面。

在产业集群的分类方法上面，定量分析法中的多元聚类分析是一个比较科学的方法，通过界定特定产业集群的多个关键变量指标，进行同类合并。但是，囿于产业集群数据资料统计指标的不统一和不完整，使用该定量分析方法进行分类存在一定的难度，因此，关于产业集群的分类，大多仍然采用定性分类的方法。目前国外比较有代表性的是马库森（1996）、克劳瑞格（1998）、OECD（1998）与米特卡（1998）的集群分类；国内，仇保兴（2000）对中小企业集群作出了一个比较全面的分类。

2.3.1 有代表性的产业集群分类

马库森（Markusen，1994，1996）在对美国、日本、韩国、巴西四个国家经济增长较快的区域研究后发现，在这些国家中存在四种典型的产业区类型：马歇尔式（意大利）产业区（Marshallian District）、轮轴式产业区（Hub-and-spoke District）、卫星平台式产业区（Satellite Platform District）和国家中心式产业区（State-centered District）①，并对其各自属性特征进行了分析。

马歇尔式产业集群是大量同一产业中的中小企业在一定区

① ANN MARKUSEN. Sticky places in slippery space: A typology of industrial districts. [J]. Economic geography, 1996, 72 (3): 293-313.

域内集聚，形成的一种弹性专业化的网络状合作系统。马歇尔式产业集群中没有核心企业，集群内部企业产业联系密切，自成一个生产—消费体系。

轮轴式产业集群的基本形态是以一个或少数几个大型企业为中心，周边配套许多的中小型企业而形成的产业集群，作为产业集群核心的大型企业，掌握着资金、技术和服务，外围有许多供应商与之形成紧密的合作关系，政府在其中也起重要作用。

卫星平台式产业集群主要是由本地企业和外部核心大型企业投资于当地工业园区而形成的，集群内部的企业呈现出行业多样化特征，并且，不一定存在产业联系，合作较少，关键是，核心企业位于产业集群的外部，控制着集群内企业的关键决策，政府主要是提供优惠政策和基础设施服务，集群经济不稳定。

国家中心式产业区是由一个或数个大型国家机构及周边的供应商和销售商构成的产业集群，产业集群的发展主要依赖国家的巨额投资和政府机构的政治需求，集群内的企业合作程度较低，同时还有可能受到政府管制。

马库森认为，现实中的产业集群可能呈现出更为复杂的形态，表现为以上四种基本形态的混合体或者是以上四种基本形态的变型。

荷兰经济学家彼得·克劳瑞格等（Knorringa，Stamer，1998）在借鉴马库森（Markusen，1996）对产业区的分类方法基础上，把产业集群分为意大利式产业集群、集群卫星式产业集群与集群轮轴式产业集群三类，并对三类产业集群的主要特征与竞争的优势和劣势进行了对比。[①]

---

① KNORRINGA P，STAMER J M. Jorg Meyer Stamer. "New Dimensions in Local Enterprise Co-operation and Development: From Clusters to Industrial Districts. [J]. ATAS Bulletin XI, 1998（10）.

表 2 - 2　　　　　　　　克劳瑞格产业集群分类表

	意大利式 产业集群	集群卫星式 产业集群	集群轮轴式 产业集群
主要特征	以中小企业为主；专业化强；竞争激烈；合作网络；基于信任关系。	以中小企业为主；依赖外部企业；基于廉价劳动成本。	大型企业为主导和大量中小企业；存在明显的等级制度。
竞争优势	柔性专业化；产品质量高；创新潜力大。	成本优势；专业技能；隐性知识。	成本优势；柔性；大企业作用重要。
竞争劣势	路径依赖；面临经济环境和技术突变时适应缓慢。	销售和投入依赖核心外部参与者；技术诀窍有限。	整个集群依赖少数大企业经营绩效。

　　资料来源：Peter Knorringa, Jorg Meyer Stamer. New Dimension Enterprise Cooperation and Development：From Clusters to Industrial Districts ［J］. 1998 (10).

　　通过对比，我们不难发现，克劳瑞格的产业集群类型其实就是对马库森的前三种集群类型的认同与发展，并删除了马库森的第四种普遍性不强的国家中心式产业区。而且他们的分类标准都是类似的，即判断该产业集群是否有核心的大企业作为集群存在的基础，以及集群对核心企业的依赖的程度；核心企业是在集群内，还是在集群外；竞争优势是集群规模与范围经济所导致的成本优势还是柔性专业化与创新。

　　通过这几方面的标准，我们就可以对各类产业集群有一个比较准确的把握：集群轮轴式产业集群主要是以产业区内部的大型企业为轴心，围绕它提供产品、零部件与服务，对大型企业有比较大的依赖，随着大型企业的经营兴衰成败而繁荣与萧条；集群卫星式产业集群，如小五金、领带、皮鞋等传统外向型产业集群，主要依赖于外部市场与中间商，当地相应产生大量的批发市场与零部件供应市场，竞争优势来源于大量的掌握隐性劳动技能的劳动力，掌握市场信息知识的企业家，以及较低的产品成本；意大利式产业集群主要以中小企业为主，柔性专精，产品质量高，创新潜力大，集群内部的合作与信任度都比较高。

仇保兴博士按照类似的标准将中小企业集群分类为：椎型或中卫型、市场型和混合网络型。

中卫型，或称椎型：小企业集群是以大企业为中心，众多小企业为外围分布而形成的，大企业处于整个企业集群的支配地位，小企业主要是为核心企业进行特定的专业化加工，或根据要求提供专门化产品或进行限制性销售。

市场型：小企业集群内部、企业之间的关系是以平等市场交易为主，各生产厂商以水平联系来完成产品的生产，如中国浙江的义乌和嵊县。

混合网络型：小企业集群中企业间是以信息联系为主，包括以商标为中心的协作模式；以大学或科研机构为中心的合作模式；以及多中心混合协作模式。

按照核心企业在小企业集群中的地位或与小企业合作的内容或方式的不同，仇保兴博士对椎型或中卫型企业集群又进一步地分类，包括以产品为中心、以销售为中心与以原材料为中心三种模式。以产品为中心的合作模式产业集群中，核心企业主要负责产品的最终组装与生产技术难度高、附加值大、对规模效益反应敏感的配套产品，而小企业大多分工生产技术要求低、批量小、专业性分工度高的各种零部件与半成品等；在以销售为中心的合作模式产业集群中，核心企业专门收购其他专业化分工的小企业产品并负责专门销售，核心企业自身并不参与产品的加工或组装，它们大多是专业贸易商或综合出口商；以原材料供给为中心的合作模式产业集群，核心企业提供给小企业生产经营所需的原材料，小企业以投资股份或其他契约的方式取得原料，双方通过协议能形成较为稳定的协作关系。①

另外，联合国大学新技术学院主管林·米特卡（Lynn Mytelka，1998）基于产业集群的发展水平阶段与内在社会经济关系把产业集群分为自发的非正式集群、有组织的产业集群与创新型产业集群三类。而且发现这三类产业集群的关键参与者的参与程度、企业规模大小、创新水平、相互信任程度、技能水平、技术水平、产业关联、合作水平与出口水平等评价指标都呈现出由低到高的特征。②

表 2 - 3 　　　　　　　米特卡产业集群分类表

类型	非正式集群	有组织的产业集群	创新型集群
关键参与者参与度	低	低到高	高
企业规模	个体、小	中小企业	中小企业和大企业
信任	几乎没有	高	高
技能	低	中	高
技术	低	中	中
关联	有些	有些	广泛
合作	几乎没有	有些，不持续	高
竞争	高	高	中到高
产品创新	几乎没有	有些	持续
出口	几乎没有	中到高	高

资料来源：Lynn Mytelka 和 Fulvia Farinelli 根据 UNCTAD（1998）改编.

---

① 仇保兴. 小企业集群研究［M］. 上海：复旦大学出版社，1999.

② LYNN MYTELKA. Competition，Innovation and Competitiveness：Learning to Innovate Under. Conditions of Industrial Change：paper presented at the EU/INTECH Conference on The Economics of Industrial Structure and Innovation Dynamics and Technology Policy［C］. Lisbon，October，1998：16 - 17.

非正式集群发展水平较低，集群内企业规模较小，技术水平较低，无核心企业，也几乎没有创新，大家只是简单地集聚在一起，共享范围经济，相互的合作较少，只是为降低生产经营成本。

有组织的产业集群发展水平较高，群内企业主要为中小型企业，存在一个或多个的核心企业，技术水平较高，有一定的产业关联，集群内企业开始相互协作，集群内大规模的要素供应商与渠道中间商集聚，竞争与合作处于比较激烈的状态。

创新型产业集群发展水平高，群内企业规模较大，技术水平高，存在广泛的产业关联，进行着持续的技术与产品创新，大家为了在更高级次的产业价值链中获得竞争优势，只能通过专业化、差异化与持续创新来实现产业集群的整体繁荣，许多分工沿纵向产业链进行，相互间存在密切合作。这种类型的产业集群主要分布在发达国家与地区，以及高技术产业区中，如硅谷，就是由基础的几家大型公司，如 IBM 公司、国家半导体公司等的高级专业技术人员中出来，自立门户，为源企业提供零部件，作为要素供应商，在其局部领域实施创新，最后发展到上万家相关高科技企业。

在米特卡三类产业集群类型基础上，1998 年联合国经济合作与发展组织（OECD），将集群分为了非正式集群、有组织的集群、创新集群、科技园区和孵化器以及出口加工区等。

2.3.2 产业集群分类解析

通过对以上四种有代表性的产业集群分类介绍中，我们可以发现，这四种分类思路是一脉相承的，主要的分类标准都包括集群组织化程度、是否存在核心大型企业、大型企业、柔性专业化与创新水平。

笔者经比较，认为马库森的分类方法在发达国家与发展中国家都具有很大的适用性，而且分类后的各个集群类型特征的差异都是比较显著的。马歇尔式产业集群，其主要特征是没有大型核心企业，每个企业都强调弹性专精，集群内部联系密切；轮轴式产业集群凸显核心大企业在资金与技术等方面的重要影响力；卫星平台式虽然企业数量众多，但主要受到处于集群外部的力量的控制；国家中心产业区比较像我国的一些高技术产业开发区，区内企业的组织化程度较低，产业联系少，只是集中于某一区域及产业平台而已。克劳瑞格设计的是三分法，把国家中心产业区剔除了，同时将其他三种类型继承下来了。

米特卡的分类方法比较直接明了，尤其是他所称的非正式集群，在我国是有较大比重的，但是，创新型集群的分类则显得比较的模糊。我们知道，产业集群的主要属性之一就是其由于近距离的交流与模仿，有利于新的知识与信息的产生与扩散，可以说，几乎所有集群都在不同程度上存在创新。如果真正要说集群之间的差异，可能是一些更多地依赖于创新和差异化，一些更多地依赖于集群范围经济和低成本。

产业集群类型的划分，主要取决于研究的目的、对象及内容。因此，对产业集群分类呈现出多样性，也是很正常的。笔者接下来从产业集群的形成动机、形成动力以及技术水平三个方面对产业集群作进一步的划分。

（1）按产业集群形成动机标准分类

产业集群按照形成动机标准，可以分为市场需求型、生产要素型与混合型。许多产业集群的形成动机就是为了更好地接近市场，快速了解市场信息，并作出相应的生产与范围服务决策。随着现代网络信息技术的飞速发展，以及供应链合作创新意愿加强，更多的产业集群呈现出生产要素型特征，尤其是某地存在一种特殊禀赋的要素资源，如廉价劳动力、原材料、高水平研究人员与研究机构，生产要素型产业集群特征更加显著。

如四川达州正在开发的天然气能源化工产业集群，主要就是基于其境内丰富的天然气资源——达州市天然气储量达 3.86 万亿立方米以上，已探明储量 7 000 亿立方米，是全国三大气田之一。由于达州市供水条件优越，交通运输体系较为完善，已完全具备建设大型天然气能源化工产业集群的条件。

当然，市场需求型与生产要素型集群之间的边界也可能是很模糊的，可能存在一个交叉地带，即混合型。表现为：由于当地具有大规模的生产能力，带来商家云集，形成一个大市场，然后，因为这个大市场，又带来更多要素供应商的集聚。如东莞的纺织服装产业集群，主要就是依赖港澳国际市场，以及全国聚集而来的丰富的廉价劳动力与原材料。但是，自从 2010 年富士康跳楼事件及中国新的《劳动合同法》颁布后，广东省的劳动力要素市场遇到了空前的挑战，廉价劳动力的比较优势随着内地的快速发展正在被弱化。

（2）按产业集群形成动力标准分类

从产业集群形成过程中的动力进行分类，可以将产业集群分为自然型、人工嵌入型与外资推动型。自然型主要依靠长期的传统产业的积累与发展，这既包括传统的手工类与劳动力密集型类，还包括由于核心企业在市场化过程中，周围不断地集聚向其提供原材料、零部件及服务的供应商而形成的轴心式产业集群。如江西景德镇的陶瓷集群，江浙一带的桑蚕业、纺织业、制笔、造纸、制砚、制墨、榨油等产业集群，都是传统产业长期积累与发展而形成的。苏州正在大力建设的"文化产业集群"，包括已经形成的国家级"苏绣文化产业群"、"苏州国家动画产业基地"、"胥口书画全国文化（美术）产业示范基地"和省级"沙家浜江南水乡影视产业基地"、"苏州科技文化艺术中心"、"昆山动漫数字产业园"、"昆山文化创意产业园"等在内的 27 个文化（创意）产业园（街区），这些产业都是依靠苏州民间书、画、刺绣、印刷等传统产业积累、升级与发展而来的。

人工嵌入型产业集群是由国家或地方政府推动，建立各种类型的产业开发区，提供优惠政策与政府管理服务，对相关产业的企业产生吸引，导致产业的集聚。人工嵌入型产业集群在早期，集群内部企业的合作也是比较少的，更多的是横向联系；在后期，产业技术开发区开始关注集群要素的互补性，纵向联系逐渐增多。如在陕西省政府与西安市政府的积极推动下，西安曲江以文化旅游、影视基地、会展、演艺、出版、地产为核心的文化产业集群。

外资推动型实质上是人工嵌入型的一种特殊形式，只是集群主体大多限定在外资层面，如我国改革开放之初的广东港资电子、玩具与服装产业集群，苏州的台资产业集群等。外资企业在做投资决策时，往往会更多地考虑与来自同一国家或地区的企业集聚，这也是我国目前外向型经济的主要产业集群形式；另外，还有一些外资推动型的产业集群因为存在较强的纵向产业关联，可能由于某一核心企业进入某一开发区，而带来相关产业链企业的跟进，如成都高新区由于英特尔的投资，带来其他几家世界 500 强企业进驻，只是，这种人工嵌入的产业集群对开发区内部其他企业的影响与带动作用相对较小。

（3）按产业集群技术水平标准分类

按照产业技术水平，我们可以将产业集群区分为传统产业集群、高技术创新型产业集群和资本与高技术相结合的产业集群。

传统产业集群以劳动密集型产业或传统手工业为主，依靠世代相传的传统技艺，工人技术水平高，专业化程度高、劳动分工精细，产业集群内存在发达的市场组织网络，我国浙江、福建许多的产业集群，就是改革开放后由当地民间资本、民间工匠、专业市场的有机结合逐渐发展起来的，主要集中于传统产业，如鞋类、服装、小五金、小商品等。浙江省的传统产业集群就很发达，如温州的鞋业、义乌的小商品、嵊州的领带等。

高技术创新型产业集群主要依托当地发达的科研力量，以发展高技术产业为核心，以柔性专精为导向，创新为动力，形成的产业集群。世界上很多著名的高技术产业区大都与大专院校及科研院所相邻，由其提供源源不断的优秀人才与创新知识。在我国，北京的中关村科技园内云集了北京大学、清华大学、中国人民大学、北京航空航天大学、北京师范大学等众多著名院校；南京高新区周边聚集了包括南京大学、东南大学等 7 所高等院校；武汉东湖高新科技园内也聚集了武汉大学、华中理工大学等 23 所高等院校和 56 个科研院所。

资本与高技术相结合的产业集群，主要是以标准化的设备和高水平的专业技术相结合为特征，集群内企业主要呈垂直一体化分布，属于资金密集型。如北京星网通信产业园，该园区已经吸纳了 19 家国内外著名企业入驻，拥有一批富有特色且在全球信息产业享有很高声望的知名企业，包括世界 500 强的诺基亚与三洋能源、富士康，以及移动电话生产技术含量最高部件制造企业——日本揖斐电、欧洲最大电子制造服务供货商艾科泰网络集团及手机天线技术全球领先的阿莫斯圣韵电信设备（北京）有限公司等。

关于传统产业集群与高技术产业集群的对比，笔者选取中国的温州与美国的硅谷进行比较。美国硅谷是高技术创新型产业集群的典型代表，温州则是中国民营经济中最具有活力和市场化程度最高的传统产业集群的典型代表。

表 2 - 4 温州与硅谷产业集群对比

	温州	硅谷
资本来源	自我积累或亲友借贷，非正式民间融资	天使基金或其他商业性风险投资
组织形式	家族经营	员工持股
发展动力	穷则思变，发财致富，创业	大学或者企业实验室，创新，创业
中介机构	民间商会等中介组织	各种专业的中介机构提供优质服务
社会文化	致富光荣，敢于离土离乡；重视血缘、亲缘、地缘等社会关系网络	移民文化和非正式交流；鼓励创新，宽容失败；重视竞争与合作

在我国，高技术产业创新型产业集群和资本与高技术相结合的产业集群经常处于同一平台，主要集中在各大中心城市的高新技术开发区。中国的这类产业集群主要依靠政府推动，通过优惠政策，吸引投资，尤其是通过国内外知名企业进驻，形成核心。关于资本与一般性技术相结合的产业集群和高技术创新型产业集群，我们可以通过美国 128 号公路地区与硅谷的对比得到一个直观的了解。

表 2 - 5 美国 128 号公路地区与硅谷的产业集群类型对比

	美国 128 号公路地区	硅谷
发展渊源	二战后美苏军备竞赛，国防投资为该地区军工企业提供了强大的市场支持。	IBM 公司等几家大型公司的高级专业技术人员出来，自立门户，为源企业提供零部件。
企业类型	自给自足、大而全的大公司，拥有雄厚的产业基础和科教资源。	众多的小公司与大公司并存、专业化程度水平高，大多数公司实行灵活的工作制和开放的组织结构。

	美国 128 号公路地区	硅谷
技术开发	内部孤立地进行技术研究，技术研发活动大多内部化，较少信息公开与共享，有一定封闭性。	强调集体学习和团队意识，横向联合与协作水平高，大家共享开放的信息资源。
创新方式	创新主要集中在一些特殊的专门研究机构，如大学、研究院、大型企业的研究所等。	崇尚自由与创新，企业家精神主导着企业的创新活动，创新主要是通过创业（Start-up）来实现的。
大学	偏重于国防的麻省理工学院	斯坦福大学
研发导向	政府和成熟的大公司导向，技术供给推动。	市场需求推动着创新与产业发展。
资金支持	联邦政府的国防支持基金为主要融资渠道，风险资本只是作为一种补充。	风险投资最活跃，并与股票期权一起作为支撑该地区创新型企业的两大支点。

　　高技术创新型产业集群的另一个典型代表是光电子产业集群。20 世纪 70 年代，光电子技术尚处于实验室研发阶段，20 世纪 80 年代至 90 年代进入运用和传播阶段。中国光电子产业集群代表——武汉国家光电子产业基地已经形成了光纤光缆、光电器件、系统设备等光通信领域内分工专业、协作配套的产业群体，现有光电子生产企业 700 多家，已经形成以长飞光纤光缆公司、烽火公司、NEC 日电公司、华工激光公司、楚天激光公司、NEC 移动通信公司、武汉精伦电子公司等为代表的市场竞争能力强、区域影响力大的核心企业。

　　在西方高技术创新型产业集群形成的初始阶段，通过实验室研发是建立核心竞争力的主要方式（Miyazaki，1995），许多研发活动都在大企业内部进行，随着技术融合和商业化机会的出现，最终在大企业内部出现了分化。通过大企业的分解，以大企业离职雇员自主创立公司，或者具有企业家精神的大学教授创业等方式，出现了一些独立的创新型企业。另外，产业的快速发展变化增加了产品的技术复杂性，并带来市场扩张，企业开始意识到自身不具备商业化所需要的全部技能，于是开始创建外部联系，并在外部联系中发挥自己已有的核心能力的杠杆作用，企业与支持性机构如大学、劳动力市场、商业中介、研究机构和政府机构之间的联系变得更为紧密。这时，市场网络而非科层制组织成为了主要产业组织形式，中小规模企业大量出现，并围绕初始成员以产业集群形式存在。

3
文献述评

3.1 理论经济学相关理论研究述评

3.1.1 古典经济学分工理论

以斯密、马歇尔、刘易斯和熊彼得为代表的古典经济学家们，关注如何使一个国家更加富裕，尤其关注如何通过分工和专业化来提高效率，实现创新和促进经济增长。产业集群实质上就是纵向专业化分工的深化，即通过所谓的弹性专精，实现更深层次的动态的分工与合作，并在全球价值链体系中实现地方化的专业生产。

（1）斯密分工理论

关于分工，亚当·斯密在 1776 年发表的《国民财富的性质和原因的研究》（An Inquiry into the Nature And Causes of the Wealth on Nations，也常被简称为《国富论》）中作出了最初的经典分析，最早系统地研究了分工与市场的关系，以及分工如何促进效率的提高。

斯密认为分工的前提是交换，而不完全是由人的天赋才能的差异决定。人们在不同职业上表现出来的极不相同的才能，在多数场合"与其说是分工的原因，倒不如说是分工的结果"。

至于分工的深度，主要受到市场交换能力大小的限制，市场交换能力的大小，又主要受制于市场范围的大小，而市场范围的大小则主要是由运输效率决定的。因此，分工的程度决定于市场范围的大小及运输效率的高低。如果市场范围过小，那就不能激励人们"终生专务一业"，因为，在这种状态下，他们不能用自己消费不了的自己劳动的生产剩余，去换取自己所需要的别人的劳动剩余。

对于分工提高生产效率的原因，斯密是这样分析的："分工导致了劳动生产力效率上最大的增进，并在劳动时能够表现出更大的熟练、技巧和判断力，有了分工，相同数量劳动者就能完成比过去多得多的工作量。"斯密还将分工提高劳动生产效率的因素归纳为三个方面：第一，劳动者的劳动技能因"业专而日进"；第二，由一种工作转到另一种工作，通常须损失不少时间，有了分工，就可以免除这种损失；第三，分工可能导致产生许多简化劳动和缩减劳动的机械发明，这样，一个人就能够做以前许多人做的工作。

对于这三点，我们可以这样去理解：分工之所以提高生产率，首先，劳动者专一从事某一项工作，随着熟练程度的增进，劳动产出必然会提高；其次，如果一个人同时从事几项工作，由一种工作转到另一种工作，常要损失一些时间，而且，人们不可能很快地适应从一种工作转到使用完全不相同工具而且在不同地方进行的另一种工作；最后，人类把注意力集中在单一事物上，比把注意力分散在许多种事物上，更能发现达到目标的更简易更便利的方法，于是，分工的结果，各人的全部注意力都倾注在一种简单事物上，只要工作性质上还有改良的余地，就会有人发现一些比较容易或者更加便利的方法。

在政策上，斯密提出了著名的"看不见的手"的主张，认为分工能够通过市场来协调，实现社会的普遍富裕，主张自由放任的经济思想，反对政府干预经济，强调"看不见的手"的自发力量。"在一个政治修明的社会里，造成普及到最下层人民的那种普遍富裕情况的，是各行各业的产量由于分工而大增。各劳动者，除自身所需要的以外，还有大量产量可以出卖……别人所需的物品，他能予以充分供给；他自身所需的，别人亦能充分供给。于是，社会各阶层普遍富裕起来。"①

在斯密之前，也有许多的学者对分工的价值及其与提高劳动生产率的关系进行了研究。柏拉图（Plato）早在公元前380年就已经论述了专业化、分工对增进社会福利的意义，威廉·配第（Willian Petty，1690）也曾经分析过专业化对生产力进步的意义。斯密之后，李嘉图（1817）采用了不同的方法来研究专业化与分工，发现了分工与外生比较优势的关系。查尔斯·巴比奇（Charles Babbage，1835）还证明分工可以减少重复学习，从而提高了整个社会的学习能力②。

（2）马歇尔分工与产业区理论

古典经济学代表人物马歇尔在《经济学原理》（1890）中，在对分工与分工界限研究的基础上，对地方产业集群与规模经济最早做出了较为详尽的研究，也因此，在相当程度上，被认为是产业集群经济学理论研究的先驱。

①马歇尔对分工及外部经济的解读。由于受到斯宾塞（Spencer）思想"进化过程意味着分化与整合"的影响，马歇尔也从经济生物学角度来解析人类社会经济活动过程中的分工与协作，认为有机体（不论是社会的有机体还是自然的有机体）的发展，一方面，使它各部分细分部分的机能增加，另一方面，使各部分之间的联系更为紧密。这样下来，每一部分的自给自足部分会越来越少，它的福利会越来越多地依靠其他部分供给，因此，一个高度发达的有机体，任何一个部分出了毛病，都会影响到其他各部分，直至整个有机体。这种机能细分的增加，可以称为"微分法"，在工业上表现为分工、专门技能、知识和

① 亚当·斯密．国民财富的性质和原因的研究［M］．北京：商务印书馆，1999．

② 杨小凯．新兴古典经济学与超边际分析［M］．北京：社会科学文献出版社，2003．

机械的发展等形式；而"积分法"，就是工业有机体的各部分之间的关系的密切性和稳固性的增加——表现为商业信用保障的增大，如海上和陆路、铁道和电报、邮政和印刷机等交通工具和习惯的增加等形式①。

马歇尔认为，分工日益精细的主要原因是由于市场的扩大，以及对于同一种类的大量物品（在有些情况下，是对于制造极其精密的东西）需要的增加；机械改良的主要结果，是进一步分工导致的工作（产品）价钱更加便宜，而（产品）品质更为精密。

在分工与效率的关系上面，与斯密不同，马歇尔认为分工并不必然导致生产效率的增加，还需要区分不同的工作层次，在低级工作上，极端专门化能够提高工作效率，但在高级工作上则不尽然。比如，在科学研究中，早期进行比较广泛的研究，然后再将研究范围逐渐缩小，会更加地科学。这与当前知识经济时代，强调复合型知识与专业创新是一致的。因此，在各个层次的工作中，专门化实现到怎样的程度，才是获得效率的关键。

马歇尔首创性地提出了"内部（规模）经济"与"外部经济"的概念，认为内部经济是源于个别企业的资源、组织和经营效率因为生产规模扩大而体现出来的经济，外部经济则是依赖于整个产业发展状况的经济。

由于分工造成的专门机械或专门技能的效率提高，只是分工的必要条件，还需要有足够的工作使它得到充分利用。生产上的经济，不但需要各人在狭小的工作范围内不断地操作，而且在需要各人担任不同的工作时，每种工作都应当使他的技能和能力尽量地用出来。同样，当特别为了某种工作而设置一架

① 马歇尔. 经济学原理［M］. 北京：商务印书馆，2004.

强有力的车床时，机械上的经济就需要这架车床尽可能长久地用于这种工作；如果要将它用于别种工作，则那种工作应当是值得使用这车床的工作，而不是用比它小得多的机器也能做得同样好的工作。因此，分工的前提条件，不只是取决于个别企业的大小规模，还取决于外部的经济发展规模，即马歇尔所谓的"决定于整个文明世界的生产总量"①。

②马歇尔关于产业集群的分析。马歇尔是产业集群的早期研究者，他是第一个将集聚经济单独列出来进行分析的，并首先发现了产业集群的外部经济性，认为：这种经济（外部经济）往往能因许多性质相似的小型企业集中在特定的地方（即通常所说的产业区）而获得，马歇尔也最早注意到产业区的社会环境质量，如减少内部交易费用的共有知识与信任、创新与扩散，以及良好的产业氛围。另外，马歇尔还对产业集聚原因、集群经济、集群风险及产业集群演进作了比较深入的分析。

马歇尔将产业集聚的原因归纳为四个因素：首先，是自然条件，如气候、土壤、资源与交通便利，如冶金产业一般是在矿山附近或是在燃料便宜的地方；其次，民族的性格和当地的社会与政治制度也会对产业的发展产生重要影响；再次，各种偶然事件，也会决定某种产业是否会在某一地区繁荣起来，甚至决定整个国家的产业特性；最后，也是最重要的，是该地区必须要具有商业上的便利——不论它是用什么方法来增进的。可见，马歇尔在研究地方产业集聚的原因时，已经发现了资源禀赋、社会性根植以及偶然性的路径依赖等影响因素。

在当时的历史条件下，通过对英国近代产业发展史的研究，马歇尔还发现了交通运输与通信工具的进步对产业集群的影响，每当运输费用降价，或者远距离的思想交流有了新的便利，都

---

① 马歇尔. 经济学原理［M］. 北京：商务印书馆，2004.

会使产业分布于某地的各种因素的影响作用相应变化。一般而言，货运的运输费用与关税水平减低，会使人们更多地从远方购买他们所需要的东西，这会使得特殊产业集聚于某一特殊区域；另一方面，如果增加人们迁徙的便利，会使得熟练的技术工人接近需要他们专业技能的厂商所在地，以便更好地发挥他们的技能。这也可以归纳为马歇尔产业集聚的第五因素。

关于产业集群收益，马歇尔做了三方面的精彩描述：

首先，当某一个企业建成于某一区域后，通常它是会长久设在那里的，邻近的从事同样工作的同行，能够因此得到很大的收益，行业的秘密不再成为秘密，而似乎成为公开的了，甚至连孩子们也不知不觉地能够学习到许多的技术秘密，优良的工作（技能）受到赏识，机械上以及制造方法和企业的一般组织上的发明和改良成绩，能够迅速地得到研究，如果一个人有了一种新思想，就为别人所采纳，并与别人的意见相互综合，并成为更新的思想的源泉。不久，辅助的行业就会在邻近的地方产生，提供这些产业所需要的工具和原料，或者为它组织运输，在一定程度上，这是有助于实现原料经济的。

其次，在从事同类生产总量很大的区域里，即使个别企业的规模不大，高价值专用机械的使用，有时也能达到很高的经济性，这是因为，从事于生产过程中的这个辅助行业部门，可以为许多邻近的企业提供服务，于是，这些辅助行业就能不断地使用具有高度专用性的机械，即使这种机械的原价很高，折旧率很大，也是能够收回投资的。

最后，在最早阶段之外的一切经济发展阶段中，地方性产业集聚会因为持续性地对（某一种专门）技能（的工人）提供（专门的就业）市场而受益颇丰。雇主们往往会到他们能够找到自己所需要的具有专门技能的优良工人的地方去投资建厂；同时，寻找职业的人，也自然会到有许多雇主需要像他们那样技能的工人的地方去寻找工作，因为在那里他们的技能就会有良好的市场。一个孤立的工厂主，即使他能得到一般劳动的大量供给，也往往会因为缺少某种专门技能的劳动力而束手无策；而具有专门技能的熟练工人如果被解雇，也不易有别的（工作）办法。在这里，社会力量与经济力量实现了互补，在雇主与雇工之间往往有强烈的友谊，如果他们之间发生了任何不愉快的事件，双方都是不愿看到他们的摩擦继续下去的，直至他们之间的关系变为相互讨厌了，双方也都愿意能够很容易地中断这种关系。这些困难对于任何一个需要专门技能，但在邻近地区却没有与它相同的其他企业的企业的成功，仍然是一大障碍，不过，这些困难现在正在因为铁道、印刷机和电报（出现与普及）而减少。

可见，马歇尔将地方产业集群收益归因于，当地化的隐性知识与技能的交流、扩散与创新，以及强大的外部经济带来的辅助行业的发展、高度专门化机械的使用和具有专门技能的劳动力市场，而这些，都是"马歇尔"外部性的典型表现。同时，马歇尔也认识到产业集群的潜在风险，主要依靠单一产业的区域，如果外部对这种产业的市场需求减少，或是它所使用的关键原料供应减少，它都很容易陷入极度的萧条。而同时拥有几种不同产业的大城市或大工业区，在很大限度上就可避免这种风险，即使其中某一产业一时失败，其他的产业也能够间接地支持它。

对小企业占多数的产业集群是否会被具有规模经济的大型企业所取代的问题上，马歇尔从规模经济、知识与外部经济，以及销售方面作出了一个比较乐观的分析，从此也就出现了著名的"马歇尔冲突"。

马歇尔认为，由于工业①具有自由选择它作业地点的能力，相应的规模经济也是表现得最为突出的。它一方面不同于农业及其他在地理分布上由大自然所决定的天然产品的产业（如矿业、渔业等）；另一方面也不同于制造或修理适合个别消费者之特殊需要的东西的产业（我们可以理解为消费型的服务业），这些产业是不能远离消费者的。

大规模生产的利益，主要表现为技术经济性、机械经济性和原料经济性，其中，原料经济性与技术经济性和机械经济性相比，重要程度正在显著下降。大企业在专门机械的使用与改良、原料采购与产品销售、专门技术和企业经营管理工作的明细分工等方面具有显著的规模经济性。

马歇尔认为，短期来看，属于同一产业的小型企业集聚，虽然辅助行业能够给予它们一定程度的帮助，但由于机械的日新月异和价格高昂，这些小型企业仍然处于极大的不利地位；同理，在获得消息和进行试验方面，小制造商也必然总是处于极大的不利地位。但是，从长期来看，社会进步的大势对小企业是有利的。因为，在关于经营知识的一切事情上，外部经济与内部经济相比，正不断增大其重要性：报纸以及其他出版物，不断地为小企业探听消息……营业秘密大体上是减少了，方法上最重要的改良，经过试验的阶段之后，很难长久保守秘密，这都是对小制造商有利的。并且，工业上的变化只依赖实际经验的已经较少了，而依靠科学原理的普遍性进步则更多一些，这些普遍性的进步，许多是由为求知识而求知识的学者所作出的，并且为了公众的利益，很快予以发表，这是对小企业有利趋势的一面。

最后，马歇尔认为，大企业要持续迅速的发展，必须具有

---

① 马歇尔将从事于原料的加工，使它成为各种成品，以适合在远地市场出售的一切企业包括在工业这个项目之内。

难得在同一产业内同时存在的两个条件：大规模生产和大规模销售，并特别指出，在大规模生产的经济性具有头等重要性的那些产业中，大多数产业的销售是困难的。

关于中小企业产业集群是否会被大的企业所取代的问题，马歇尔的这三个论点需要辩证地看待：第一，大型企业的研发优势仍然是巨大和难以匹敌的，随着专利与知识产权保护的加强，以及全球化市场规模的影响，大型跨国公司在这方面的优势仍然是难以撼动的；第二，生产规模经济正在被柔性专精所替代；第三，马歇尔认为非常困难的大规模营销，从 20 世纪 30 年代起，便被广泛地应用与推广，而且随着现代促销手段即广告的大量采用，以及大规模的渠道网络建设，在销售方面，大企业的大规模营销的经济性丝毫不逊于生产制造的规模经济性，以及研发的规模经济性。

（3）刘易斯分工、市场与组织规模理论

与马歇尔观点类似，阿瑟·刘易斯也认为具有规模经济性的大型企业并不必然比专业化中小企业更有优势。只是，在比较研究过程中，刘易斯在分工与产业组织规模的关系中增加了"市场"这个中间变量，认为规模经济的大小关键取决于相关要素与服务市场的发达程度。

刘易斯不认同传统的专业化会使厂商规模增大的观点，认为专业活动也可以由市场来调节。刘易斯以汽车生产为例作了分析，汽车生产由几十家不同的厂家各自专门制造底盘、车身、挡风玻璃、雨刷、轮胎或大量其他汽车配件，所谓的汽车制造厂不过是把大部分从别的厂商那里买来的部件装配起来。专业化就其生产活动总体表现来看是将厂家的规模增大，但是如果把生产活动分解成各个工厂的零部件加工时，专业化就会缩小厂商规模。

刘易斯认为组织规模问题其实就是一个协调的问题，协调的路径，可以通过厂商内部管理来完成，也可以通过市场来完成，这二者是可以相互替代的。市场越完善，就越不需要在厂家内部进行协调；反之，市场越不完善，需要企业协调的各个专业人员的活动的场合就越多。也就是说，如果市场组织得好，小厂家就可以很容易地生存，因为像专家咨询，技术服务、零配件、原料等都能廉价买到，产品也都能够很容易地卖给买主或中间商。

因此，要培育好一个小企业集群，最好的办法是降低协调成本，开拓更多更好的协调路径，或者叫培育专业的要素市场与营销中介市场。大企业因为规模效应与管理优势可以从事的研究、大批量交易、筹集资金、作大规模广告、聘用最好的专家顾问等工作；在产业集群中的中小企业通过专业代理机构，同样能够做到。也就是说，如果要实现高效率或使经济增长，并不是非要让个体厂家规模大才行。其实，无论是在厂家内部还是在组织良好的市场结构内，除非存在规模经济，否则专业化的优越性就不能得到保证。至于组织良好的市场究竟能够在多大程度上替代大厂家，则与行业属性密切相关，我们很难想象如何按小规模来有效地组织炼钢或组装汽车，而小型企业在传统手工产业或者小型专业工具上却得心应手①。

（4）熊彼得创新理论

创新经济的先驱、著名的经济史学家及经济思想家熊彼得（Joseph Alois Schumpeter）虽然没有对产业集群或者产业集聚做专门的研究，但在研究技术创新与经济周期的关系的过程中，发现技术创新不是在时间上均匀分布的，它起于集群，在成功地创新之后，首先是一些企业取得竞争优势，接着是大多数企业步其后尘；并且，创新也不是随机地分布于整个经济系统的，

① 阿瑟·刘易斯．经济增长理论．［M］．北京：商务印书馆，2002.

而是倾向于集中在某些部门及其邻近部门；产业集聚有助于创新，创新并不是企业的孤立行为，它需要企业间相互合作和竞争，需要产业集聚才能实现①。

3.1.2 新制度经济学交易费用和制度演进理论

新制度经济学（The New Institutional Economics）证明，经济运行过程中由于存在不确定性、不对称信息、不完全合同及机会主义行为等会产生交易成本，这使得新古典经济学市场自动均衡理论的前提不再有效，这也是经济学理论与经济现实脱节的主要原因，即经济人行为完全理性及没有交易费用的完美市场在现实中是不存在的。

新制度经济学是以美国经济学家科斯教授为先驱的，以其拥护者奥利弗·威廉姆森、哈罗德·德姆塞茨、道格拉斯·诺斯、詹姆斯·布坎南、张五常等为代表的一批经济学家所形成的一个经济学派。该学派中的若干核心人物如布坎南于 1986年、科斯于 1991 年、诺斯于 1993 年分别获得诺贝尔经济学奖，引起了经济学界对新制度经济学的广泛关注。新制度经济学主要由交易费用经济理论、产权理论、制度演进理论等组成，它仍把新古典经济学价格理论作为自己的理论内核，实现制度分析与新古典经济学的整合，主张经济自由，反对国家干预。

新制度经济学对产业集群研究的主要贡献，在于它的交易费用理论、不完全契约理论与制度演进理论，是研究产业集群这种网络状中间体组织形式的结构与治理机制的重要理论基础。

（1）交易费用理论

交易费用的概念是新制度经济学研究制度构成和运行的两大基本工具之一。在新制度经济学家看来，交易费用就是制度

---

① 约瑟夫·熊彼得．经济发展理论——对于利润、资本、信贷、利息和经济周期的考察［M］．北京：商务印书馆，2002.

运行的费用，它是一切不直接发生在生产过程中的费用，或者被称作"一切不存在于鲁滨逊一人世界中的费用"。交易费用包括信息搜集费用，谈判费用，起草和实施合约费用，界定和实施产权费用，治理、运行和监督的费用，以及制度变迁费用等。

科斯在其经典论文《企业的性质》（1937）中，成功地将交易费用的概念引入到经济学的分析之中，指出交易费用为零的世界是不存在的。正是由于以价格机制协调的市场交易存在交易费用，人们才会去寻找市场交易的替代物——企业，以便降低交易费用。通过建立企业，一种生产要素（或其所有者）无须与那些同在企业内部与之进行合作的生产要素签订一系列的合约，这一系列的合约被一个合约所替代，一系列较短期的市场契约被一个较长期契约所替代，于是，企业替代了市场，从而节约了交易费用。同时，科斯认为在企业内部存在着一种权威治理关系，即企业家在一定范围内可以对其他生产要素所有者的行为进行指挥和命令，权威治理会产生一种额外的费用——管理费用。企业这种组织形式节约交易费用的结果，导致企业规模扩张，直到节约的市场交易费用等于管理费用为止，这就是企业的规模边界。

奥利弗·威廉姆森是交易费用理论的集大成者，他把科斯的交易费用理论发展到了近乎完善的地步。威廉姆森将交易费用分为事前交易费用和事后交易费用；并修正了传统的经济人假设，引入了西蒙的有限理性假说，即人的认识虽然在主观上追求理性，但是只能有限地做到这一点；而且，人的本性是自私的，只要能够利己，就不惜去损人，并把人的这种本性称之为"机会主义"——他认为正是这种机会主义导致了交易费用的存在。

运用交易费用，威廉姆森将企业界定为连续生产过程之间不完全合约所导致的纵向一体化实体，认为当契约不能够完全进行界定时，只有通过纵向一体化的企业形式，才能够消除或减少资产专用性使用过程中的机会主义以及由此产生的不确定性问题。制度经济学派对产业组织结构是采用市场结构、企业结构，还是采用企业之间的长期契约做了富于创建性的解释，认为在存在有限理性及机会主义行为的情况下，交易治理结构是采用市场、长期合作契约还是企业，主要由资产专用性、交易频次与不确定性共同决定。

第一，资产专用性会诱使交易中的机会主义行为产生。一般来说，资产专用性越强，机会主义行为发生的可能性就越大。对专用性资产的投入者来说，如果专用性资产被投入到其他的用途中，供应商将无法实现相同的价值；对合同供应关系的买方来说，如果他要另换供应商，他还必须诱使潜在的供应商进行相同的专用性投资，这些都是有机会成本的，因此，双方只好勉力维持，而不是终止交易。这样，就会在交易双方之上形成维持合同供应关系的治理结构，使得双方都能够在规避机会主义风险的同时获得持续的经济价值。

第二，大量频繁的交易放在企业这样的治理结构中会有更多的好处。一方面在企业的治理结构中，交易双方属于一个整体，交易的发生不再是市场价格的协调，减少了由于签订协约产生的各种费用；另一方面，对于大量的、重复发生的交易来说，专用治理结构的成本更容易收回。因此，从交易频率角度讲，治理结构的目的并不仅仅是节约交易成本，还可以节约新古典经济学意义上的生产成本。

第三，威廉姆森认为由于合同双方的有限理性与机会主义的存在，会引起行为上的不确定性，而这种不确定性只有通过长期的契约或企业一体化结构才能够予以消减。

这样，我们就可以理解，纵向一体化是为了适应现代的资产专用性提高，由于机会主义行为所引致的交易不确定性，因此，如果涉及高度专用性资产，并且经常重复发生的交易，适合在企业内部进行。否则，高度专用性的资产持有方可能会面临很大的被要挟风险。

1983年5月，张五常在《法律与经济学杂志》上发表了《企业契约性质》一文，运用契约的一般性和计件契约的特殊性来重新阐释了科斯的观点，认为并不是企业这种非市场机制的组织结构替代市场结构，而是用企业这种高级契约的组织形式取代了一般性契约形式——市场。企业和市场在本质上是同质的，它们都是契约，只是形式和机制不同罢了，企业取代市场是一种契约形式取代了另一种契约形式，即要素市场取代了产品市场，是市场形态高级化的表现。要素所有者之所以选择企业这种契约形式，并不完全因为企业这种组织结构能够提高决策的科学性、体现规模经济与分工协作，以作规避偷懒、欺骗等机会主义行为，其根本原因仍然在于交易费用的大量节约，如企业可以减少交易过程中签订契约的数量，降低对产品了解的信息费用，减少对交易的特征或特性进行考核的费用，以及减少计算报酬的费用。

钱德勒（1977）也发现，当企业管理协调的单位成本较低时，管理这只看得见的手就取代了市场这只"看不见的手"，管理协调使生产过程通过在数量和速度上的大幅提高而实现规模经济与速度经济。正是在这种因素的作用下，导致了科层组织对市场的替代。

理查德森（Richardson）与普费弗（Pfeffer）研究指出，由于现代许多企业之间的活动都是互补的，专用资源具有相互依赖性，所以企业间活动需要协调，但这种协调不是通过政府计划，也非通过企业一体化来协调，而是通过企业间的多样化契约安排来协调的，它既可以降低交易成本和生产成本，推动技术的联合开发，提供对相关企业的有效控制，也可成为进入其他领域的桥梁，在这方面，企业间长期契约比计划、纯粹市场和科层企业更具优势。

（2）不完全契约理论

在 20 世纪 80 年代后期，格罗斯曼（Grossman）、哈特（Hart）和穆尔（Moore）等人以契约的不完全性为出发点，形成了从提高企业组织效率的角度研究产权配置问题的 GHM（Grossman Hart Moore，简称 GHM）分析框架，并构成了不完全契约理论的核心。

不完全契约理论的主要贡献主要表现在两个方面：第一，它用第三方不可证实的概念代替了威廉姆森交易费用的有限理性的概念。哈特指出有三种因素导致契约的不完全性：首先，现实世界是复杂而不可预测的；其次，即使可以预测的，也很难通过语言在契约里加以明细地描述；最后，即使现实世界可以预测并能够准确描述，但一旦出现契约纠纷，外部仲裁机构即使可能观察到违约现象，也很难加以证实。这三个方面是逐次递进的，任何一个条件成立出现的结果都是一样的，即第三方不可证实。第二，它用剩余控制权概念代替了剩余索取权的概念。GHM 理论认为由于契约总是不完全的，所以当出现契约没有明确规定的或然事件的时候，只有资产的所有者有权力决定契约中没有明确约定的事宜，即资产的所有者拥有对该资产的剩余控制权，可以按照任何不与先前的契约、惯例或法律相违背的方式决定资产的使用，而市场契约就不具有这种能力。

总之，GHM 理论认为，如果契约是完全的话，产权的分配并不重要；但是，由于契约的不完全，人们没有办法将契约完全规定，所以必须要分配产权，实际上，也就是分配剩余控制权，所有者拥有对资产的控制权后，也就有权决定所有一切契约中未明确规定的事宜，包括代理人的选择、用于激励的报酬等。即使是在计划经济条件下，契约仍然是不完全的，所以也要通过分配产权的方式来解决激励问题。GHM 对产业集群内部规范（Norm）及不完全契约等能够作出很好的诠释。

（3）制度变迁与演进理论

新制度经济学认为，制度是经济增长的内生变量，制度的完善供给程度决定着一个国家的经济发展程度，也就是说，发展中国家与发达国家经济发展差距的根本差异在于制度差异。作为制度经济学的代表人物，诺斯对制度的构成，尤其是非正式制度的影响与作用、制度与经济增长的关系、制度变迁的主要影响因素及演进路径进行了深入的研究。

诺斯认为：制度是在一个社会中，决定人们之间相互关系的一系列的行为规则。制度由非正式制度、正式制度和制度的实施机制三部分所构成。正式制度只有在与非正式制度相互融合的情况下，才能更好地发挥作用。

正式制度主要包括政治规则、经济制度以及其他各种法律制度。非正式制度主要包括习惯习俗、伦理道德、文化传统、价值观念与意识形态等，它是无形的，既没有正式文本，也没有专门的组织机构来实施，其作用的发挥主要依靠人们内心的自觉和自省。制度实施机制包括两个方面：一是对违规行为的惩罚机制，强有力的惩罚机制将使违反制度的成本提高；二是激励机制，让执行者认识到虽然执行制度需要付出一定的代价，但与违规成本比较，执行后的收益还是大于成本的。

现实中，正式制度的内容往往表现为市场经济的一般性内容和政府权力行使的共同性规则，所以正式制度在不同的国家之间是可以移植，但是非正式制度却是与这个国家或民族的历史文化、风俗习惯、内在思维模式密切联系的，是很难移植的。

关于制度与经济增长和发展的关系，诺斯认为：经济增长和发展的关键是制度，有效率的制度促进经济增长和发展，无效率的制度抑制甚至阻碍经济增长和发展。好的制度能够有效地降低交易成本，为实现合作创造条件，提供人们关于行动的信息，为个人的良性选择提供激励，并约束机会主义行为。诺斯形象地比喻说，在既定的制度下，每个人不过是拴在树上的一只狗，制度也就是绳子的长度，决定了人们行为活动的空间范围。科学的制度就是要绳子的长度合理，这个长度要求既能够保证人们有足够的积极性与活动空间，又不能超越界限而侵害到第三方的合法利益。

关于制度自身又是如何变迁和演进的，诺斯认为，制度变迁可分为诱致性制度变迁和强制性制度变迁两种类型。引起制度变迁的诱因是相对价格与偏好的变化，当相对价格的变化使得人们致力于变革制度的预期收益大于成本时，制度均衡就会被打破，从而发生制度变迁。

制度变迁总是由一定的能够从制度变迁中获利的行为主体来发动和实施的。制度均衡能否被打破，除了取决于制度变迁的预期收益外，还在很大程度上取决于这些实施制度变迁成本的高低，而后者又取决于制度变迁能否有效地组织与实施，即制度变迁行为主体是否具备变迁制度所必需的技术、知识和学习能力（所谓的制度创新能力）。制度变迁的两个主要推动因素主要来自于学习和竞争，竞争是市场经济的核心部分，学习是取得竞争优势的条件之一。

新制度经济学还提出了制度演进的路径依赖观点，路径依赖（Path Dependence）强调同一事物在前后两个不同发展阶段中，后一阶段的成果或绩效强烈地依赖于前一阶段的既定状况。类似于物理学中的惯性，某个社会一旦选择了某种制度，就很难从这种制度中及时摆脱出来。这是诺斯研究"为何那些经济绩效极差的制度还能够存在相当长的时期"时得出的结论，即人们过去做出的选择决定了他们现在可能的选择。该观点能够有效地解释历史上不同地区、不同国家的经济发展长期存在较大差异的原因①。

3.1.3 新兴古典经济学分工理论

新兴古典经济学（Neoclassical Economics）代表性人物、著名经济学家杨小凯教授运用超边际分析（Inframarginal Analysis）方法，将斯密的劳动分工理论与交易费用理论浑然融为一体（阿罗），对内生交易费用和分工演进、工业化与城市化以及产业组织结构与竞争结构等领域进行了卓有成效的创造性研究。

杨小凯运用分工与超边际分析，解释了新的机器与技术的出现，以及产业组织结构的演进，尤其是通过"迂回产业链"成功地分析了由于交易效率的提高所带来的生产技术与产业结构的双重进步。杨小凯将全要素生产率或者劳动生产率随所用工具种类增加而提高的现象称为生产工具的多样化经济效应，将迂回生产链条加长会使全要素生产率提高的现象称为迂回生产经济效应，认为：当交易效率改进时，间接生产部门会增加。

杨小凯虽然没有对产业集群进行专门的分析和研究，但是，他对分工、交易效率、经济结构多样化，以及生产集中化之间关系的分析都能够很好地解释产业集群内部的高度专业化与相互依赖。

与许多经济学家将人口规模等同于市场规模不同，杨小凯对斯密的分工原理做了全新的诠释，虽然也认同分工水平由市场规模决定，市场规模由运输效率决定（接近今天的交易效率概念），但同时杨小凯认为，不但分工依赖于市场容量，市场容量也依赖于分工，市场容量随分工水平提高而扩大。杨小凯是这样解释的：市场容量不但由人口规模决定，还由每个人的购买力决定，而购买力是由收入决定，收入是由生产率决定，生

产率又是由分工水平决定。于是，杨小凯通过新兴古典贸易理论模型证明，分工水平与市场容量同时由交易效率决定，即随着交易效率提高，分工水平和市场容量同时提高；并且，随着交易效率提高，分工的发展会通过节省重复学习成本而提高所有产品的劳动生产率。

杨小凯提出了内生比较利益的概念（内生比较利益即每种商品卖者的劳动生产率与买者的劳动生产率之差），认为内生比较利益随着分工水平的提高而提高。该解释也可以看作是对斯密的"专业技能与其说是分工的原因，不如说是分工的结果"论断的另一种形式的解读。

分工导致经济结构的多样化，使得人与人之间的依存度大大增加，当交易效率足够低下时，分工的好处低于交易费用，社会处于自给自足状态，每人的生产结构都相同，从事着满足自己最低生活需要的生产，当分工随交易效率上升而发展时，不同的专业种类数上升，经济结构多样化程度提高，人与人之间的依赖程度也相应提高。

随着分工水平提高，生产集中程度也相应提高。精细分工前，一人从事着多项产品生产，同时，一项产品也被多人生产；精细分工后，每人各专精于一项产品的生产，N 个人生产着 N 种产品，则所有某种产品的生产都集中于某一人，于是，生产集中程度得到提高。

分工也导致市场一体化程度的提高。分工要求许多专业化的劳动者协作；同时，分工也要求广大的市场支持，为了折中分工的专业化好处和由此带来的交易费用的提高，只能相应提高市场的一体化程度。

可见，随着交易效率不断地改进，劳动分工也会不断地演进，而经济发展、贸易和市场结构变化现象都是这个演进过程的不同侧面。伴随着分工的深化，每人的专业化水平都在提高，也带来贸易依存度的增加、内生比较利益的增加、商业化程度的增加以及劳动生产率的提高；同时带来的还有生产集中程度的增加、市场一体化程度的增加、经济结构的多样化、贸易品种及相关的市场个数增加；相应地，自给自足水平则显著下降①。

3.2　经济地理学相关理论研究述评

总的来说，经济地理理论对产业集群的研究是最直接和全面的，同时，它们又融合了多学科的最新研究成果，如交易成本与治理，知识、学习与创新，社会关系与信任，全球价值链等。由于各种原因，经济地理学派在产业集群的研究虽然十分的丰富、系统与完整，却未达到其应有的影响力。

经济地理学对产业集群的研究，20世纪50年代之前主要侧重于微观的静态分析，70年代之后，开始了多学科的整合与动态研究。在这里，笔者按照历史顺序与研究内容对其进行相关理论文献的回顾与述评。

3.2.1　古典产业区位理论

（1）屠能农业区位理论

早在18世纪30年代，古典区位理论的创始者屠能（Thunen）就将空间引入到经济学领域加以研究，并在其代表作《孤立国与农业和国民经济的关系》中，创立了农业区位理论，建立了"孤立国模型"，以反映由于运输成本因距离不同而变化

① 杨小凯. 新兴古典经济学与超边际分析［M］. 北京：社会科学文献出版社，2003.

所导致的农业分带现象，即农业生产围绕中心城市呈现出向心环状分布的特点，这就是著名的"屠能圈"。屠能的"孤立国模型"不仅能够有效地用于农业生产的布局分析，也适用于工业布局等问题，尤其是城市土地的利用问题。然而，屠能在分析考察运输成本在集聚过程中的作用时，是基于均质空间假设，而没有将非均质性——空间的本质特征之一，纳入到理论模型中。

（2）韦伯工业区位理论

阿尔弗雷德·韦伯（Alfred Weber）是德国经济学家、社会学家，他第一个全面系统地论述了工业区位问题，是现代工业区位理论的奠基人。韦伯的工业区位理论借鉴了屠能的农业区位论研究方法，并为勒施、克里斯塔勒等的后期研究奠定了基础。韦伯认为，经济活动怎样进行和在什么地方进行是有一定规律的，经济活动方式与经济活动区位也应当是经济学研究的对象，但是当时的经济学却是将其排除在外的，只是重点研究价格与资源配置。

①工业区位影响因素。韦伯首先假设了一个均质的孤立平原，有许多的消费中心散布于平原上，各处运输费率相同，所有原料产地成本相同，只有原料是不均匀分布的。于是，韦伯将影响工业区位的因素分为两类：一类是影响产业区域分布的，即"区位因素"；另一类是在某一产业区域内，产业集中于某地而不是其他地方的"集聚因素"。

小企业由于不能影响由市场竞争决定的销售价格，原料成本又是既定的，于是，只能尽量减少产品运输费用，以获取最大利润。由于运输费用是与运输距离和所运输货物的重量成正比，因此，企业要寻找运输费用最小的区位，就需要综合考虑原料运到工厂的距离、产品运到市场的距离，以及加工过程中原料（或产品）重量的减少（或增加）比率。除了运输费用因素外，各地不同的劳动力成本和产业集聚效应也会产生重要影响，当劳动力成本或产业集聚的节省能够抵消增加的运输费用时，企业将寻找劳动费用最低（或较低）、集聚经济性最大的区位。

韦伯将区位性因素分为七大类，包括：地价、厂房设备和其他固定资产成本、原燃材料与动力成本、劳动力成本、运输成本、利率和固定资产折旧，并认为固定资产折旧率与区位无关，利率在均衡经济中也是相同的，地价摊在产品成本中的比重很小，固定资产成本也与区位关系不大，原燃材料和动力可以通过价格来反映运输成本，因此，影响产业布局的区域因素主要就是运输成本和劳动力。

为了更好地解释区位理论，韦伯设计了四个专门的概念：

"区位重"，即某一区域所运输物品的总重量，包括产成品、原材料与燃料。

"原料指数"，即某一区域生产加工的原料重量与产成品重量之比，它是决定制造业区位的初始因素。

"劳动力指数"，即每吨产品的劳动力成本。

"劳动力系数"，即劳动力指数与区位重之比。

通过这四个概念，我们就能够很好地描述区位理论：当劳动力成本发生变化时，产业就会按劳动力系数的大小相应地偏离由原料指数决定的运输区位。

除区域要素（运输成本和劳动力成本）之外，韦伯将影响工业地方性集聚的所有其他要素归类为集聚要素和分散要素。集聚要素是使产业在某一地点集中，通过技术设备、劳动组织等大规模生产而产生优势，或降低成本的要素；分散要素则是由于伴随产业集聚而带来的地租增长，使得生产分散产生优势的要素。分散要素是集聚要素的相反方面，工业在一个地方集聚实质是集聚力与分散力均衡的结果。

最后，形成韦伯的工业区位理论，即工业首先在运输费用最低的区域形成"区位单元"，其次，劳动力成本和集聚因素作为一种"改变力"产生影响，最后实现运输成本、劳动力与积聚效应三者的均衡。

②产业集聚过程。韦伯通过"等运费线"来分析产业集聚的发生过程。生产单元从运输成本最小点转移到集聚单元，当所需运输费用成本等于或小于集聚单元的节约时，就集聚在一起，当集聚的各个生产单元的生产总量达到一定规模，就形成产业集聚。由于最终集聚点由各生产单元（具有不同的生产量）转移到该集聚点产生的运输成本最小来确定，因此，生产单元的集聚首先吸引的是较小的生产单元（具有刚能满足集聚规模要求的生产量），然后吸引较大的生产单元；随着集聚规模不断扩大，集聚经济效应也越明显，较大规模的集聚单元的临界等运费线比较小规模的集聚单元的临界等运费线伸展得更远，产业集聚因此就不断扩大。当然，集聚不仅依赖于临界等运费线相互间的距离，还受到区位重和运输成本比重的影响，如果区位重和运输成本降低，等运费线就会扩张，集聚规模就会扩大；反之，等运费线就会收缩，集聚规模就会减少①。

韦伯将产业集聚过程分为两个阶段：第一阶段，通过各个企业自身发展壮大产生集聚优势，这是初级阶段；第二阶段，各个企业通过相互联系互动而产生地方集中化，这是高级集聚阶段。

在产业高级集聚阶段，韦伯总结的基本构成要素包括：技术设备的发展使得生产过程专业化，专业化的生产部门更加要求产业集聚；劳动力的高度分工要求完善的灵活的劳动力组织，劳动力组织有利于产业集聚的发生；产业集聚产生大量的原料、

① 韦伯. 工业区位论［M］. 北京：商务印书馆，1997.

中间产品与服务，以及产成品市场；批量购买和销售降低了生产成本，提高了效率。同时，集中化还可以共享煤气、自来水管道、街道等基础设施，从而降低一般性支出，一般支出的降低也会进一步加剧集中化。

当然，集聚在降低生产成本和一般性支出的同时，也可能引发其他支出的增加，如地租。这些导致支出增加的分散要素力量的强弱与集聚规模大小成正比，集聚规模越大，分散倾向就越强。韦伯认为，随着产业集聚的进一步发展，技术、组织以及市场等因素的集聚作用会越来越弱，而地租等分散要素的力量会越来越强，这样，集聚经济效应慢慢达到极值。

③评价。由于韦伯的研究未能采用主流经济学的价格理论研究范式，在受到广泛欢迎的同时，也面临许多的负面评价，普雷德尔就指出，韦伯的区位理论只是就生产过程本身进行讨论，缺少普遍经济意义①。登尼森（S. R. Denison）认为，韦伯以技术因素替代替价格理论，不但许多情形不可能考虑，因而使得在任何现实经济制度下，都不可能运用这种学说来解释工业区位②。尽管如此，韦伯《工业区位论》的研究方法和建立的区位理论体系对后来研究的启迪作用都是无可替代的。

我们认为，韦伯为了总结出"工业区位论"的一般规律，得出"纯理论"，将社会、文化、历史因素排除在研究之外，认为吸引工业布局的原因主要是由自然条件先天形成的，工业区位理论只能通过改变自然条件，通过技术进步来引发区位优势的变化。遗憾的是，在经济全球化的今天，社会、文化、历史，以及许多的宏观经济政策与产业导向政策，都是引发产业集聚的关键变量；而且，韦伯将引发产业集聚的动因归因于成本最

---

① 普雷德尔．区位理论及其与一般经济学的关系［J］//韦伯．工业区位论．政治经济学杂志，1928.

② 登尼森．工业区位理论［J］//韦伯．工业区位论．曼彻斯特学报，1937.

小化，但实际上引发产业集聚的动因是多方面的，市场因素、学习与创新、政治意图等都可能是引发产业集聚的动因，再者，韦伯的经济成本最小化只是包括了运输成本和劳动力成本，也是不够的；最后，韦伯的产业集聚过程理论的前提是生产过程不可分离，而实际上生产过程大多是可分离的。

在韦伯的研究基础上，1933 年，沃尔特·克里斯塔勒（Walter Christaller）出版了《德国南部的中心地区》，系统阐述了"中心地区理论"（Central Place Theory），首创了以城市集聚为中心进行市场容量与运输网络分析的理论方法，认为厂商的区位选择主要是考虑满足正常利润的最低限度的需求界线与市场范围。1936 年，胡佛（Hoover）拓展了韦伯的体系，考察了更复杂的运输费用结构、生产投入的替代物和规模经济。

（3）勒施空间经济系统一般均衡理论

1940 年，古典产业区位理论的集大成者奥古斯特·勒施（August Losch）扩展了区位理论的应用范围，将贸易流量与运输网络中的"中心地区"的服务区位问题也纳入研究范畴，把产业区位分析的对象推至多种产业，并分析了区域中城市规模和类型，推导出在既定资源与人口分布情况下，规模经济差异导致了空间集聚。勒施认为，不可能把成本和需求的两个假设条件同时放宽，只能把最优区位定义为总收入与总成本的差额最大的区位。

作为提出空间经济系统一般均衡第一人，勒施建立了区位一般均衡模型（由五组平衡方程构成），以此来论证"空间与经济间的关系"[①]在韦伯等人的模型中，并不考虑竞争者的影响，勒施认为工业布局首先是受到竞争者的影响，其次，会受到消费者和供应商的影响，工业布局是一个经济互动过程，需要考

① 勒施. 经济空间秩序——经济财货与地理间的关系［M］. 王守礼，译. 北京：商务印书馆，1995.

虑各种影响因素，找出各经济单位布局的相互关系，寻找整个区位系统的平衡。

勒施的另一重大贡献是他的经济区理论，他认为现实的经济区主要有三种主要类型：单一的市场、区域网状组织和区域体系，或者称为市场、地带和区域。市场是供给区域和需求区域的结合点。经济区域体系是由不同的诸市场组成的一个体系。在单一的市场与完全的经济区域中间存在着网络状组织地带，网络状产业组织本身或者它的核心部分，常常集聚在一个狭小的空间，这就是我们通常所说的产业集群。

企业区位的选择就是寻找最有利的生产中心、消费中心和供给中心。城市是企业区位的集聚点，由于大量生产或联合生产的种种利益，会导致在某些区位上建立起较大的生产综合体，并进而形成城市。大城市会给整个区域提供完善的各种机能，大城市布局完成后，一些地点就会成为专门化的产业集聚区，即专业化地带。经济区就是各种经济力相互作用的产物，有些经济力向着集中的方向起作用，有些则向着分散的方向起作用，前者以专业化和规模经济为主，后者以运输费用和多样化生产为主，由于这两种经济力量的作用，就形成了经济区①。

3.2.2 新古典区位理论

国际经济学大师克鲁格曼是新古典区位理论的杰出代表，他不但建立了诸多能够反映世界经济现实的贸易、增长与商业周期的经济模型，而且将空间经济研究纳入了主流经济学研究范畴，应用不完全竞争经济学、递增收益、路径依赖和累积因果关系等理论解释产业的空间集聚现象。1991 年、1995 年和1999 年，麻省理工学院先后出版了保罗·克鲁格曼的著作《地

① 梁琦. 产业集聚论 [M]. 北京：商务印书馆，2004.

理和贸易》、《发展、地理和经济理论》和《空间经济：城市、区域和国际贸易》，这里，克鲁格曼使用了范畴更加广泛的"地理"替代了"区位"概念。

克鲁格曼将产业集聚原因归纳为三个方面：

首先是需求，公司一般会选择布局在有大量需求的地方，获取由规模经济所带来的收益增长，并从这个起始点向其他区域供货。其次是外部经济效应，这源于马歇尔外部性理论。外部经济有三个来源，其中，劳动力市场共享最为重要，产业集聚吸引了大量拥有专业技术的劳动者，劳动力市场共享使他们可以方便地转换工作，公司也可以随时招聘到它们所需要的其他工人。在我国改革开放的早期，内地的打工者们都愿意去广东与江浙一带打工，因为这里集聚了很多需要大量劳动力的企业；而同时，大多数企业也愿意在这里选址，因为这里有大量的寻找工作的劳动者，其中不乏拥有专业技术的熟练劳动力。其他两个来源是外部专业化资源的投入和服务，以及知识与信息的流动。外部经济的这三个来源产生产业集聚的向心力。克鲁格曼在早期比较强调商品市场大小与规模效益，后来，他认识到还有其他更为重要的来源，如劳动力市场密度与地方性知识传播。最后是产业地方化。地方专业化本身可能是偶然的，但它会通过自我强化而累积循环。生产活动倾向于集聚在市场较大的地方，而市场因为生产活动的集聚而进一步扩大。当然，这种自我强化也可能导致该地区把所有资源集中于单一产业，并产生锁定，这会带来很大的结构性风险。

克鲁格曼还列举了纽约都市经济区：历史的解释主要是拥有天然良港，以及联通内陆运河的广泛辐射，现代的解释则更多认为是产业集聚（主要是金融和通信）优势，以及相应的制度安排优势。

克鲁格曼设计了一个"中心—外围"模型，用更为广泛的国际经济视野来解释产业集聚及其对经济结构的塑造。在"中心—外围"模型中，克鲁格曼采用了这样的研究逻辑，即所谓的"迪克西—斯蒂格利茨（Dixit‐Stiglitz）、冰山、演化和计算机"①。克鲁格曼采用了迪克西—斯蒂格利茨1977年独创的垄断竞争模型，以体现报酬递增与不完全市场；克鲁格曼还沿用了萨缪尔森（Samuelson，1952）的运输模型思路，假设货物价值部分溶解在运输费用之中，从而有效避免了单独分析运输部门，简化了垄断定价模型，克鲁格曼称之为"冰山"；"演化"指的是这样一种思维，即一个经济体的地理以一种历史的和偶然性的方式演化，而不是基于对未来的预测；"计算机"则是强调倾向于使用高科技数字化思维。

克鲁格曼的"中心—外围"模型假定存在两个市场，两个区域，两地资源不可移动，其中一地比另一地有更大的市场规模，生产服从报酬递增规律。生产报酬递增使得生产趋于集中，由于运输费用的存在，市场规模大的区位利润会更高，但是，这种集聚是不彻底的，因为，如果大部分生产厂商集中于市场规模大的地方，市场规模较小地方的厂商会得到竞争减少的补偿。如果一些资源可以流动，如劳动力，劳动力倾向于流动到市场规模较大，从而生产规模也较大的区域，当然，劳动力的流入又带来了市场规模的进一步扩大和劳动力流出地市场规模的进一步缩小，以及更多的厂商的集聚——他们需要劳动力对生产的支持，劳动力的集聚与厂商的集聚二者相辅相成、相得益彰。

于是，得到这样一个结论，即不同区域之间产业或市场规模微小的不对称（也许起源于偶然事件）就会导致产业集聚不断的自我强化。由于并不是所有资源都能够自由移动，于是，

① 克鲁格曼，藤田昌久，维纳布尔斯. 空间经济学——城市、区域与国际贸易[M]//经济科学前沿译丛. 北京：中国人民大学出版社，2005.

就会有反向动力来分散产业集聚，形成一种离心力。是否发生集聚以及集聚的程度就取决于集聚力与离心力二者的消长。并不是所有的经济都会由于自我强化而形成"中心—外围"模式，在某种条件下，工业均匀分布的格局也可能会保持相对长期的稳定。

克鲁格曼认为，在实际经济活动中生产的集中程度比资源集中程度更大，原因在于现代生产的纵向产业链结构，即一个或多个上游部门为下游部门生产投入品，而且上下游的生产者都要受到报酬递增和运输费用的影响，这意味着前向和后向的产业关联，这种产业关联倾向于把上下游的生产者集中在同一个区域：中间产品生产者愿意设厂于能够获得最大市场的地方，即下游产业所在地；最终产品生产者则愿意位于他们的生产供应商所在地，即上游产业所在地。

产业集聚带来的外部经济效应即规模报酬递增会使本来禀赋相似的国家专注于各自生产不同的产品，而且这一过程会按照各自产业优势进行，并以牺牲他国利益为代价（Krugman，1987）。当然，这也同样适用于一个国家内部实施特殊化产业政策的地区。

3.2.3 当代产业区与创新环境理论

（1）经济背景与研究流派

当代经济地理理论反映了近期的柔性化产业组织结构、知识经济、学习与创新，以及全球化的时代经济背景，对产业集群作出了富于创造性的研究，并形成了几个有较大影响的学派。

据斯科特回顾，20 世纪 70 年代末到 80 年代中期，人们开始关注那些在"福特式"制造业大发展时期处于外围地位、而现在依靠新兴的所谓"后福特式"工业取得了经济快速发展的地区，这些地区工业的主要特点就是专业化生产、小企业高度空间集聚、本地化商业网络、创新和经济增长。

同时，20世纪80年代以来的经济增长理论，越来越强调技术、智力溢出和人力资本外部性的作用（Romer，1986；Lucas，1988）。该理论也引发了学者们对产业集群效应的重新评价，以前，主要关注产业集群密度与运输成本的关系（Krugman，1991），20世纪70年代以来，美国制造业公司在选址时并非基于供应商和消费者情况；相反，它们的区位靠近使用同类工人的其他公司（Dumais，1997）。格莱泽（Glaesser，1998）在马歇尔劳动力市场蓄积模型①基础上认为，集聚的更大的好处是空间邻近使工人能够通过模仿各种各样的榜样和边看边学获得人力资本；同时，思想流动可提高技术创新效率，因此，工人和公司选择集聚在高密度区域以便相互学习，获取更多的思想。

20世纪90年代以来的经济全球化加剧，一些经济地理学者倾向于将其视为一种"资本变得超级流动的过程"，地理空间被构思为由全球经济流所组成的动态系统，而不是简单的由地理区位组成的静态结构；另一些经济地理学者则针锋相对，认为世界资本主义牢固根植于区域生产综合体中，并在全球产生持续的不平衡发展。

同时，将区位视作全球竞争的优势来源，越来越受到关注（Porter，1990、1998；Saxenian，1994；Scott，1998），关于产业区位的研究主要包括：对非正式的文化与传统等的依赖与相互影响，社会管制机构对区域经济表现和地方劳动力市场结构的影响；动态学习和创新及其造成的区域经济方式的变化。

关注这些经济环境的变化，当代经济地理对产业集群的研究产生了各种不同的学派，比较有代表性的是：以意大利佛罗伦萨大学巴卡提尼（Becattini，1987）为代表的意大利学派，他

① 该模型强调公司集聚在一起是由于工人希望在雇主明显比别人不善经营或者劳资关系恶化时，容易跳槽。

们用马歇尔产业区理论结合社会学理论来解释意大利东北部和中部地区新兴的传统手工业的发展；加利福尼亚学派，分析以硅谷为代表的加州高技术产业经济的繁荣，强调垂直非一体化、产业间交易网络、地方劳工市场及相应的收益递增；国际化研究网络"欧洲创新环境研究组"（GREMI），其中心思想在于区域增长可以通过创新力量得到最好的分析，而这些力量包含在地方经济和社会生活的多种形式和结构中（Aydalot，1986）；以柔性专业化概念发明者皮奥里和撒贝尔（Piore & Sabel）为代表的新组织——技术学派，他们以意大利新兴的传统手工业为研究对象，研究其内涵的新的组织——技术范式①。

（2）意大利"新产业区"理论

①对第三意大利产业区的认识。巴纳斯科（Bagnasco，1977）在《第三意大利》中对产业区概念的来龙去脉作了介绍，这种社会学的分析确认了以"第三意大利产业区"中小企业（SMEs）集群为基础的产业现代化的独特发展路径。美国学者皮奥里和撒贝尔（Piore & Sabel，1984）的著作《第二个产业分水岭》（The Second Industrial Divide），也把"第三意大利产业区"作为他们对从福特式标准化大生产向后福特式生产组织模型（弹性专精）的转变进行历史分析的主要例证。

从产业区快速增长中得到的主要经验是把工业化看成是一个区域性过程，产业集聚与非经济因素（如社会文化、制度、规范）对区域经济发展产生重大影响。创新作为一个社会学习过程，也离不开社会文化结构的影响，市民社会以及社会文化基础结构是产业区在后福特时代的全球经济中具有创新能力和竞争力的先决条件。

也有学者对第三意大利产业区的长期稳定性表示担心，认

①　克拉克，费尔德曼，格特勒．牛津经济地理学手册［M］．北京：商务印书馆，2005.

为产业区可能只是工业化进程的一个特定阶段（Dimon，1994），也许会出现成功的中小企业被跨国公司接管或者在内部形成由最有活力的中小企业主导的科层组织（Harrison，1994），或者发展成为一种后马歇尔式的生产组织，即全球网络中的马歇尔节点（Amin & Thrift，1992），这些都意味着本地垂直一体化水平的提高。在"以创新、生产率、不断进步和高水平劳动力为基础"的未来竞争格局里，产业区能否继续保持现有能力，还是不得不依赖降低成本措施，通过拼命降低工资和低成本进行竞争（Pike & Sengenberger，1996）。

不过从目前的发展态势来看，大多数产业区还是能够继续保持现有能力的，一些关键性指标，如收入水平和雇佣率等，往往高于或与全国平均水平持平；但是，也有不妙的情况，如有些产业区的中小企业以集团形式在提高产业集中度、跨国公司进入，以及某些生产过程转移到产业区外的东欧或第三世界国家。

大多数学者都认为，科技能力将会是产业区未来发展的一个主要影响因素（Asheim，1994；Bellandi，1994；Brusco，1990），持续创新是产业区的一个很重要的特征，也是产业区可持续增长的一个先决条件（Piore，Sabel，1984）。然而，集聚经济对创新的促进作用到底有多大，值得深入研究，虽然它能够创造信任与产业氛围，但这并不是充分条件。而且，产业区对创新的促进主要表现为渐进型创新，通过对最终产品、生产过程和整个生产组织的逐步改进，逐步实现创新，而逐步创新能否在全球化竞争中保持竞争优势，很难保证。

产业区问题的关键是创新能力的提升，特别是改变技术发展路径所需要的激进的创新能力，这对产业区的竞争力以及产业区前景将产生决定性影响。布鲁斯科（1992）认为产业区最终要面临一个问题，即如何获取重现创造性增长过程所必需的新的科技能力，这往往需要政府的介入，于是布鲁斯科主张原来没有政府干预的产业区，应该转向为较多的政府干预。

②产业区特征分析。马歇尔最早在其经典著作《经济学原理》（1890）中，把专业化产业集聚的特定地区称为"产业区"（Industry District），受马歇尔产业区理论的影响，学者们便把以"第三意大利"为代表的一些中小型企业高度聚集、企业间既竞争又合作、广泛存在正式与非正式联系的社会区域称为"新产业区"，有时，也直接叫做"产业区"（Becattini，1978）。

关于"产业区"特征，古德曼认为，它本质上是一个中小企业的地方性系统（Goodman，1989），布鲁斯科同时认为，它不再是单一企业的特征，而是由小企业组成的作为一个产业的整体特征，即在同一地区的同种部门工作的所有企业的高度专业化（Brusco，1986）。

阿什海姆（Asheim）把体现集聚经济的产业区与佩鲁克斯（Perroux，1970）的增长极区域，以及日本的即时生产系统（Just in time）相互区别。佩鲁克斯认为大公司因为具有比小企业更强的创新能力，因此应该对增长极区域具有决定性的推动作用；相反，阿什海姆认为产业区是大量独立小企业的存在，必须确保没有单独的大公司能够成为决策中心。

巴卡提尼是意大利经济学家中最著名的一位，他认为产业区就是"一个社会地域实体"，它是一个在特定的自然环境和历史范围内，存在的活跃的社会群体和企业群体，在这个地区，社区和企业趋向于融合，这跟其他的地方如制造业城镇是不同的（Becattini，1990）。贝兰迪也强调产业区的经济学起源于小企业群和本地社区间稠密的相互依赖的本地结构，认为外部经济是解释一个地区的产业集群系统效率的最重要因素之一，但不是唯一的（Bellandi，1989）。

产业区特征被加洛弗利概况为四点：地方生产系统里的公

司存在广泛的劳动分工，这是形成一个紧密的部门内部和跨部门间投入产出联系网络的基础；公司和企业层面的产品专业化；存在区域层面上有效的信息网络，保证市场信息、生产技术、加工原料等新的投入品、管理技术在更广泛的程度快速流通，促使个体知识转化为区域的集体智慧；劳动力具有较高水平技能，这是专业正规培训与劳动过程隐性知识传导的结果（Garofoli，1991）。

在解释产业区形成与运行特征时，还涉及一个重要概念——"根植"（Granovetter，1985）。哈里森指出，产业区模型强烈地展示了经济关系实际上根植在一个更深层的社会结构中，并因此提供一种强大的力量，足以（在当地）形成表面上看来自相矛盾的竞争—合作关系（Harrison，1992）。富阿（Fua，1983）也强调本地历史和传统的连续性是有双重价值的，它本身既具有积极影响，也是获得其他积极力量的源泉，这里有丰富的创业活力、专业的劳动力和充裕的资本供应，以及运转良好的制度、文化和物质基础，为工业化提供了肥沃的社会土壤。产业区的成功归因于它能把本地全部现有组织的优势和资源结合起来，并且把它们应用在产业发展中。

学习第三意大利的经验，需要认识到，区域经济发展不仅仅是经济自发发展的结果，还得益于一个制度构建过程，这个过程以创造能够为企业发展建立有利环境的中间治理结构为目的（Bianchi，1996）。并且，辅助公共设施网络如服务中心并不只是为了提供企业不能够在本地获得的技术信息，其目的应该是让服务中心起到一种社会触媒的作用，促使私有和公有的公司群和机构群相互影响并建立起知识扩散的有效环路（Bianchi，1996）。

（3）"欧洲创新环境研究组"理论

欧洲创新环境研究组认为"产业区"概念没能反映其动态

的学习与创新特征，而这又是极为重要的，于是，欧洲创新环境研究组提出了"创新环境"概念来替代"产业区"概念，并定义"创新环境"为"在有限的地理范围内，由（主要是非正式的）社会关系所组成的系统或复杂的网络，它能通过协作和集体学习来提高本地创新能力"（Camagni，1991）。同时，欧洲创新环境研究组将创新定义为"一个相互作用的学习过程，它要求在生产网络或价值链中的不同主体之间进行知识交换、相互作用和合作。相互作用的主体包括：或大或小的其他公司、发包商和承包商，设备和部件供应商，用户或顾客（特别是刺激创新的大用户），竞争者，内部和外部、私有和公有的研究室，大学和其他高等教育机构，提供咨询或技术服务者，国家当局和制定规章的机构。所有这些角色形成了一个网络，并在其中产生与市场成功有关的新思想和解决问题的新方法"（OECD，1999）。

①学习与创新。互动式学习是创新的一个基本前提，合作是促进创新的一个重要策略，在产业区内，由于企业间的劳动分工，创新成为了一个集体过程，这时，合作的意愿对实现创新来说是必不可少的，也就是说，这些企业只能通过相互合作而不能以任何其他方式获得创新能力。

从皮奥里和撒贝尔（1984）开始，关于产业区的文献就开始强调，产业区的主要特色就是企业间竞争和合作的平衡。迪奥塔提（Dei Ottati，1994）断言，合作的因素对这个系统的一体化有决定性的贡献，同时，竞争的力量又使它保持适应能力和创新能力。因为，在有特殊的社会经济环境的地区，竞争会刺激对可获取资源的更好利用，以及最重要的——创新潜能的发挥和创新的扩散。

作为学习型区域的产业区的竞争优势是建立在创新基础上的。创新通常被认为是根植在社会和区域的互动的学习过程中，我们可以把创新广义的理解为互动学习，这样，将拓展产业创新的范围——从硅谷的创新型高技术产业区，扩展到传统的非研发密集型产业。只不过，这里的学习大多是一种追赶型学习，创新是一种渐进型创新，而不是经济全球化过程中竞争所需要的激进型创新。

学习与创新还需要产业组织创新和制度创新的支撑，这样才能更有效地增进合作，形成富有活力的柔性学习组织；同时，合作的时候我们还必须重视非市场和非经济性因素，如社会资本（如信任）和公共机构等的作用（Putnam，1993）。现有产业区的发展说明，为了满足关于社会文化的社会经济结构的一些必要条件，产业区必须建立在相对富裕的区域，并且只有相对发达的国家或地区，才能够满足产业区对技术、经济和政治制度结构等方面的要求。很值得注意的一点是：试图通过在一定区域建立社会资本来激发形成产业集群的战略，不能在没有任何形式的公共干预和公私合作的情况下，直接拿到其他国家应用①。

②创新影响因素与创新网络构成。在经合组织的论文集中，许多论文都描述了以贸易联系、创新联系、知识流动联系、共同知识基础或共同要素条件为基础的相互依赖的企业网络或产业集群网络。在任何情况下，企业要成功地创新，都需要跨部门的网络，这种网络是由围绕价值链中某一特定的纽带或知识基础实现专业化的具有互补性的不同企业所组成②。

OECD 总结了产业集群网络成功实现创新的最重要的五类影响因素：

第一，是在产业集群网络内部企业能够更方便地进行信息、知识、技术和经验的快捷有效地交换；

第二，在特定的代理人和行动主体之间，特别是在用户和供应商之间存在更强的联系和合作；

第三，产业集群网络内部具有更高的反应能力和更大的潜能来交流它们对未来、科技基础和组织的日常工作的理解；

第四，风险、道德风险、信息和交易成本都普遍降低，通过网络内部交易，企业间的多方伙伴关系加上互补资产产生了降低成本的协同作用，网络内部的联系也使得对风险的联合评估变得可能，一个运转良好的创新网络通常是建立在十分确定的互惠的外部性经济和溢出的基础上的，这包括金钱和非金钱两方面；

第五，更好的信任基础和社会凝聚力，共同的非盈利性机构和各种根植于当地社会的信任，使不同的行动者在竞争的同时进行合作变得可能（Harrison，1992）。

OECD 也总结了产业集群网络成功实现创新的四大主要构成要件，包括：

a. 区域劳动力市场：只有在某些区域才能够获得具有特定条件的人力资源，具有较高专业技能的中层管理人员和技术人员的区域流动性较低。

b. 教育系统：专业化知识和技能的获取是建立在区域的传统经济活动基础上的，集中的高素质专业劳动力使劳动力及劳动力培训市场成为可能。

c. 研发部门：区域内某一特定领域的高水平专业知识研发部门与本地企业互动，相得益彰。

d. 专业的传统和经验：伴随特定的技术和经济活动，一代代传递，并形成区域劳动者的隐性知识。

以上五大影响因素和四大构成要件在相当大程度上是不可移植并长期性存在的，由于寻找新技术具有路径依赖性与地域依赖性，结构性的区域专业化将会持续自我强化，这将会带来一些风险，容易被锁定在一种旧的技术或专业化生产方式上，也可能会会形成偏见、思想的局限，或对外界的技术转变不够重视，当更需要路径突破时，创新网络可能反而产生因循守旧行为。

（4）集聚经济学理论

日本京都大学经济研究所（KIER）城市和区域经济教授藤田昌久（Masahisa Fujita），与比利时鲁汶天主教大学教授、比利时应用研究和计量经济学中心主席雅克·弗朗科斯·蒂斯（Jacques Francois Thisse）合著了《集聚经济学》（Economics of Agglomeration：City，Industrial Location and Regional Growth），该书首次对企业和居民集聚现象的经济学原因提供了一个统一的解释框架。

与前人主要强调经济集聚的成本节约视角不同，藤田昌久和蒂斯更多的是关注集聚产生的收益，以及现代科学技术与营销管理技术进步对离散要素力量的弱化。集聚所带来的一个主要的好处就是它促进了人与人之间的信息传播，认为这种外部性可以解释为什么经济人宁愿支付很高的地租也要聚集在城市中心——因为，这里的信息传播最为密集。在市场经济中，企业和居民的集聚是符合社会进步要求的，藤田昌久认为我们低估了最优的集聚规模，市场经济所产生的经济人的集聚密度还没有达到最优的集聚密度；同理，企业选择集聚在同一区域，也是因为在这里企业间的非市场交流费用更低。

马歇尔外部性是研究产业集聚收益的重要工具，马歇尔外部性被胡佛分为两类：一类是区域化外部性效应（波特认为产业集群在全球取得成功就是由于这种强烈的区域化外部效应），另一类是城市化外部性效应。由于区域化外部性和自然环境差异性的存在，最初很小的比较利益差别就会导致很强的空间两极分化。如果区域间运输费用很低，或产品差异性很大，这种影响会进一步增强。当厂商可以把它们的产品销售到很远的市场时，它们会得益于区域化外部性，这时，产业集聚就会发生，即低的运输费用会带来更强的产业集聚。

随着运输成本的降低，企业有动力将他们的生产集中在少数几个地方，以实现规模经济。同时不可避免的是，较低的运输成本，会使价格竞争越来越激烈。价格竞争的激烈反过来会迫使企业寻求产品差异化，以缓解价格竞争，所以，产品差异化是促进产业集聚的强大推动力。在欧盟经济一体化的进程中，随着关税壁垒被拆除，在欧盟内部的交易成本大大降低，大多数国家内部多数部门经济活动的集聚程度都较以前有了很大的提高，欧盟作为一个整体产业集聚程度也有所增强。

作为产业集聚效应的乐观支持者，藤田昌久对克鲁格曼关于"现代部门集聚程度和运输成本水平的关系不是呈单向递减而是呈倒钟的形状"的观点提出质疑，认为，随着运输成本的进一步降低，企业会重新分布到核心都市区的郊区而不是外围地区，郊区化可以让企业享受到较低的土地租金和工资支付，同时还可以和战略投入品供应中心有高效的联系，所以，藤田昌久认为：随着运输成本和通信成本的持续降低，大城市和大地区的衰落并不是必然的。

关于产业集聚与经济增长的关系，藤田昌久是这样评价的：由于科技创新和社会变革在空间上是趋于集中的，而且它们在地区间的扩散速度是非常缓慢的，这导致经济增长具有明显的区域集中性特征。当运输成本足够低的时候，现代技术产品生产部门和创新部门都会集中到同一个区域去，而其他区域则专业化生产传统部门产品。不管技术能否在区域间进行流动，现代技术产品生产部门的企业数量都会随时间的推移而逐渐上升。于是，产业集聚和经济增长彼此互相促进。

相反的情况是：支持分散布局的政策往往会有损于全局的经济增长，并且在技术可以自由流动的情况下，人为的阻止"中心—外围"空间结构的形成可能会变得更加困难，在这种情况下，对称的空间布局模式从来都不是一种稳定的均衡；相反，技术流动障碍的存在倒可以维持一种分散的空间布局。但是，即使在这种情况下，一体化程度的加深也往往容易导致"中心—外围"空间结构的形成。

藤田昌久认为，区域经济发展不平衡的加剧并不必然带来外围地区经济状况的改善，当产业集聚不能促进产生足够的经济增长时，更多经济活动向中心地区的转移肯定会对那些生活在外围地区的人们带来损失；在相反的情况下，集聚、增长和社会公平发展的冲突则有可能缓解；即使如此，在"中心—外围"空间结构下，生活在外围地区的人们的生活水平也要高于其在完全分散的空间结构下的生活水平。

3.3　管理学相关理论研究述评

产业集群的中观（产业及区域）及微观经济研究，源于波特著名的竞争力与战略理论，产业集群也因此而得名，并声名鹊起；同时，当前的许多文献都在强调全球价值链结构下的公司核心能力与资源依赖和开发，在这里面，产业集群发挥着关键作用；近期研究热潮方兴未艾的模块化产业组织理论，也为研究产业集群提供了另外一种全新视角。

3.3.1　竞争力与战略理论

波特发现，在市场竞争中的优胜者并不是广泛而均匀分布的，在某些国家或地区，拥有竞争优势的企业远远超过其他地方，尤其当我们关注于特定产业或者产业中的特定部门时，具有竞争优势的企业在地理上的集中就显得更加突出。产业集群的存在表明公司的许多竞争优势存在于该公司甚至产业的外部，存在于其所处的地理位置与当地微观经济环境。

公司竞争力受到当地微观经济环境的强烈制约，微观经济环境的某些方面，如基础设施、教育水平、公司税收和法律制度体系等，往往对发展中国家竞争力的提高产生制约；但是，对较发达国家或者所有经济体，起决定性作用的却通常是产业集群特征，位于集群内的公司在运营上更容易获得竞争优势。于是，波特在《国家竞争优势》（The Competitive Advantage of Nations，1990）中，将产业集群（Industrial Cluster）放在了一个十分显著的地位，认为这是中等经济和发达经济发展的一个不可或缺的重要条件。

（1）产业集群定义与钻石理论模型

波特从微观的视角对产业集群定义作了创造性论述，并将产业集群作为国家竞争力主要构成的六大要素之一。

波特定义的产业集群为在某一特定领域内的公司及其相关机构，因共用性和互补性而形成的在地理上接近的相互联系的群体，集群依照各自的分工深度和复杂性而呈现出不同的形式，但大都包括：最终产品或服务企业；专业化投入品、零部件、机械和服务的供应商、金融结构以及相关产业的企业；通常还包括下游产业的企业（即销售渠道或客户）、互补产品的生产商、专业化基础设施提供者；以及许多政府机构和其他专业化培训、教育、信息、研究和技术支持机构（如大学、智囊团、职业培训提供者）与标准制定机构①。在产业集群内部，大多数集群成员并不直接

---

① 迈克尔·波特. 国家竞争优势 [M]. 陈小悦，译. 北京：华夏出版社，2002.

形成竞争，而是一起面对许多共同的需求和机遇，也共同受到许多限制因素制约，这为相互关联的公司、供应商、政府和其他机构之间的对话与合作提供了一个有效的平台。

从产业集群定义的内涵来看，它通过把相互关联的产业活动集中到一起，获取供应链系统成本优化与水平范围经济；并共享产业集群内部信息，促进创新的扩散，形成支持公司业务发展所需要的基础设施和专业设备的最优规模，这样，公司就会更深地扎根于能够获得外部性与溢出能力的集群之中。如英特尔公司、戴尔公司等大公司都鼓励供应商在其附近建立机构，甚至在对外直接投资时，集体扎堆前往。

产业集群定义的外延与边界没有统一标准，只是涉及程度的问题。产业集群可以从一个城镇、一个城市或一个地区延伸到一个国家甚至几个相邻的国家，产业集群可以存在于各种不同大小的经济体之中。实际上，产业集群边界很少遵循标准的产业分类标准，随着新企业和新行业的产生、已有产业的萎缩，产业集群的边界也在不断的演变，技术进步和市场拓展也会产生许多新的产业，创造许多新的联系或改变原有的市场结构，此外，经济、政治方面的法律与规章制度的改变也会引起产业集群边界的移动。

波特教授在研究全球竞争优势的决定性因素过程中，基于传统经济学供给与需求框架，加入了他最有心得的（竞争）战略元素与环境元素（机会和政府），以及最为重要的——产业集群元素（相关支撑产业），构建了著名的国家竞争力"钻石模型"，在该模型中，产业集群虽然只是六个元素之一（相关支撑产业），但却最能够体现"钻石模型"结构的相互作用。

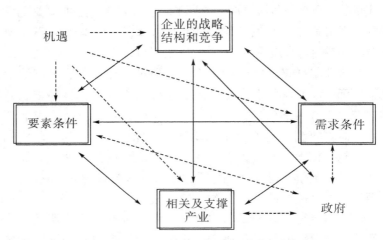

图 3 - 1　波特的国家竞争力钻石模型①

根据波特的国家竞争力"钻石模型"理论，全球竞争优势的主要决定因素是生产要素、需求条件、相关支撑性产业、企业战略、结构和竞争，以及市场机会和政府的制度保障与支持。波特认识到，在全球化经济中，政府职能的发挥起着相当重要的作用；同时，对全球化机会的把握也是国家与区域发展的关键。企业共同面临激烈的竞争压力，相互迫使对方进行改进和创新，为了获得成功，企业日益需要在集群里进行合作与相互的产业支撑。

（2）产业集群中企业绩效解析

波特对产业集群绩效的创造性贡献，主要在于他将产业集群放在了一个全球化的框架背景下，而且更加关注其动态的创新价值。过去大家在解释集群经济时，主要是强调其由于接近投入品或市场而带来的成本最小化，这在市场、技术和供应全

---

① 迈克尔·波特.国家竞争优势［M］.陈小悦，译.北京：华夏出版社，2002.

球化与高流动性背景下，不再具有说服力。资源的全球化配置导致要素供应增加，生产效率提高导致要素需求减少，整体来说，要素投入的重要性明显下降；相应的，创新的价值彰显，产业集群的优势更多来源于外部经济或企业及产业间的创新溢出效应，产业集群本身也已经成为了一个由相互联系的企业与机构组成的（创新）系统，其整体价值大于部分价值的简单加总。

波特主要是从区位竞争优势的诸多因素方面来解析产业集群的绩效，超越了静态的生产要素（劳动力和资本）比较优势与规模效益分析，而更多的从动态创新优势和差异化战略方面进行解析。关于产业集群带来的区域经济发展与竞争力的提升，波特主要从三方面进行了论述。

①提高成员企业静态生产效率。波特的产业集群提高静态生产效率可以归纳为三个方面，第一是产业集群中公司可以优先或者以较低的成本获得专业化投入品与具备专业技能的雇员。一般而言，产业集群所在地也是专业供应商集聚地，供应商之间的竞争会导致更高效率的资源配置，虽然这也可能带来资源在短期内的短缺，但长期收益将远大于成本。

第二，空间邻近使得公司能够便捷地获取市场、技术与其他方面的专业化知识（包括显性知识和隐性知识）和信息。在产业集群内部，由于供需联系密切、产业技术关联以及人际关系与信任，使得社区内的知识与信息的流动更为便捷。从产业集群获益的一个很重要例子就是能够快速而准确地得到客商的需求信息，因为，精明的客商往往也是产业集群的一部分，这样，产业集群中的其他成员通常能够获取并共享他们需求的有关信息。而且，产业集群的高度竞争与相互绩效对比，也会对经营者或者代理人带来压力与激励。

第三，产业集群还能够使许多投入品成为公共产品或者准公共产品，如专业化的雇员、培训机构、质量检测中心，从而进一步地降低了生产要素成本。在产业集群中，传统的贸易协会或者民间新成立的行业协会起着许多新的特殊的重要职能作用，提供大量的准公共产品，实现最佳的规模经济，如协调行业标准、共同探讨外部市场的开发，甚至建立一些准基础设施；同时，产业集群中的公司还可以通过增强集群参与者的互补性来实现类似的经济绩效，如市场营销，在一个区域的一组相关企业和产业不仅可以提供联合营销效率，还能够提高区域品牌声誉。

②通过增强创新能力来提高未来生产效率。基础环境的相似性以及多种竞争对手的存在，迫使企业不得不持续创新以保持领先地位或者实现差异化；同时，产业集群在判定创新需求和创新机会方面的潜在优势也十分明显，并能够迅速有效地把这些机会转换为运营优势或战略优势。

产业集群内的企业往往能够更敏锐、更迅速地觉察到新的客户需要，并能够从拥有客户信息和客户关系的企业集聚中受益；同时，产业集群还为其中的企业提供了发现新技术、新工艺和新渠道方面的优势。通过与同一产业集群内的其他企业或机构的不断交往、现场参观和频繁的面对面接触，产业集群参与者能够更容易学习到正在发展演进中的新技术、新零部件和机器设备的可用性，以及新的服务与营销概念等。相比之下，孤立企业则面临着获取信息的高额成本和巨大障碍，要在企业内部产生这些知识，需要消耗大量的时间与资源。而且，产业集群中的企业也往往能够迅速发现新的生产线、工艺流程、后勤模式，以及新的零部件、服务方式、专业机器和其他的实现创新所必需的元素。当地供应商和合作伙伴能够深入地参与创新过程，并确保他们的投入品能够更好地迎合企业的需求。当然，也可能会产生固化思维或者群体思维，而对新思想实施压制（这取决于群体的开放性），或者存在"搭便车"行为，一味复制，打击创新的积极性。

③通过支持创新促进新企业的形成。许多新公司（总部，而不是分支机构或辅助部门）都是在现存的产业集群内、而不是在孤立的一个区域中形成的。由于产业集群拥有较好的信息，产业集群存在本身就意味着机会，在产业集群内企业工作的人更容易觉察到他们在产品、服务和供应商方面需要弥补的缺陷，这样，他们也就更容易放弃原来的工作与职务去开办新公司。这在硅谷创业类型中占有很大的比重。

除了发现机会外，产业集群内的进入障碍也是很低的，能够比较容易地得到建立新企业所必需的资产、技术、投入品与熟练工，投资者因为相互的熟悉和了解，会要求更低的风险报酬，专业化投入品由于较高的市场化程度，价格也相对较低。产业集群不仅会在内部产生创新企业，外部企业也会受到相类似的吸引而进入。

（3）产业集群的组织与企业行为解析

波特认为内部独立而又相互联系的企业与机构集聚在一定区域形成的产业集群，代表着市场与科层制之间连续图谱中的一个充满活力的产业组织形态。与其他组织形态相比，产业集群在交易成本方面具有明显优势，并且可以改善许多的激励问题。

在一个有限的地理范围内工作与生活，能够导致不断地发生相互作用和非正式接触，进而培养起信任关系，可以有效地开展知识与信息的交流，降低分割和重组市场关系的成本。这种空间接近性也显著地影响着企业间的联系、代理、激励与交易成本，在一定区域范围内不断相互作用的企业之间，许多交易的不完全性契约可以通过社会性要素加以弥补，内部复杂的激励与控制问题也可以通过类似条件企业的对比与经理人市场实施调节。

最后，回归到微观企业管理层面，波特认为产业集群不仅影响上述经济行为，而且还影响着企业战略定位的选择能力，在产业集群内经营可以增加获取独特竞争地位的机会。经常碰面的竞争对手促进了新竞争方式的探索，他人忽视的良好机会可以通过开办自己的公司来实现。接近供应商和合作伙伴为以不同方式组织价值链提供了灵活选择的机会，以提供各种类型消费者都能够得到最有效的服务①。

3.3.2　全球价值链、资源依赖与核心能力理论

（1）全球价值链理论

公司的价值创造过程主要由生产、营销、运输和售后服务，以及其他支持性活动组成，这些活动在公司价值创造过程中相互联系，并构成公司价值创造的行为链条，这个链条就叫"价值链"（Value Chain）（Porter，1991）。

价值链不仅存在于公司内部，还与其他经济单位的价值链相互链接，共同形成一个价值链体系，或者叫价值星系（罗珉，2006），任何公司的价值链都存在于一个或多个价值链体系中。在价值链体系中各价值创造行为之间的联系对公司竞争优势至关重要，企业的竞争能力就决定于企业处在该价值链体系中的哪个环节与哪个技术层面。

全球价值链就是在全球化生产过程中许多国家参与到特定商品或服务的不同阶段的价值创造。联合国产业发展组织（UNIDO，2002）把全球价值链定义为"为实现商品或服务价值而连接生产、销售、回收处理等过程的全球性跨企业网络组织，涉及从原料采集和运输、半成品和成品的生产和分销，直至最

① 迈克尔·波特. 国家竞争优势［M］. 陈小悦，译. 北京：华夏出版社，2002.

终消费和回收处理的整个过程"①。这个过程经济意义重大，它使得各个不同阶段的生产或服务由效率最高、成本最低的地方承担，随着"生产共享"（Production Sharing）的重要性日益增加，国家之间的经济联系也越来越紧密（Yeats，1998）②。从价值创造过程来看，全球价值链包含生产经营活动中的各项行为，涉及从概念到产品的完整的实现过程，包括产品研发设计、加工制造、生产和财务管理、品牌管理、市场营销和售后服务等（Kaplinsky，Morris，2001）③。在全球价值链体系中，许多企业分别从事着同一条价值链上的不同经营活动，随着产业的升级，越来越多的企业价值创造逐渐从物质产品的加工制造转向生产性服务。

　　这种生产与服务过程在全球范围的分散式布局是一种新的现象，并将随着全球一体化的进程而不断地加深，发达国家会将一些非核心的生产和服务等业务剥离出去，由此使得发展中国家有了融入到全球价值链中的机会，只不过这种融入一般都是从全球价值链中的低附加值环节开始的，这也成为了许多新兴经济体产业集群化发展的一种主要驱动力，即通过生产者投资来推动市场需求，并形成全球供应链的垂直分工体系；与此平行的还有另外一种驱动力——需求驱动，即拥有强大品牌优势和国内销售渠道的经济体通过全球采购组成跨国商品流通网络，拉动那些奉行出口导向战略的发展中地区的工业化，以及形成需求导向型产业集群。

　　全球价值链理论不仅在全球一体化背景下运用系统论观点

---

　　① United Nations Industrial Development Organization. Industrial Development Report 2002 /2003 Overview［R］. UNIDO，2002.

　　② YEATS J. Just How Big Is Global Production Sharing?［R］TheWorld Bank，1998.

　　③ KAPLINSKY R，MORRIS M. A Handbook for Value Chain Research［M］. Prepared for the IDRC，2001.

对全球产业布局的价值创造做了一个重新界定，也对区域化产业集群的成因、动力、治理机制及演进路径做了一种新的诠释。尤其对发展中国家与地区，地方产业集群如何加入全球价值链，如何在全球化价值链中进行升级，以及全球价值链中的利益分配指出了一个明确的方向。

（2）资源依赖与核心能力理论

彭罗斯（Penrose，1959）在《企业成长理论》中对企业成长的理论研究，被认为是战略理论、资源依赖理论（RBV，Resource-based View）与核心竞争力（CC，Core Competence）理论的思想源泉。

企业作为资源的集合体，它的成长取决于内部资源和外部环境的相互作用，企业最主要的资源包括物质性资源和人力资源，企业成长过程实际上就是企业资源的动态演化过程。虽然这些资源具有重要价值，但如果没有更高层次的企业能力来统领它们，这些资源是不会自动演化以促进企业成长的（Penrose，1959）。

里普曼（Lippman）和罗曼尔特（Rumelt）发现，如果企业无法仿制或复制优势企业产生特殊能力的资源，各企业之间的效率差异状态将会持续下去，他们将企业的竞争优势指向了企业特有的难于被模仿的资源，并开创了把企业战略作为企业固有的可以产生"李嘉图租金"的资源进行经济分析的先河。接下来，沃纳菲尔特（Wernerfelt）在美国的《战略管理杂志》上发表了《企业资源依赖理论》，这标志着资源依赖理论的正式诞生，沃纳菲尔特（Wernerfelt）发现，与外部环境相比，公司内部环境具有更重要的意义，对企业创造市场优势具有决定性的作用，企业内部的组织能力、资源和知识的积累是解释企业获得超额收益、保持竞争优势的关键。

1989年，美国学者普拉哈拉德和哈默在《哈佛商业评论》

发表了《与竞争对手合作共赢》（Corporate with Your Competitors and Win），1990年，普拉哈拉德和哈默在《哈佛商业评论》上又发表了《公司核心竞争力》（The Core Competence of the Corporation），提出企业在战略上的成功主要来源于它们在发展过程中的核心竞争能力，后来，经过斯多克（Stalk）、伊万斯（Evans）、皮萨诺（Pisano）、福斯（Foss）等人的发展，"核心能力观"开始形成一个比较完整的战略理论体系，并受到理论界的青睐，战略管理思想也由波特的"结构观"转向为"能力观"（能力学派），这意味着对竞争战略和竞争优势的研究从企业外部的"行业结构与定位"转向为企业内部的能力。

核心能力理论强调组织内部的技能和集体学习，及其对它们的管理技能，认为竞争优势的根源在于组织内部，新战略的采取受到公司现有资源的约束，强调以企业生产经营过程中的特有能力为出发点，来制定和实施企业竞争战略。

核心能力理论的主要贡献在于，它对企业竞争本质的重新认识，提出企业的战略目标在于识别和开发别人难以模仿的组织能力；在如何识别和培育企业核心能力上，认为核心能力来自于企业组织内的集体学习，来自于经验规范和价值观的传递，来自于组织成员的相互交流和共同参与；在制定和实施企业竞争战略的政策主张上，认为必须使得企业成为一个以能力为基础的竞争者①。

3.2.3 产业模块理论

（1）产业模块理论

产业模块理论发端于哈佛商学院院长克拉克（Clark）和前副院长鲍德温（Baldwin）联合发表的论文《模块化管理》

---

① 鲁开垠. 产业集群核心能力研究［D］. 广州：暨南大学，2004.

（Managing in an Age of Modularity，1997）①，以及他们合作出版的著作《设计规则：模块化的力量》（第一卷）（2000）。

模块并不具体指什么东西，而是在信息技术革命背景下产业发展过程中逐步呈现出来的用于解决复杂系统问题的一种方法，也就是说，模块是一种解决复杂与不确定问题的方法。与传统的简单化分工不同，模块自身可以是一个复杂系统，每个模块可以单独研发和生产，如果哪一个模块出了问题，也不需要全部推倒重来，而且，不同模块之间的连接规则也是不断变化和演进的，并由此带来整个系统的升级（Clark，1997）。

模块的主要特征在于它是具有独立功能的半自律性子系统动态构成，每一个子系统可以通过标准的界面结构与其他功能的半自律性子系统按照一定的规则相互联系，而这种联系是可以动态变化与演进的，每一个模块都具有信息浓缩化的特性，每个模块的研发和改进都独立于其他模块的研发和改进，每个模块所特有的信息处理过程都被包含在模块的内部，如同一个黑箱；同时，它们由一个或者数个通用的标准界面与系统或其他模块之间相互连接（Clark，1997）。

模块化是新经济产业结构的本质（青木昌彦，2003），对产业结构调整具有革命性意义（Clark，2000），作为一种新的理论和方法，越来越受到理论界和实业界的关注，并被广泛地应用到各个产业之中。在以"求新、求快、个性化"为市场特征的今天，这是顺应产品或服务的结构功能复杂化以及消费多样化发展的必然趋势。

模块化趋势的不断加强，必将导致产业组织模式的变革和产业结构的调整。从模块化产品的分解和整合的角度，我们可以把产业集群看成大量的模块制造商和模块整合商的空间集聚，

---

① CLARK K B, BALDWIN C Y. Managing in an Age of Modularity ［J］. Harvard Business Reviews，1997（5）.

并可以通过产品模块及其结构的调整与升级实现集群的产业结构调整和升级。

（2）模块与模块化过程

模块化作为体现模块特征的一种方法与过程，主要包括研发、重用和整合三个方面。

模块研发将系统进行动态的分解和整合，将一个复杂系统按照一定联系规则（界面标准）分解为可进行独立设计的具有一定价值功能的半自律性的子系统（模块），然后，按照某种联系规则（界面标准）将可进行独立设计的具有一定价值功能的模块整合起来，构成一个更加复杂的功能系统。在价值模块的分解和整合过程中，构成系统的模块是不透明的（不知其内部状况与结构参数的）黑箱，不必了解所有组成模块的细节，仅仅根据代表其输入输出关系的模块界面来识别其功能。通过模块的黑箱处理，可以实现对创新组织的系统信息与个别信息之间的协调（朱博瑞，2004）。

模块的研发过程，就是建立一个既有公开信息界面标准，又保持各个模块独立发展的信息封闭模式，集中与开放相结合，动态发展与共同演进的产业组织系统的过程。当模块化产品的界面在顺应系统信息并实现标准化的过程中，模块设计所需要的系统信息是公开的，而独特的个别信息是相互保密的。一旦创业资本协调下的信息封闭体制和模块间界面标准化过程开始结合，二者之间就内生地形成一种相互增强共同演进的机制。模块的研发是一种允许浪费的价值创造系统，具有淘汰赛激励效应。只有成功的企业才能获得创业投资者进一步的融资、发行上市或被产业主导企业所收购（青木昌彦，2000）。

模块重用（Reuse）是利用事先建立好的模块创建新模块的过程。模块重用主要是为了应付产品越来越复杂多变而相应技术设计常常滞后于生产发展的难题而提出的一种技术处理方案。

最典型的案例就是 1990 年以来，软件开发的瀑布范式和巡回范式逐渐被目标导向（Object Oriented）范式所替代和主导，目标导向的软件开发范式以试错（Error－try）的方式持续改进，并不断重新定义和组合各类目标对象，从而形成新的可重用模块，使其更具可维护性；同时，通过增加各种新的设计元素来丰富目标对象和模块的种类，当然，这样也进一步增加了系统的复杂性（青木昌彦，2000）。

模块整合是将前面设计和开发的各种新的子模块重新组织的过程。模块整合可以分为三种基本的组织模式：内部化组织模式、元件市场交易模式和授权设计交易模式（Somaya and Linden，Somaya and Teece，2000）。内部化组织模式就是在企业内部自我整合与发展整个产品。元件市场交易模式是专业化的元件厂商把内嵌在元件里的发明出售给系统集成商，通过市场交易的形式实现价值传递，由市场扮演整合者角色。授权设计交易模式是专业化的发明厂商把自己的发明授权给系统集成商使用，并由后者整合相关模块。在既定的市场条件下，这三种组织模式，究竟以哪一种为主导的组织模式，是由其相对的组织效率来决定的，而组织效率既可以从交易费用的角度来衡量，也可以从组织模式的决策机制的角度来衡量。

（3）产业组织模块化与产业集群

技术创新特别是信息的数字化为模块化发展提供了必要的技术支持。数字化（即信息采用数字序列排列）提供了最简单明了的共同界面，功能各异的模块，通过研发、重用、改进与整合，如同搭积木一样，能够快速地制造出符合消费者个性化需求的产品，从而有效地协调了生产的规模化与需求的个性化之间的矛盾，真正实现生产上的弹性专精（Flexible Specialization）（安藤晴彦，2003）。

模块化与产业融合会对产业组织结构产生重大影响，降低产业市场集中度，行业领导者的控制力将减弱，原来纵向一体化的市场结构将逐渐转为横向或立体产业集群式的市场结构，带来以合作竞争、标准竞争和背对背竞争为主的市场行为，进而影响着融合后产业的市场绩效。

模块化带来市场绩效的同时，也增大了组织模块化的成本，对组织模块化结构和制度效率的要求也更高了。组织模块化的成本非常复杂，包括模块化自身特有的三类成本：一是把相互依赖的系统进行模块化的成本，即设计、制定与普及模块化界面与规则的成本；二是为了实现模块化结构的潜在价值，检验模块结构具有良好兼容性而开展的必要的实验成本；三是因模块具有资产专用性而导致的交易成本，即模块化结构的设计者或系统集成与检测队伍可能会以停止自己的服务、收回知识产权等手段威胁系统内其他成员，阻碍他们的工作（Baldwin，2000）。

组织模块化不同于产品和功能的模块化，产品和功能模块化的技术系统的接口、界面和联系规则完全可以人为设定，而组织模块化是不可以的；并且，组织是由具备独立理性的人组成，具备一定的群体理性，即使已经设定了组织以及组织之间的接口、界面和联系规则，依旧无法保证组织模块如技术模块那样精确稳定地运行。组织模块化需要遵循模块化的基本设计准则：看得见的规则和看不见的潜规则（青木昌彦，2003）。

现代企业正在进行的拆分、权力下放、部门精简、加强部门之间的横向沟通，事实上就是内部的组织模块化的过程；与产品模块化类似，企业需要把注意力主要放在组织模块之间的规则安排、沟通渠道建设等工作上面，而各个组织部门内部，则各自遵循其自身的固有规则。同理，在企业外部，企业所进行的外包、代工等活动，以及企业联盟等，也是一种外部的组织模块化过程；企业外部的模块化，表现为核心企业协调下的网络组织模式和模块集群化的网络组织模式。

3.4 社会学相关理论研究述评

3.4.1 文化理论

（1）文化与经济

不同国家、民族、地区，因各自的地理、历史、语言、传统、宗教等因素不同，致使在风俗、信仰和行为上彼此分歧，从而构成各自独特的文化与社会关系，并对本国或本地区的经济发展产生重大影响已经是一个毋庸置疑的事实。

克鲁伯与克拉克洪在《文化：概念和定义的批判性回顾》一书中提出，文化是包括各种外显或内隐的行为模式，它通过符号的运用使人们习得及传授、并构成人类群体的显著成就；文化的基本核心包括传统（即由历史衍生及选择而成）观念。文化既是人类活动的产物，同时也是限制人类进行活动的因素。

关于文化，我们可以这样解读，文化首先是一种人类行为模式，可能是外显的，也可能隐含在人们的行为之中；它通过各种可以解码的符号进行传递，并世代相传，人们可以后天习得。它是为了群体的生存与发展，促使共同体内的成员保持思想、行动上一致的一种精神与物质力量，并具体地表现为人们的思维方式、生活方式、社会习俗，以及制度化的政治、经济、法律等规则。文化既是历史的积淀与人类文明的产物，又将限制人类的活动。在一定程度上，文化对人类的行为包括经济行为有着不可抗拒的影响。

从人文角度出发来研究经济现象，早在 1901 年德国著名学者韦伯在《新教伦理与资本主义精神》一书中就提出了资本主义生产方式兴起与基督教新教伦理之间有着密不可分的关系，只不过他的这个观点并没有引起当时主流经济学的重视，一直到诺思从新制度经济学的视角出发，把文化当做一种与正式制度并行的非正式制度来研究它对人的经济活动的导向、规范和约束作用时，文化影响才开始真正被主流经济学所重视。

前些年，随着日本、新加坡、韩国以及中国香港地区、中国台湾地区等东亚经济圈的快速发展，许多学者都从儒家文化对这个经济圈成功的贡献方面做了不少研究，并得出了大量富有解释力的成果，认为东亚发展成功的原因是整个社会在经济发展目标上达成共识；以家庭为核心的社会伦理观和社会关系结构，以及国家与社会之间相对和谐的关系。松下幸之助在松下公司成立了研究所，专门对儒家文化对企业管理的影响等问题进行研究。"第三意大利"的研究学者也分析了当地独特的集体主义精神、家族传统与产业集群之间的关系。著名区域经济专家、北京大学教授王缉慈就认为浙江在民营经济与产业集群的发展过程中，很好地继承了浙江各地历来的民俗和文化传统。

（2）文化与地方产业氛围

某地经过了长期历史积累而形成的文化会对产业集群的形成和发展产生重大影响。克鲁格曼曾说过，某种国际分工也许是因为历史上的偶然事件或者这个国家的最初的经济特点所形成的，然后，随着生产规模扩大，形成优势的积累，并使这一国际分工得以固定下来。这种偶然事件或者是最初的经济特点之所以能够在本地得以延续，文化在其中起了至关重要的作用，这也是许多传统产业集群出现的基础。

文化的作用主要表现在知识与人力资本的积累两个方面。

就某些传统产业而言，有关的生产技术、经验等知识不是一朝一夕就能形成的，而是经过了很长的一个历史时期才得以积累下来的；许多生产的技能、技巧等也不是通过著书立说来传播，而是世代相传的行业秘密，各种手工匠师徒之间都有行话（隐语），俗语称"市语"。久而久之，这种制造的经验和技巧便成了一种不能与当地文化相分离的非编码化知识。

本地的文化传统对当地居民的职业选择和专业化技能发展也有着不可割舍的联系。正如马歇尔的精彩描述那样，一种产业一旦布局于地方，通常它会长久设在那里。同行们从相互邻近中获得的收益也是很大的，在这里，许多的行业秘密都近乎公开，连当地的小孩在成长过程中也会不知不觉地学到许多行业秘密。而且，优良的工艺技能受到社会的认可与赏识，机械发明及组织改良会快速被传播和学习，并相互交流，可能成为更新的思想源泉。不久，辅助行业就在附近地方产生，为其提供各种服务，并供给工具和原料。并且，当某种产业在当地取得一定的优势之后，人们便会对这一产业产生感情，并希望自己的子孙后代能够将祖传手艺发扬光大，从事某种代表了本地特色的职业也将成为年轻人择业的首选，因为这能得到本地社会的尊重。另一方面，本地产业因不断地对技能（工人）提供市场而受益，雇主往往到能够找到所需要的专门技能工人的地方去设厂；同时，具有该项专业技能需要寻找职业的人，也因为这里有良好的市场而集聚。

反过来，本地文化也在一定程度上受到本地居民的生产方式和本地产业的影响，甚至有些文化传统就是因为多数居民长期从事某种职业而形成的。这样，本地文化对特定产业在本地的发展就会产生一种深远而至关重要的影响和作用。

3.4.2 社会网络与社会资本理论

（1）社会网络

网络（Network）概念起源于 20 世纪 70 年代，20 世纪 90 年代开始流行。最初的网络通常是被描述为一种纤维线、金属线和其他类似物联结成一种网（Net）的结构。现在的网络更多是反映以不同形式表现的各种行为主体之间的联系，是具有参与活动能力的行为主体，在主动或被动的参与活动过程中，通过资源的流动，在彼此之间形成的各种正式或非正式关系（Harland，1995）。

社会网络是由多种行动主体，通过某种关系相互联系所形成的一个整体结构，这种关系包括亲缘、地缘，以及通过商业交换与贸易往来而形成的市场关系。我们把企业及其相关的各个行动主体看做是节点（Nodes），他们之间的联系纽带看作某种关系，就构成了一个错综复杂、具有弹性和波动性的社会网络。一个社会网络具有结构元素、资源元素、规范元素与动力元素四个基本元素。

结构元素（Structural Component）是指社会网络中的各种关系纽带与行动者类型，结构元素的不同排列会导致各种不同的社会经济行为。格兰诺维特在分析美国硅谷半导体产业时指出，网络结构的弱关系使得工程师能够自由地流动，这一方面促进了知识和信息的交流，又增强了网络连接的紧密性。资源元素（Resource Component）是指在相似的网络位置中不同的行动主体资源，包括能力、知识、阶级、财产、种族、声誉等。如企业主之间的朋友和家族关系。规范元素（Normative Component）是指包括规范、管理规则及其他在特定网络中控制行动者行为的各种有效措施，如声誉。动力元素（Dnamic Component）是指网络形成与变化的各种机会和限制，它使得整个网络总是处在动态的变化过程中（Harland，1995）。

（2）社会资本

社会资本作为一种有价稀缺资源，如果合理使用，它将转化为一种社会生产力，提高契约履行效率，并降低市场交易成本。"社会资本是具有生产性的，使某些减少它就无法实现的目的的完成成为可能……在一个务农的社群中……在那里农夫彼此相互帮着打干草，农具也借来借去，因为社会资本的存在使得农夫可以使用更少的物质资本（体现为工具和设备）来完成自己的工作。"（Coleman，1988）社会资本由信任（Trust）、互惠（Reciprocity）、信息（Information）和合作（Cooperation）组成，通过促进合作为那些相互联系（至少有时候）的人们创造价值，从而提高社会效率（Coleman，1988；Robert Putnam，2004）。

由私人关系网络构成的社会关系在市场信息不对称情况下经常成为个人经济活动的前提，企业内部和企业间的社会关系构成社会资本，它是竞争成功的决定因素。也就是说，对人的经济活动而言，社会网络是一种有价资源，这种资源存在于社会结构中，通过它可以帮助实现交易与协作等特定活动，并产生效益。这些资源表现为社会网络特征，如信任与规范等，它是一种结构性资源，蕴含于结构本身，不为个人所直接占有，只能通过个人直接的或间接的社会关系而获取，个体的社会网络的异质性越大，网络成员的地位越高，个体与其他成员的关系就越强，则其拥有的社会资源就越丰富（林南，1982）。

也有人把社会资本定义为一种能力，认为是在群体和组织中人们为了实现共同的目的在一起合作的能力，并将社会资本的核心构成要素归结为信任，认为它是"由社会或社会的一部分普遍信任所产生的一种力量"（福山，2001）。由于未来是不确定的，所以产生了对现实确定性的需要，这种在心理上所增加的确定性，即信心的形成的最重要机制之一，就是信任。作为信任的重要组成部分——声誉，是一个人、一个组织、一个机构浓缩的历史。声誉简化了"过去"，成为过去与未来信任的媒介。记忆—声誉—信任，构成了一个三位一体的结构（郑也夫，2001）。

社会资本还将影响资源的流动与配置，并对企业的竞争与动态博弈策略产生重大影响。市场营销理论认为，影响顾客忠诚主要有三个因素：转换成本、价格与产品广度。当转换成本一定时，企业就会选择价格低廉、产品多样的供应商。但是，如果将社会资本纳入影响要素进行分析的话，就会呈现出另外一番景象，个人关系和转换成本将成为主要影响因素。对于本地企业而言，名声对它们来说是至关重要的，更何况它们所根植的本地网络本身就是一个非常有价值的资源，因此，除非短期利益巨大，否则，企业是绝不会放弃根植所能带来的未来利益以及其已经积累的社会资本的。

（3）社会网络、社会资本与产业集群合作

当代财富创造与竞争能力的关键要素是信息、知识和学习，人们越来越多地强调创新、合作与团队参与，相应的，传统经济学理性假说也开始被逐渐放松，面子、威信、同事压力、道德信仰，以及个性化认知等概念开始被纳入研究范围，这在一定程度上修正了新古典经济模型中忽视社会关系、不受个人情感影响的理性经济人的观点（Adler，1984）。市场交易与社会关系也存在比较密切的联系，社会关系越好，市场交易转换的可能性就越低（Sheth and Parvatiyar，1995）。交易的关键很多时候在于促进和维持关系，这是个人交易行为中的一种重要的心理和社会影响因素。密切的关系可能是首要的考虑要素，而可能提供服务的能力则是排在第二位的（Jiittner and Wehrli，1995）。

认同感是产业集群内部企业之间高效合作的基础和前提。由于地处同一区域，企业将产生一种区域认同感，这种认同感既来自于企业对本地文化的一种尊重和协调，也在一定程度上表现为本地企业主之间的一种私人友谊，促使企业在市场经济活动中更有可能倾向于选择本地企业作为合作伙伴。经济现实表明，在同一地域内进行生产经营活动而互相认同的本地企业之间不仅发生交易的可能性相对较高，而且，互相认同的本地企业之间的合作效率也会更高。

在意大利的许多地方产业集群之所以具有良好的内部互动效果，主要原因之一就是这些企业具有很浓厚的乡土意识。客户与供应商多半有多年的交情，双方往往能够因为对方的默契配合，使许多交易经常是一拍即合（Porter，1991），这也是许多地方产业集群表现为自给自足的态势的原因之一。比如，在中国大陆投资的台商，内部就有一个不成文的规矩：能与台商进行的交易，就尽量让交易在台商之间进行，主要原因就是他们互相认同。现阶段中国许多私营企业也主要是靠这种地缘性质的认同感，在维系着这些企业的发展。比如，我国温州的私营企业就是依靠"血缘"、"亲缘"、"地缘"组成的"三缘"关系发展起来的。这种"三缘"模式的认同感在经济上最好的展示就体现在企业间的信托与融资上，成百亿的信贷往来很少通过国有金融系统来完成的，而基本上属于民间拆借形式，其中最典型的就是以自筹资金，民间放贷为目的的"标会"，而这种形式的融资在本质上就是以个人的认同感为基础的。所以，由地缘而产生的认同感是本地企业之间互相信任的基础，也是高效合作的保证。

3.4.3 根植理论

（1）根植概念

根植性是一个经济社会学的概念，经济社会学家们特别强调经济行动的社会和文化根植性，以及经济制度的社会建构。

早在 1922 年，马克斯·韦伯就发现了社会中人文因素与经济行为之间存在某种联系，所有经济活动参加者（包括公司）的行为都会受到大量共同因素的制约，而不仅仅是简单遵守社会系统中的法律规则。也就是说，经济主体在追求经济利益的同时，往往还要考虑诸如社交、声誉、潜规则、道德、风俗和权力等非经济因素（Granovetter，1992）。

根植性（Embeddedness）概念（也有人译为"嵌入"）的提出主要是为针对无所不包的经济学帝国主义，由卡尔·波兰尼（Polany，1944）在《大转型》中首次提出，认为"人类经济根植（embedding）或缠结在经济或非经济的制度当中，非经济制度的引入是非常重要的。因为在分析经济的有效性时，宗教和政府可能像货币制度或减轻劳动强度的工具与机器的效力一样重要"①，以此强调了经济学家较少关注的制度特征和市场的社会体系支持的影响力。

作为根植性理论的集大成者，新经济社会学家格兰诺维特（Granovetter）发展了波兰尼提出的"根植性"概念，指出经济行为是根植在网络与制度之中的，这种网络与制度是由社会构筑并具有文化意义。格兰诺维特（1992）对根植的影响作用的评价是比较中庸和理性的，认为经济行为的根植性水平在非市场社会中没有现实主义者和发展理论家所宣称的高，在市场社会中也没有他们认为的那么低。他在评论经济学家的"社会化不足"和古典社会学家的"过分社会化"观点基础上，指出人类有目的的行动是根植在具体的、不断变化的社会关系之中的观点同样也适用于对经济行动的分析，可以用经济生活的信任和欺骗以及市场和等级两对概念来分析经济行动的根植性问题。格兰诺维特将"根植性"分为两种形式，即"关系性根植"和"结构性根植"，认为经济行为在内容和方式上很大程度受到其行为发生的社会环境及其社会结构的影响，特定的经济制度是其社会结构的一个重要组成部分，经济生活中的信任和欺骗根植于具体的不断发展变化的社会关系体制中，一方面，社会关系网络根植于宏观的社会结构当中（集体层面）；另一方面，社

---

① POLANY K. Archaic and Modern Economies：Essays of Karl Polany［M］．Boston：Beacon Press，1968．

会关系网络为信任和信任行为提供一个前提条件，或者说信任和信任行为根植于社会关系网络当中（个体层面）①。从此以后，社会学、政治学等学科的学者纷纷利用"根植"这个概念来挑战经济学，"根植性"已成为社会学分析经济现象的一种视角和理论工具。

国内学者对"Embeddedness"有不同译法，有译为"嵌入性"，有译为"根植性"。在产业集群研究中，"嵌入性"与"根植性"经常被交替使用。产业集群专家王缉慈教授最初把"Embeddedness"译成"根植性"，后来认同社会学习惯，改译成"嵌入性"，并提醒国内学者，她使用的"根植性"概念，并不等同于格兰诺维特的"嵌入"概念。王缉慈认为："企业根植性，指企业需要根植在本地的性质。企业为什么要扎根在本地呢？这是因为，企业的国际竞争力不仅取决于国家环境，更重要的是取决于它所在的区域和地方环境。公司—供应—客商三位一体，在地理上尽可能接近，有利于使研究与开发、生产、销售的信息及时反馈，减少交易费用。为了加快新产品开发的速度和减少成本，生产者需要靠近用户。"无论是跨国公司还是中小企业，只有扎根在本地才能形成良好的区域创新系统，政府在产业集群实践中应该重视根植性企业的吸引、培育和发展，营造有利于区域创新的环境②。

在这里，笔者认为"根植性"更能够反映其与环境要素及关联企业相互之间的一种本源性的依赖关系，而"嵌入"则有了外部强力加入的意义，前者对其历史性与文化性反映更为贴切，而"嵌入"则是一种更加大众化的称谓。

---

① GRANOVETTER, M. Economic Action and Social Structure: The Problem of Embeddedness [J]. American Journal of Sociology, 1985 (191): 481~510.

② 王缉慈. 中国地方产业集群及其对发展中国家的意义 [J]. 地域研究与开发, 2004 (4).

（2）根植的类型

综合学者们关于根植性的研究，以根植的对象来划分，根植主要可以分为历史根植、关系根植、文化根植、认知根植、制度根植、结构根植，以及技术根植与政治根植等类型。在各种产业集群中，可以说都在不同程度上存在着各种根植类型的影子。

关系根植即人际关系网络的根植性，关系根植被格兰诺维特十分看重，他认为经济行为发生在这些关系网络之中，并认为关系网络结构中的信任能避免或降低经济交换过程中的机会主义和欺骗。只有当经济行为"根植"（embedding）于社会关系的网络之中，其行为才有可能被现实的经济社会所接受，也只有这样，经济主体之间的交易费用才能够被降低到最小值（Granovetter，1985）。广东省中山市古镇灯饰产业集群的关系根植现象十分普遍，灯饰生产厂家的配套企业很多都具有亲属关系，厂家当初找亲戚做配套也是因为"肥水不流外人田"，只要产品质量与供货期不成问题，即使价格略高，都会找亲戚做配套。这些企业之间的交易大多在既定网络内进行。

历史根植是指经济现象受到历史传统的影响，如历史上就有贸易传统，有与外界交流的窗口等，格兰诺维特把历史根植和关系根植结合起来，认为研究任何根植在社会关系中的行为都要有两个方面的考虑：一是横向的和其他个人或群体行为之间的关系会影响到经济行动；二是已有关系的历史或者先前已经形成的关系对现在经济行动的影响。在产业集群研究中历史根植的例子随处可见。如汕头市澄海区的工艺毛衫产业集群与潮汕女性的"挑花"工艺传统密不可分，还有苏州刺绣纺织产业集群的蓬勃发展也得益于苏州存在了几千年的刺绣业。

文化根植是指经济现象受到社会文化环境的影响，如民族文化心理和本地文化传统。我们既不能像"社会结构绝对论"

者那样，把什么都归于社会关系和社会网络，也不能像"文化绝对论"者那样，只用文化术语来解释经济现象，而应该将结构的、经济的、文化的因素结合起来思考。

认知根植是指人们的经济行为也受到行动主体的知识背景、文化认同等认知层面的影响。有学者发现集群心智模式转换与产业集群升级关系紧密，指出集群心智模式是指导集群中所有企业和机构进行管理决策的原则、理念和共同假设。

制度根植和结构根植，是指人类的经济行为受到社会制度的制约，而制度又受到社会环境或社会结构的影响和制约，因此，社会环境或社会结构成为了产业组织和产业制度创新与发展的原动力。一方面，制度根植到社会结构当中，作为产业组织和制度变迁源动力的结构性环境，直接决定组织制度变迁的方式、方向和效果；另一方面，经济行为根植到组织与制度当中，人们的行为受到组织与社会制度的制约。

（3）全球化经济中的地方制度与结构根植

城市和区域经济的成功依赖于地方产业部门的组织与社会制度，以及区域和城市所根植的地方性社会结构。随着区域经济的扩张和区位竞争能力的提高，区域地方性结构特征在维系其自身优势的重要性也在相应提高。法国大巴黎地区、英国伦敦、德国的巴伐利亚、比利时的法兰德斯、荷兰西部地区等区域在经济上的成功，都表明竞争优势受惠于当地特有的和历史所创造的地域及社会结构——组织制度形式（Swyngedow，1998，2000）。

在新世纪的产业空间版图上出现了这样一种现象，一方面是更加深入和成功的全球化竞争；另一方面，地方性产业环境的力量与重要性得到不断强化。公司和经济活动既是高度本地化的，也是高度全球化的。在全球相互依赖和相互竞争的格局中，城市与区域的地域性组织制度——经济体社会结构成为决定公司经济上成功的关键因素。通过下面的全球地方化过程图

（Swyngedouw，1992，1997），我们可以发现，国家经济会更多
地表现为一个整体概念，产业区、地方网络与区域经济才是主
要的经济载体，区域组织制度——经济体社会结构将会成为全
球化经济根植的主要决定力量。

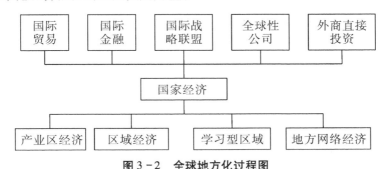

图3-2　全球地方化过程图

　　产业集群经济研究，不能忽略地方的政治权力结构及其社
会制度。集群经济的发展不仅与交易成本、创新、外部性和经
济行为人之间的合作与创新相关，同时也与区域组织制度和经
济社会结构密切相关。在这里面，地方政府对区域经济的产业
升级、产业结构调整和提升竞争力方面起着重要作用。从 20 世
纪 80 年代末 90 年代初到 2010 年 11 月为止，我国国家级技术开
发区已达到 90 个，此外，还有很多省、市、县级开发区。这些
开发区内产业集群的形成，政府起了最为重要的推动作用。

　　社会、文化与制度营造出具有独特的社会、经济和地理特
征，无法交易、也难以替代和复制的产业环境氛围。这种产业
环境能够产生许多的非经济的外部性，并根植在区域网络的社
会结构和制度之中。随着经济的全球化与地方化，国家经济逐
渐让位于区域产业集群，上述的制度及组织结构的根植性变得
越来越重要（Scott，1998）。

产业集群结构与治理研究

4.1 产业集群组织结构研究

当代产业组织结构研究，主要致力于解决两个基础性问题：一是如何实现组织柔性以应对环境越来越显著的不确定性；二是什么样的组织结构能够实现更好的绩效。

环境不确定性与产业组织结构之间的关系研究源于西蒙和马奇关于人类行为的有限理性和认知理论（Simon，1947；March and Simon，1958），并在过去的 20 年中成为制度经济学的研究焦点（Williamson，1991）。通常认为企业为规避不确定性和减少对环境的依赖，会将交易从外部转向到企业内部；然而，近期研究却发现，当市场不确定性增加时，企业倾向于与其他企业增加而不是减少联系，并因而增加市场交易总量（Podolny，1994），也就是说，市场不确定性所导致的并不是企业的自我封闭，而是进一步增强与他人的联系与合作，这时，许多传统上被认为是"非经济范畴"的因素，如地位、声誉和关系就成为了维护企业间交易和合作的主要力量。

关于产业组织结构与绩效的关系，波特（1991）的战略理论为组织结构设计和组织结构变革提供了一个框架思路，认为组织绩效取决于组织对环境的适应能力与专业化，也就是，公司资产的专用性水平决定产业组织绩效（Barney，1991）。近期研究进一步发现：专业化的异质性资产的价值还取决于它在复杂的产业价值链体系中的位置，以及它对整个产业组织体系中的价值和作用及其"职能宽度"（Podolny，1996）。

为进一步解析产业集群组织结构，笔者将从大中小企业共生型产业结构、准市场网络结构与迂回产业链结构三个方面的产业组织结构形式与特征进行研究。

4.1.1 准市场网络结构

网络是以不同的形式表现出来的行为主体之间的结构与联系，是具有参与活动能力的行为主体，在主动或被动的参与活动过程中，通过资源的流动，在彼此之间形成的各种正式或非正式关系（Harland，1995）。网络具有多种类型，如果强调行为主体是企业，则为企业网络；如果强调市场与交易关系，则为市场网络；如果强调网络中活动的创新目的，则为创新网络。网络的概念已经超出了组织结构的范围，而被看成一种广义的联系与协调方式。

按照交易与控制权的内部化程度，我们可以在纯粹市场和企业之间建立一个产业组织结构渐变图谱。（如图 4 - 1 所示）

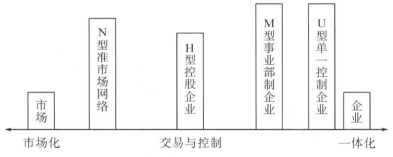

图 4 - 1　产业组织结构渐变图谱

产业集群主要属于竞争与合作并存，以市场为主要调节手段，相互联系共生的准市场网络。它介于纯粹的市场和科层制一体化企业之间，既提高了市场的组织化程度，又在一定程度上克服了纯粹市场形式较高的外部交易成本和科层制一体化企业较高的内部组织成本，并将企业之间的竞争转化成了企业集群网络之间的竞争。企业在这种集群网络中既竞争又合作，受其影响，企业的组织形式也发生着质的变化，企业的内部边界（集团总公司）范围不断缩小，企业集团的外部边界（松散联盟）范围不断扩大。

在产业组织结构渐变图谱中，N 型准市场网络结构的企业之间以契约管理为主，以关系与信任为联系纽带，组织化程度较低，是最接近市场的一种产业组织形式。H 型控股企业结构是企业集团的一种，以产权管理为主，处于主导地位的寡头通过参股的方式来协调整个集团组织的经济活动，各个参股企业都是独立法人，独立核算、自主经营、自负盈亏。M 型与 U 型企业中的各个组成部分没有独立的法人地位，相对而言，M 型企业的每一个事业部单独面对市场，在经营方面具有更大的自主性，U 型单一控制企业主要以企业内组织管理协调为主，是高度的一体化结构。

在产业组织结构连续变化图谱中，决定其采用不同组织结构形式的主要驱动因素是什么呢？研究证明，采用什么样的产业组织结构形式，主要取决于前面提出的两个基础性问题，即产业组织绩效及环境适应能力。一个占优的产业组织结构，不仅需要节约市场交易成本，还要有较高的生产效率，以及较强的环境适应能力与创新能力。而这些正是产业集群采用 N 型准市场网络结构的重要原因。

资产专用性高低、不确性和交易频率虽然是决定采用市场或者企业哪一种产业组织形式的主要标准，但是，也不是绝对的，还有许多中间形式可以选择。在资产专用性很低，这种能力对企业不是很重要的情况下，无论是一次性交易还是经常性交易都可以采用市场方式进行组织；如果这种能力对企业很重要，而这种能力又为某企业所独有时，那么，即使是一次性交易活动也要在企业内部进行；同理，资产专用性很高，这种能力对企业不是很重要时，如果交易频率高，科层组织也是一种不错的组织形式；但是，在资产专用性很高，交易是经常的，这种能力对某企业而言又不是很重要的话，企业之间采用 N 型准市场网络结构形式将会是一种最优选择。更为重要的是，它还具有良好的应对市场不确性能力与引导不确定性的创新能力，N 型准市场网络结构更有利于技术创新，技术创新分为自治型创新（Autonomous Innovations）与系统型创新（Systemic Innovations）两个层次。自治型创新是在现有体制基础上，以现有的产业标准为依托，创造出更好的产品或工艺；而系统型创新则是超越现有产业标准，创造出一个全新的系统结构、秩序与产业平台，为系统内部的企业提供一个全新的发展机会，在此平台上，每一个企业或者环节又能够独立地实现自治型创新。相对而言，产业集群的 N 型准市场网络结构，更多的是体现在自治型创新上面，而系统型创新可以使集群网络内企业的各种资源与能力有机会更好地互相动态匹配，产生更好的协同效应，并带来更大的价值增值。

4.1.2　共生型网络结构

经济全球化导致资源与产品的全球流动及全球化竞争，网络信息技术与现代交通通讯工具的日新月异进一步加剧了市场竞争，伴随而来的，是消费者的需求多元化与快速转换，这些都对当代产业组织结构产生了巨大影响。一方面，竞争环境的快速变化要求企业有迅速响应变化的能力与一定的市场控制能力；另一方面，产品生命周期的缩短意味着新产品开发的需求与风险都在同时增大，要求企业有较强的创新能力及风险承受能力。

为了适应环境变化，企业不断进行企业规模扩张，增强对外部的市场控制能力，全球化市场为此提供了条件，同时，企业也不断地进行内部组织结构的调整，大幅度降低企业运作成本，如通过授权建立具有较大独立性的事业部，以增强市场反应能力；实施组织业务流程再造（Business Process Reengineering，BPR），建立扁平化企业组织结构。

在过去 10 多年里，企业主要通过改善内部各职能部门之间的结构及关系来改善组织生产绩效，但是现在或未来的这种绩效改善的机会更多的来源于企业间的结构与关系，这也将带来竞争观念的改变，企业更加强调相互信任与协作，在竞争的同时寻找广泛的合作，并通过企业间的频繁合作，产生一种新型的产业组织形式——共生网络，使原先由单个企业独立完成的整个业务流程分解为多个环节，分别由网络中的各个企业执行，每个业务流程都是直接面向环境的，从而拓展了与之相关的信息搜集的广度和深度，能够更为敏感地感受与适应环境的变化，这既增强产业链的每一个流程及企业的反应能力，也强化了其相互的依赖性。

这样，就形成了寡头经济主导大中小企业并存的共生型网络产业结构。20 世纪 90 年代以来的第五次全球化兼并浪潮，使得大型企业规模继续不断扩张，大型企业主导国民经济、决定国家国际竞争力的寡头经济格局逐步形成；同时，生产方式也正向多品种、小批量、按需设计、零库存快速交货的柔性制造方式转变，这既为广大的中小企业的发展提供了商机，也是缘于市场对生产灵活性与市场快速反应能力的需要，大量中小企业正是通过这种密切的外部协作网络，发展得充满活力。于是，在全球化市场竞争的大背景下，逐渐形成了一个以寡头企业为核心，产业链成员进行不同层次的紧密分工，大中小企业竞争与合作并存的共生型网络组织结构。在产业集群中，轮轴式与卫星平台式产业集群就属于这种类型的产业组织结构形式，马歇尔式产业集群也属于这种共生型产业组织结构，是没有寡头企业主导的小企业共生型产业组织结构。

根据生物学的共生理论，具有内在联系的共生单元形成共生关系，共生能够产生剩余，不产生共生剩余的系统是不可能增殖和发展的。互惠共生、共生进化是共生系统的本质，是自然界中一个主要的组织规则；同样的，在产业界，许多企业的共生也是为了共同生存和发展，产生生产与市场剩余，和 1 + 1 > 2 的效果，以增强共生组织中企业的竞争力。

4.1.3　迂回产业链结构

经济的发展过程，也就是分工不断深化和产业组织结构不断调整的过程，带来生产结构的多样化和迂回生产，并由交易水平的提高推动生产技术与产业结构的双重进步（杨小凯，2003）。

按照新兴古典经济学（Neoclassical Economics）的解释，社会分工与交易效率的提高带来社会生产力的提高，而社会生产力的提高主要通过两个路径：一个是所用工具种类的增加——生产工具专业化，被称为生产工具的多样化效应；另一个是产业链的迂回——间接生产部门增加，被称为迂回生产效应。

社会分工与交易效率的提高不仅会带来迂回生产链的加长与生产结构多样化，还会导致产业组织结构与竞争结构的发展变化。

随着生产迂回链条的加长和产品种类的增加，通常采用科层制一体化企业的形式来组织与协调复杂的分工，科层制一体化企业组织作为一种多元素组成的多层次金字塔结构，反映出以下特征：多元素多层分布，各层之间形成串联耦合，除顶层只有一个元素外，其他每层多个元素之间并联耦合，并且每层要素个数与层级次数成反比，呈现出扩展型（Spanning）组织形式。

市场交易不仅存在专业化经济一面，也存在交易费用一面。

与企业内部的科层制类似，市场也随着分工与交易的发展呈现出分层的结构特征。随着交易活动量的增加，交易中的专业化会发展，会出现专业的商人，提高产品的交易效率；同时，生产中的分工也相应进一步深化，出现二层的市场交易结构，专业商人在上层，生产者在下层，处在分层组织下层的专业生产者只与其上层的商人打交道，而商人则与不同生产者打交道。随着交易量的继续扩大，交易效率进一步改进时，交易市场出现专门从事地区间贸易的大型批发商和地方上直接与最终买者打交道的零售商。

随着交易水平的不断提高，分工越来越深化，生产链条越来越长，市场结构层次也越来越多，逐渐形成分权的多层次市场结构。产业集群作为一种迂回的产业链组织形式，正是这样一种的分权多层次市场结构。

在产业集群分层市场结构中，每两层之间的企业交易都存在一定的不确定性，企业可以在各个纵向层级之间自由进出，从而形成分层的竞争结构。由于上层产业的效率和可靠性对整个产业集群的运作效率有决定性影响，因此自由进出会使上层产业的增殖幅度远远高于下层，当然，竞争的层次水平也是很高的，竞争的激烈程度也是下层无法比拟的，而竞争造成的无形损耗部分地抵消了其高收入，关键问题是，竞争加强了上层产业的效率。由于市场随分工的发展和交易水平的提高变成越来越复杂的分层结构，因此，竞争也成了分层竞争格局，竞争的结构变得复杂起来，不仅有各个层级内部的竞争，还有跨层级竞争，这导致同一竞争层级对手之间的合作与协调，以此共同对付其他层级的威胁与挑战，也有跨层级的合作，以竞争另外一个跨层级的合作。关于竞争与协调合作孰好孰坏，也没有必要作特别的研判，同一层次不同个体之间的竞争对其他层次是好事，而他们的协作成功对其他层次就是坏事，一条跨层级合作对其内部是好事，对其他的就不一定是好事，对全社会而言，各个层级之间通过市场竞争达到某种均衡，就是帕累托最优的，相对而言，上层竞争比下层竞争激烈是一种相对占优的模式。①

4.2　产业集群治理结构研究

4.2.1　治理结构

任何一类组织要有效地实现其目标和功能，高效运行和规避风险，都会设计或形成一套有秩序的组织结构，以平衡各种利益、克服机会主义和保证组织忠诚。

治理主要包括建立在决策权基础上的控制治理和利益分配基础上的激励治理，控制治理可以是科层制的（通过行政手段），也可以是契约形式的（通过法律手段），激励治理可以建立在物质激励（利润权利）基础上，也可以建立在道德标准和价值观，以及亲戚朋友关系基础上。

激励治理的一个重要方式就是利润分配的分散化，各个独立的企业考虑到自己的生存和利润，会努力改进效率和实施创新。在控制治理方面，如果是竞争性企业之间的合作，一体化或者科层制具有行为控制与治理方面的优势；但如果是互补性企业之间的合作，就行为治理而言，建立企业市场网络会更可取，而科层制的风险和成本却都是相对较高的。另一方面，就技术治理而言，如果由于技术性原因（系统技术）需要进行协调，并且在独立企业间难以达到，就容易产生一体化。但是，

① 杨小凯，黄有光．专业化与经济组织——一种新兴古典微观经济学框架[M]．北京：经济科学出版社，2003.

如果工作绩效（产量）或努力程度（投入）能够被监控，而且具备各种随机事件发生的相关知识，或者事件发生后能够快速适应的话，那么，产业集群中各独立企业之间市场契约关系就是可能的。只有当复杂性和变化性较大时，集中协调与一体化才是占优的，就像交易成本经济学所描述的：企业内部的各项决策与冲突的解决，试图通过法律与法庭来解决，代价是巨大的，最优方案是内部的科层制管理。

尽管科层制具有这些优势，但也还是存在某些局限，即行政计划、命令和监督往往会对激励产生负面影响，为此，科层制企业内部通常通过放松控制来形成更多拥有独立利益与自主权的单元。相应地，依靠市场网络或契约控制的企业之间为了维持持久的联系，也可以通过相互的利益牵制或建立在制度、惯例或亲戚、朋友关系基础上的忠诚来实现。

需要引起注意的是，如果努力（效果或者程度）不能够被衡量的话，任何控制形式的治理都是低效的。根据委托代理理论，当科层制和契约控制都失效时，通常需要通过利润分配的分散化来实施自我激励机制，当然，我们也不得不承认，代理人也有可能撇开利润因素而只是出于内在的动力去忠实履行职责并尽心尽力地完成，但是，这不是常态。所以，当工作绩效和努力程度不可能被监督，而且合作存在退出障碍时，除了采用科层制或法律控制等手段之外，依靠产业集群网络中合作企业的彼此承诺、市场声誉、建立在价值观念基础上的行为准则与商业惯例，建立在家族朋友和种族联系基础上的信任（Nooteboom，1996）等手段及其组合变得更为可取。

治理结构中还有一个问题，那就是知识外溢的控制与创新知识的激励，科层制能够比较有效地实现对知识外溢的控制，尤其是可以编码的文献化知识；但是，在一定区域范围内，员工横向交往密切，隐含或意会知识的外溢就难以避免了。产业集群的网络化市场结构之所以存在较强竞争能力，原因之一就是知识外溢与创新，由于知识具有路径依赖性，经历不同发展轨迹的人与企业处在不同的市场与技术条件下对事物的感知是不同的（Nooteboom，1992，1999），处于同一区域的企业，能够更好地理解与学习外溢知识，通过大家的共同学习，能够有效地激发出创新行为。

4.2.2 产业集群治理结构模型

产业集群的治理结构（Structure of Governance）是集群内各种主体（包括上游供应方、集群企业、下游买方，以及政府、协会等）在共同演化过程中博弈的结果，由于集群的规模大小、成熟程度、市场权力以及内部和外部的压力等因素影响而处于不断的动态变化之中，而这种动态变化也影响着产业集群整体的发展状况。企业在面临环境方面的不利条件时，往往会失去已有的竞争优势，集群也因此失去活力，而造成这种负面效应的主要原因就是缺乏一种良好的集群治理结构。

产业集群的准市场网络治理结构在当代的企业核心竞争力理论与资源依赖理论中也得到了有效支持。随着消费者行为的个性化、技术进步与全球化竞争，产品差异化成为企业主要竞争手段之一，产品差异化增加了产品与要素市场的复杂性，为了维持可持续发展，企业需要把注意力集中在核心竞争力上（Prahalad and Hamel，1990），因此，企业必须尽可能地把核心竞争力之外的业务活动进行外包，即使存在"专用性资产"问题。对于某一个企业来说，不需要在研发、生产、营销与物流全过程的所有环节都拥有竞争力，可以充分利用其他供应商资源的专业能力，当然，这会进一步增加交易中的专用性投资，并导致相互依赖和"要挟"风险（Williamson，1985；Nooteboomn，1996）。

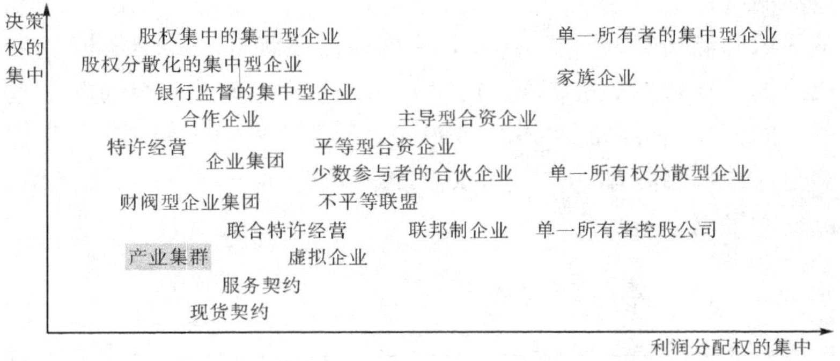

決策
权的
集中

股权集中的集中型企业   单一所有者的集中型企业

股权分散化的集中型企业   家族企业

银行监督的集中型企业

合作企业   主导型合资企业

特许经营   企业集团   平等型合资企业

                  少数参与者的合伙企业   单一所有权分散型企业

财阀型企业集团   不平等联盟

联合特许经营   联邦制企业   单一所有者控股公司

产业集群   虚拟企业

服务契约

现货契约

利润分配权的集中

图 4 - 2   诺特鲍姆治理结构模型中的产业集群

    在产业集群中，通过"非市场经济"关系与长期性契约建立起来的纵横交错的持续性网络联系能够较好地处理这个治理结构问题，这种网络联系有单向的，也有双向的，代表着产品流、资源分享、所有权关系或别的控制形式及合作与交流的链条。更确切地说，产业集群的网络联系可以是纵向的，如从供应商到消费者的产品流；也可以是水平的，如相似的竞争性产品联合起来分享生产或流通中的公共资源；还可以是多样化的，如在研究、销售或服务方面互补的不同产品联合起来分享一个公共资源。从联系规模、类型、频率和交易持久性的角度以及从控制力的角度看，这种治理结构是占优的。

    关于产业集群治理结构的模型，大多沿袭新制度经济学范式，从科层制企业与市场两极进行中间结构分析，也有学者将产业集群的治理结构理解为基于权力及权力分配属性的企业之间的联系，企业占有战略资源的多少以及所处的产业链位置，决定了权力的分配，也反映了资源整合中协同效应的深度（Enright，1995）。斯多波曾将地方生产系统治理结构区分为等级和网络化市场两种类型，前者表现为少数核心企业的内部贸易和垄断形式，后者形成区域生产网络（即产业集群），甚至可能成为国际化市场网络的一部分；在考察了集群生产结构的劳动力分工、企业规模和相互关系的基础上，他进一步提出了产业集群的四种治理结构：几乎全部外围型、以关联企业为中心的外围型、以领导企业为中心的外围型，以及无外围的全部中心型，并由此界定了等级式、领导式以及指令式等治理结构特征（Storper，2002）。

诺特鲍姆（Nooteboomn，1999）在科层制企业和分散市场的两极中间，设计了一体化程度的两个维度：决策权利的集中与利润分配的集中，并因此建立了关于治理结构的两维坐标图，对产业集群进行了定位。在诺特鲍姆的一体化结构图中，横轴代表利润分配权的集中，纵轴代表决策权的集中。具体请参见图4－2。

在图的右上部分，单一所有者的集中型企业则是决策权与利润分配权都高度集中的，进行高度集中的控制与分配，这是企业的典型特征。

在图的左上部分的是股权分散化的集中型企业、股权分散化的集中型企业与银行监督的集中型企业，这些企业的决策权都是高度集中的，而利润分配权又是高度分散的，尤其是股权分散化的集中型企业，银行监督的集中型企业由于一定的银行负债，受到银行一定程度的约束。

在图的右下角决策权高度分散而利润分配权高度集中的典型产业组织形式是没有的，这也是比较容易理解的，比较接近的是右偏下的单一所有权分散型企业和单一所有者控股公司。

在图的中间位置的是主导型合资企业、平等型合资企业与少数参与者的合伙企业，这些企业的决策权与利润分配权都是中等的，由一定数量的董事会成员作出集体决策。

在图的左下角是纯粹的市场，表现为现货契约和期货契约的治理结构，这里，几乎没有人能够单方面作出利润分配的决定及其他决策，一切都需要通过市场和谈判来共同处理。

产业集群和虚拟企业是最接近市场契约的治理结构，决策权和利润分配权也是比较分散的，正是通过这种决策权的分散，才能保证企业对外面差异而又复杂多变的市场需求做出快速反应，同时，利润分配权的分散又能够提供足够的激励，但是，这里的分散决策仍然在一定程度上受到长期关系与行业协会及其他市场中间的制约，于是企业之间保持了较好的相互适应与协调关系。

4.2.3　产业集群治理结构类型

通过运用传统的控制与激励分析方法，诺特鲍姆对产业集群与其他的各种产业组织形式进行了比较与定位。接下来，我们运用斯多波（Storper）模型，运用产业链上下游的交易成本与收益作为分析工具，进一步研究产业集群治理结构中的各种布局与类型。斯多波（Storper）将影响产业集群布局与结构的因素归集为两个方面，即与产业链下游市场的运输与交易成本（TTM），以及与产业链上游市场的交易成本、外部性、知识溢出和规模经济（TEKSS），并认为促成产业集群结构类型的力量主要来自于下游市场交易成本（TTM）因素（见图4-3）。

下游市场交易成本（TTM）不只是简单地由运输费用决定，还主要是由运输系统的复杂性决定的，在产品越来越需要迎合消费者个性化需求背景下，商品品种越来越多、批量越来越小、反应时间要求越来越快，这时，与产业链下游市场的产业集聚是更有效率的。

在产业链上游市场的交易成本、外部性、知识溢出和规模经济（TEKSS）方面，首先，生产者在组织生产过程中不得不频繁调整产品、品种、规格、型号以及产量，这需要求助于外部供应商的同步协调以实现灵活性；产品外包在避免高昂的固

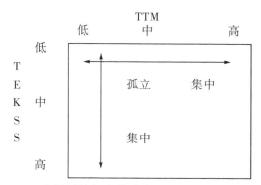

TTM：市场运输与交易成本

TEKSS：交易成本、外部性、知识溢出和规模经济

图4-3 斯多波产业集群布局图

定成本投资的同时，也带来较高的交易成本，与供应商在地理上的靠近，是保证以较低搜寻成本和交易成本，迅速获得大量外部资源的主要路径之一；从投入产出关系来看，即使没有太多的投入产出关系，许多产业中的公司仍然集聚在一起，这更多的是为了保证"靠近"行动，即处于同一背景，以确保掌握与了解产品和市场变化的最新想法，这是公司之间存在的"软"性与不可交易的依赖性。这在某些特定产业尤为重要，如生产非标准化的产品、包含定制或协商内容复杂的产品、技术快速更新的产品，这些产品具有高度的复杂性，涉及隐性知识和思路，无法符号化，只能通过人与人之间的直接的面对面进行思想交流。在思想交流的过程中，交流绩效具有量和质两方面的表现，量的方面，每次传输思想时，人的移动是相对昂贵的（如时间机会成本）；质的方面，缺少符号化意味着需要多种沟通结构和人际关系才能够有效传递信息。在这种背景下，产业集群是更有效率的。

类似的，赛茨和维纳布尔斯对"FDI与产业集群的关系"

的实证研究也发现，跨国公司之所以跨国经营，主要目的是为了更好地服务当地市场，或者获取廉价投入要素，并将跨国经营目的是为服务于当地市场的 FDI 称为一般 FDI，将目的是为了获得低成本投入的 FDI 称为"水平"FDI。有证据表明，FDI 比其他生产方式在空间上更"集群"。市场规模和要素禀赋模型显示，尽管所有区域都有生产活动，但是，只有部分区域能够吸引 FDI，除了国家与地方的法律法规及经济政策的作用外，投资集群也是创造相互邻近布局和项目间互相联系的结果，尤其是：共享研发与知识溢出；形成地方投资信心以及企业集体行动的可能性，（企业对于某个地方是否是 FDI 的好区位并不确定，因而会将一个企业的成功作为标志国家或者地区特征的一个信号）；以及丰富的中间产品的供给与需求。

把 TTM 与 TEKSS 综合起来，用 TTM 反应市场的交易与运输成本，从低到高排列，TEKSS 反应上游交易成本、外部性、知识溢出和规模经济，从低到高排列，从而可以有效解析产业集群的各种结构类型（见图 4-4）。

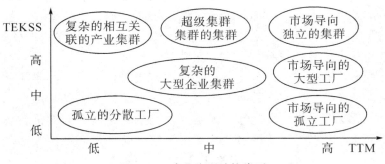

图 4-4 产业集群结构类型

在图的左下角，TTM 和 TEKSS 都很低，公司没有理由与其他生产厂商相邻，也没有太强的理由靠近市场，如果没有自然资源或者其他稀缺资源因素影响，它们会随机分布。

在图的右下角，企业接近市场的成本高，对产业上游依赖性低，企业没有太多的理由集群，但是，都会选择靠近市场，唯一需要考虑的就是在生产规模与各个市场需求之间的均衡。

在图的左上角，企业与上游企业的生产及交易的关联性都较高，到市场的成本与难度低，于是产生了非常复杂的经济地理现象，即相互关联的产业集群，在一个复杂且较长的生产链中，存在着许多上游阶段，每个阶段都有自己的复杂的劳动分工。而且，无论公司还是整个产业而言，每个中间产品生产商的集群都可能服务一个以上的下游厂商，只要 TTM 保持较低，这些集群就能够形成他们自己的重心，并把他们的最终产品运往其他集群作为中间产品；同理，一个大型企业也可能会与其供应商集聚在一起，接下来也会把其产品运往其他集群作为中间产品，这样，将形成两种层次劳动分工的地理空间布局：本地企业间分工，产业集群间的区际和国际分工。在这里，基于知识交流和溢出的产业集群也可能出现，并在更长的生产链中形成专业化节点，在更大的层面，它还很可能参与高水平的、迅速增长的全球化产业链与国际贸易体系。该类产业集群中通常会存在跨国公司，并且是促成产业集群的关键角色，通常是，一个大型跨国公司通过与其他跨国公司的买卖关系或联盟来组装来自不同产业集群的产品。

在图的右上角，上游的相互依赖强度和到市场的交易成本都很高，便形成勒施所谓的兼顾成本与收益的"市场"型产业集群；这里，市场区域的核心不再是单个企业，而是相互关联的企业群，而且产业集群规模与本地市场规模相当，与上面的中间产品导向不同，该类集群是最终市场导向的，国际化不显著。

在最上层的中间区域，是中度 TTM 优势与高度 TEKSS 优势之间的复杂弹性区域，如果它们的市场是其他的产业集群，这些产业集群便与其他产业集群集聚在同一区域，出现集群的集群。在技术变化和创新日新月异的今天，随时存在原有依赖模型被打破的危险，为了降低风险，企业集聚于一个区域，以尽快重新联系和发展新客户，这也是专业活动大都市化的原因之一——公司在高度不确定的环境中能够最大程度接近最大规模的客户。另外，集群间联系的知识溢出和正向外部性也需要空间邻近，因而，诸如创新和学习之类的"软"联系的正效益，可能依赖于较长商品链中许多产业集群共处同一区位，于是，集群的共处导致超级集群的出现。

在图最中间的区域，中度 TEKSS 和中度 TTM，集群状况最为复杂，大多数企业既不是完全漠视市场区位，也不是坚决靠近市场，这涉及更加精细复杂的供给结构。在供给与市场结构中，可能存在相当大的和多重的不确定性以及路径依赖。邓宁（Dunning，1995）也提出过类似的观点，认为具有中度 TEKSS 的经济活动由于所对应的是不同的技术，可能会发生创新，但主要是集中于改善和完善产品设计，让知识更容易被编码，尽管如此，也还是经常发生着显著的变化（Utterback，1996）。

4.3 产业集群内部组织结构研究

产业集群内部组织结构，并没有统一的形式，不同产业集群组织结构的各个组成部分所扮演的角色与发挥的作用也是各不相同的，我们接下来通过三个典型的产业集群结构解析，反映各产业组成部分之间的投入产出关系，并重点解析大企业、大学、政府与市场中介在产业集群中的作用与价值。

4.3.1 产业集群内部组织结构图解

对产业集群的边界和集群产业类型作界定，是很有挑战性的，因为它们通常都是跨行业运作的，有的甚至出现跨区域协作的现象，如在美国跨越新泽西州与宾夕法尼亚州的制药业集群，欧洲跨越德国与瑞士德语区的化学药品产业集群。

（1）农业及农产品加工产业集群

波特教授提供的加利福尼亚州的葡萄酒产业集群结构图对农业与农产品加工业产业集群是很有代表性的。在美国加利福尼亚州共有 680 个商业葡萄酒酿造厂，和成千上万的葡萄种植业者，以及为它们服务的广泛的支持性产业与机构。加州的葡萄酒产业集群包括葡萄种植与葡萄酒酿造两个核心部分，以及为葡萄种植服务的产业、为酿造葡萄酒服务的产业、教育研究、贸易组织机构、政府服务机构以及其他的有关联的农业产业集群（见图 4−5）。

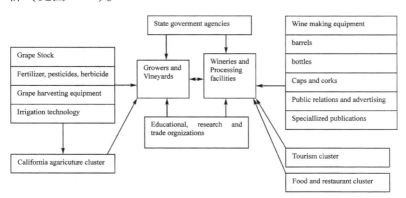

图 4−5 美国加利福尼亚州葡萄酒产业集群示意图

葡萄种植的支撑产业与服务包括灌溉技术、肥料、杀虫剂与除草剂、葡萄仓储、葡萄收割机械设备、葡萄仓储等产业的服务支持；葡萄酒酿造的支撑产业与服务包括葡萄酒酿造设备、葡萄瓶、桶、酒瓶盖与木塞，以及专业的广告公司与公关机构，还有许多专门的针对消费者的出版机构等。此外，还有很多的与葡萄酒相关的地方组织，如全球闻名的加州大学戴维斯（Davis）校区葡萄栽培与酿造研究机构，加州专门的葡萄酒议会组织等。同时，加州葡萄酒产业集群还与加州其他的农业产业集群、（葡萄庄园）旅游产业集群、食品与酒店产业集群等保持着一定联系。[①]

（2）普通制造业产业集群

同样是波特教授提供的意大利（时尚）皮革产业集群对普通制造业产业集群也具有很好的代表性。意大利著名的皮革产业集群里面有全世界著名的鞋厂，以及一大群为之服务的供应商、提供鞋的各个组成部分、机器设备、模具、设计服务和皮革鞣制处理。它包含了几个相关的产业链，共同制造出各种皮革制品，如皮鞋、皮带、皮衣、皮手套、皮包等；在皮鞋部分，又细分为各种运动鞋、旅游鞋、滑雪靴。为制造皮鞋服务的产业有设计、皮鞋机械、皮革处理、鞋楦头，而这些产业后面还有制革与制革设备、皮革加工机械、注塑机械、制鞋计算机辅助设计系统（CAD）；为旅游鞋、滑雪靴和山地鞋服务又包括模具设计与制造、喷射模塑机器设备与木工设备等（见图 4-6）。[②]

（3）高技术产业集群

安德烈·李帕里尼的意大利摩德纳生物医学产业集群对高技术产业集群是有较好的代表性的，在这里，制造商、装配商、分包商、服务商或者其他生产商之间通过紧密的横向或纵向联

---

① Poter M E. Clusters and the new economics of competition [J]. Harvard Business Review, Nov/Dec 1998.

② Poter M E. Clusters and the new economics of competition [J]. Harvard Business Review, Nov/Dec 1998.

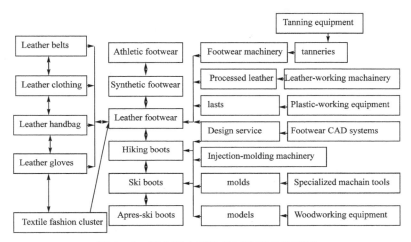

图 4-6　意大利皮革饰品制造产业集群图

系，按照生产流程的七个主要纵向阶段进行明确的劳动分工，如设计、制造、铸造、组装、消毒、销售和物流。根据企业在产业集群中的特定位置和能力（设计与制造）以及企业规模，安德烈·李帕里尼将产业集群中的企业分为六种类型（见图4-7）：

①直接面对市场的生物医学公司，它们是产业集群中最重要的公司，其战略性活动，如最终组装和测试通常都是在公司内部秘密进行的，他们利用其分销网络和销售代表直接与市场（医院）打交道，具有较大的企业规模和较高水平的设计能力。

②不直接面对市场的生物医学公司，一般规模不大，不直接面对市场，主要依赖中介（如分销商）与市场（医院）打交道，它们主要通过详细的市场细分和明确的目标市场与定位从事小批量定制生产，具有一定的设计能力，并经常受到它们原来从中分离出来的母公司的竞争。对外部参与者资源的整合是这些公司生存的关键，它们在标准部件的供应、实验分析和定

型方面，都严重依赖于外部供应商。

③零部件生产商，主要为上述两类公司生产零部件，企业规模较小，由于零部件生产都需要一定的技术支持和不断的技术革新，所以创新设计能力水平较高，它们许多都是由模具供应商演变为中间产品零部件生产商的，通过不断提升技术能力，来更好地满足上述两类公司的高标准与高质量要求，而且能够根据新要求设计与制造创新零部件。

④组装企业，通常规模较小，强项在于制造装配能力，主要接收零部件和生产计划，在"领头企业"质量监控下组装生产。产业集群内部拥有自动化组装生产线的大公司在订单较多的情况下，往往将一部分订单外包给组装商。

⑤模具生产商，通常根据客户特殊需求从事专业化的模具生产，企业规模不大，主要依靠制造能力，发展得好，可能成为零部件中间产品生产企业。

⑥设备制造商，他们主要生产制造生物医学的专用设备，或者专用组件，这些企业通常都有较大的生产规模和较高的设计能力。

4.3.2　产业集群内部组织结构及相互关系

产业集群被定义为相同产业（Swann and Prevezer，1997）或密切联系相关产业内（Porter，1990）企业在地理上的集中。此外，大学、研究机构和地方相关政府机构也是其重要组成部分，或者叫必要支撑机构，在产业集群结构中发挥着重要作用。

在产业集群中，相同或关联产业通过建立合资企业、战略联盟，或者分包等形式，相互提供自己的核心能力，并获得在产品研发、制造与销售活动所必需的互补性资源。与此同时，企业与大学的集中与密切联系也沟通了先进技术的传播渠道，这些先进技术可以通过校企合作实现商业化，也可以通过大学

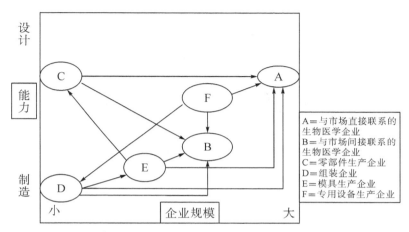

图4-7　摩德纳生物医学产业企业的能力、规模与产业联系

教职员工或学生作为载体进行知识的传播，大学还可以作为集群企业产生的孵化器，或者高水平人力资源输出机构。另一方面，地方相关政府机构为产业集群创造良好的商业与创新环境，提供协调和保障机制，有时直接通过发放补助金、政府采购合同、投资税收减免、制度保护或豁免来促进产业集群的形成与发展。

当然，成功的产业集群并不一定要求同时拥有密切的商业联系以及与大学和政府的联系，有些产业集群更多的是内部的密切商业联系，而与政府和大学的联系较少（如好莱坞电影娱乐产业集群），有些产业集群则同时存在商业和政府联系，但缺乏大学联系（如意大利的家具、皮靴、纺织和服装产业集群）；还有些产业集群同时存在大学和商业联系，但与政府联系较少（如西雅图软件产业集群）。

（1）产业集群内部商业联系

产业集群内部的商业联系主要是一些纵向的价值链交易，包括与主要客户合作开发新产品、改进产品或流程，以及从供应商处采购零部件、原材料与设备。在直接竞争者之间，通过横向合作来开发共同产品或通用技术的很少，虽然大企业作为新企业衍生的源泉则在所有的产业集群中都很普遍。

缺乏足够证据证明产业集群中企业间必然存在紧密的地方合作，地理邻近却不存在密切的直接联系或商业交流是许多产业集群（包括高技术产业集群）的普遍性问题，因为，这些企业的商业联系，就产品市场和要素市场来说，主要是在国家和国际层次上的联系，当地市场并不足以支撑企业的专业化发展，在发展过程中，它们必须在全国或全球寻找客户。

本地企业间的联系更多是表现在共享公共基础设施和资源上面，如共享专业化人力资源市场、便利的运输设备和适宜的经济环境，以及共享产业的基础技术结构。如黑龙江依兰县的煤化工产业集群，集群中企业共享的是当地丰富的煤炭资源；广东东莞服装产业集群中的企业共享的是当地丰富的劳动力与开放的经济环境。

在产业集群内部，即使竞争是很激励的，但是，与全球性市场竞争相比，区域内的竞争无疑也增强了集群整体竞争实力。尤其是当最终产品市场高度多样化和复杂的科技要求共同决定产品制造时，产业集群外部的商业联系比集群内部的商业联系更加重要。

也就是说，产业集群更多表现为由区域外的客户所主导，而不是大家认为的区域内部共享共同的技术成果。许多企业的总部设在外地，当地企业主要承担产业集群中的专家角色，以便在集群内便利的获取研发支持，并获得通往全球市场的销售渠道以及金融支持。东莞的 PC 制造业产业集群就属于这一类，其总部虽然设在集群区域外，但是它却居于集群经济的支配地位，掌控着集群经济的关键投资决策。而真正的产业集群的功能是作为国家和国际技术开发、产品生产和流通网络中的地方化结点，只是各自所处地位不同而已，有些是处于技术研发的核心地位，有些更注重产品制造或流通，而且，每一个产业集群都自发参与多重网络活动。

当然，如果是低附加值商品，则存在更多的本地化联系，因为这种产品所需资源能够很容易的从当地获取，即使在这种情况下，地方性联系也不是广泛的、紧密的和高密度的，而只是整个产业集群中附属企业之间形成的松散网络。

（2）产业集群中的大企业

在产业集群中不同的参与者分别扮演着不同的角色。由于市场网络中的信息传递受到网络结构及各参与者在网络中的位置的影响。传统理论认为，拥有较多经验的公司一定会把自己定位于一个相对有利的位置，以发生更多的外部关系及更易于获得资源。当然，也有学者的研究不支持这一观点，认为经营年限的多少并不影响公司发展的外部联系（Hendry，1997）。

技术的快速演进，刺激了大量中小企业的发展。研究表明，大多数中小企业（SMEs）完成的主要是专业化零部件生产与配套，而核心大企业仍然担当着市场网络塑造者的角色。许多的企业分化主要发生在大企业内部，而且作为顾客，它们又是市场网络的重要力量源泉，许多中小企业制定的发展战略就是发展与有全球影响力的大型企业的联系。最终市场对先进技术要求复杂而苛刻，而且还不断升级，从产品层面向组合产品及组合范围层面发展，这时，只有大型企业才能够满足这种需求。同时，由于技术快速变化，并越来越专业和复杂，大型企业机构需要与小企业紧密合作。这种情况在军工、航空、汽车、远程信息技术和机电一体化技术领域等资金技术密集型产业都表现得十分显著。

虽然客户是新产品开发的主要信息来源，但是，大型供应商的产品开发与技术创新对整个价值链的成长与发展同样贡献巨大。在产业集群内部，多数中小企业都是处于价值链末端，从事某些稀缺而且均质特征的基本原材料和零部件的生产，表现出对大型企业的一种从属与依附关系；在价值链中部的是生产关键零部件和终端产品的企业；在价值链顶端，主要由大型企业所控制，而不是小型企业集体行动决定，大企业作为重要客户、新产品开发合作者或者进入市场的渠道，它们决定产业集群的网络结构，更高层次的产业集群则是通过大型企业，将区域的产业集群纳入全球价值网络体系中，对大型企业而言，区域内部的联系不如区域外部的联系重要，也就是说，区域产业集群的核心，决定整个产业集群的存在与结构，而这个核心的重心又可能游离于区域之外。

大型企业的第二个主要贡献是作为产业集群的孵化器。在产业集群中，大多数企业都是由大型企业内部衍生创立的，没有人会认为母公司是出于周密的战略意图来创立小型公司的，小型企业的创立往往是作为一些别的战略的副产品而出现的，如当经济条件恶化，母公司为了维持核心业务，对非相关业务的剥离，或者企业大的战略转型，原有业务发生分离，或者是公司原有的核心技术人员产生的新思想不能在原公司有效实施，于是离开原来的企业，自己创办新公司，开发新产品和新技术。不论是大企业的退出为小企业提供了更好的市场空间，还是伴随新技术思想出现的小企业的涌现，都为产业集群的动态演进提供了动力。

大型企业的第三个主要贡献是作为产业集群内部企业间关系的枢纽。在产业集群中，衍生出的小企业与大企业间在一定程度上保持着社会性的和专业技术性的母子关系，可以发展成为个人关系网络或者产业协会等形式的协调机制，很多时候，大企业也可以采用企业间权威治理，即核心企业作为产业集群的领导对产业集群内部的冲突与协作直接干预，只是这种协调机制更多适用于国家和国际网络，而不是纯粹的地方产业集群网络。

（3）大学与企业关系

大学主要扮演支持者角色，通过对技术问题的知识交流、技术产业化、专业技术知识培训与教育、专业化实验设备使用、大学生与研究生培养与供给，以及合作研究，在不同程度上支持了产业集群的发展，这些作用在许多地区都得到了验证（Hendry，Brown，Defillippi and Hassink，1997）。

在产业集群内，企业与大学的联系沟通了先进技术的传播渠道，这些先进技术可以通过校企合作实现商业化，也可能通过大学教职员工或学生进行传播，或者大学直接作为集群企业产生的孵化器，更多的是，大学向地方产业集群内的企业输送高水平的人力资源。实证证明（Besson，1992）大学不仅提升了周边区域劳动力技能，而且对工资水平与就业水平存在正面影响。

高水平的科学家和工程技术人员在高科技产业集群中发挥了重要作用，他们把基础研究引向了应用研究，并通过适当的途径把它们产业化。但是，通常大学与企业追求的目标是不同的，大学的科研主要受到好奇心的驱使，以获取重要的研究突破；而企业的兴趣则是发现商业机会，将科研成果转化为商品，并获取利润。

大学与企业的联系在产业集群中不胜枚举，以上海市赤峰路为代表的环同济大学建筑设计产业集群是中国知名的建筑设计产业中心，虽然这条路仅仅只有860米长，却有超过800家的建筑设计企业在这里集聚，其中80%的企业是由同济大学的教授、研究生以及毕业的学生创办的。但是，大学与产业集群的联系对产业集群内企业的成长和发展的影响在各地却是不同的。更为有趣的是，大多数新产品与新技术思想并不是来源于最新的大学实验成果，恰恰相反，技术领域中的许多新问题往往是通过市场表现出来的，产业界在寻找这些问题的解决方案时，大学拥有相关的经验、资源和必要能力把这些想法转变为产品，而这样的解决方案很可能来源于某一个早已确立的科研成果。

大学的科学知识与技术产业化主要有两条路径：科学家将其科研成果直接引入市场，建立新企业；或者大学与产业界通过合作实现研究成果产业化转移。许多政府提供的研究基金的扶持重点也从纯科学研究转移到综合技术开发上面来，可以通过"链接"计划，将相关科研技术项目与中小企业成长以及区域经济的发展联结起来。在高技术领域，随时追踪有关先进技术，并对其商业潜力做出判断是一项关键能力。因此，相互联系的网络就显得特别重要，这也意味着企业研发中心、大学实验室及贸易展示会等需要经常性的交流沟通，区域内外互动。

（4）地方政府以及其他发展机构的制度保障

地方政府、地方性经济发展机构和贸易协会作为产业集群所在地的基础服务与制度提供者，对产业集群的发展起着积极作用，它们创造有利于产业集群的区域性经济与创新环境，提供市场交易的协调与保障机制，为企业提供新的发展方向，并激发其创新性战略的调整。许多地方，政府甚至直接通过发放补助金、政府采购合同、投资税收减免、制度保护或豁免来支持本地产业集群的形成和发展，或者在经济衰退时，政府动用各种可能的资源来保护和发展当地的产业集群（Hendry，1997）。以漳州市为例，漳州市家具产业在漳州地方政府的重点扶持下，发展迅速，集群效应越发明显，区域优势不断凸显。漳州家具产业自 2004 年被漳州市列为"4＋3"重点行业之一，2005 年被省政府列入全省六个重点培育的产业集群之一，被省经贸委列为闽港中小企业项目合作示范区。近几年，漳州市以出口为主的金属家具（尤其是钢管家具）和出口实木仿古家具的企业日益增多，规模不断扩大，2007 年漳州市家具总产值达

78.2 亿元人民币。这在很大程度上依靠于政府所提供的制度及公共服务等方面的保障。

除此之外，永康、嵊州等地每年都由政府出资带领产业集群内的企业家赴各地进行联合市场推广和招商引资；同时，一些准政府的中介机构，如行业协会在推动地方产业集群发展和集群内企业合作方面也起到了重要的促进作用。如温州市的服装商会，现有会员企业 1 200 多家，为温州服装品牌形象的提升、温州服装市场行业管理和市场推广乃至整个服装产业的发展作出了不小的贡献，商会理事会下设设计师专委会、法制维权、宣传展览、对外联络、协调服务、咨询培训、市场拓展、联系政府、行业规划等多个工作委员会，这个委员会从不同的方面与角度为会员企业服务。商会先后多次组织会员企业赴巴黎、纽约等地开展"穿在温州"的产品推广活动，并成功联合行业龙头企业在巴黎、上海等地共建服装设计中心。温州服装商会成功扮演了行业协会在集群产业发展中的重要中介角色。

而在缺乏制度支持的条件下，企业间缺乏基于共同利益的正式联系，很难在很可能成为竞争对手的成员间建立共同目标，也很难有效规制企业间的不正当或者过激竞争行为，在这种情况下，由市场与技术分享动机驱动，企业往往会参与到与其最终产品市场相关的协会，或者与其自身技术有关的协会。随着时间的推移，企业能够敏感地觉察到发展企业关系网络所带来的市场机会，并学习到相关的专业知识。于是，就会逐渐形成地方性协会与论坛，通过区域内的非正式联系网络，实现相互认同，相互促进，并提供市场、技术、基金与信息，激励成员间的合作。

5

产业集群行为研究

5.1 产业集群竞争与合作行为研究

5.1.1 新竞争与合作范式

在经济全球化过程中，产业也经历着全球化的过程，各国产业都在全球范围内通过信息网络技术媒介整合成一个密不可分的全球产业协作网络与全球价值网络，企业之间的合作越来越普遍，并日益成为企业的一种基本经营理念和行为方式，企业凭借自身核心能力加入全球化协作网络之中，与其他企业进行合作，共享战略性资源，分享合作效益。

产业集群与产业协作网络将引导新一轮的全球化产业结构调整，尤其是竞争性垄断市场结构的出现，使得广大中、小企业不得不借助企业间的密切协作来介入全球价值网络，发展自己的特殊能力，增强市场竞争力。跨地区、跨行业的产业合作，也促进了企业间的资金、设备、技术、人才等各项要素的合理运用，从而更加有效地配置资源，并充分发挥各自比较优势，进而促进产业间以及产业内的结构调整与优化。企业之间的合作不仅使产业结构发生了改变，而且还使得竞争的基础也发生了转变，又反过来加剧了产业之间及产业内部的竞争，这样发展的结果，使得企业之间的合作与竞争都达到了极致。

主流经济学研究框架基本上是沿着竞争主线展开的，并且遵从完全竞争市场有效性假设，将企业间合作等同于寡占与市场合谋，认为是一种低效率的负面行为，直到新制度经济学（New Institutional Economics）发展后，威廉姆森才从节约交易成本角度对企业合作效率性进行了正面而深入的分析，新兴古典经济学派（Neoclassical Economics）杨小凯等人将经济学重新回归到亚当·斯密的分工与专业化基本框架，并运用超边际分析（Inframarginal Analysis）方法论证了分工专业化与合作的效率。

现代制造业发展趋势是从传统的标准化大批量生产向多样化柔性生产转变，随着生产的多样化和柔性化，产品在研发、供应、生产、销售与服务等运作环节存在广泛的互补性，因此，传统上被分割的设计、供应、生产、销售和服务等各产业环节之间会出现更多的合作与协调。随着信息技术的发展和市场的不断完善，交易效率大幅提高，降低了对纵向一体化的要求，供产销之间以及横向间的战略合作成为产业组织发展的新战略。（Milgromand Roberts，1992）

企业间合作竞争型准市场组织协调资源配置在日本最为发达，研究发现，作为买方的大制造商与零部件供应商之间存在两种交易模式（Curtis R. Taylor，Steven N. Wiggins，1997），一种是美国和大多数其他西方国家采用的典型的纯市场竞价模式；另一种是发源于日本的 JIT（Just-In-Time），企业合作网络模式。在这两种交易模式下，买卖双方的行为是截然不同的，导致的交易结果也存在显著差异。在纯市场竞价模式下，供应商提供高质量产品是因为存在生产的现场监督和买方验收拒付的威胁，而在日本合作网络模式下之所以供应商提供高品质产品，是因为存在隐含的长期契约的承诺与威胁（G Ouchi，1993）。在美国，企业常常会遇到成批设备的质量问题，于是，交货时买方需要仔细检查，如果不满意就马上退货（Richard Schonberger，1982）。在日本，制造商的市场力量要比零部件供应商大，他们有更多可替代的更低成本供应商，如果合同方提供的产品质量较差，那么就会中断长期合作关系（Banri Asanuma，1992），这会给供应商带来很大的经济损失。通过两种交易模式的比较，我们不难发现日本式长期合作（与竞争共存）模式所存在的优势，在美国和许多西方国家，制造业的组织与交易模式都在从美国纯市场模式向日本的长期合作网络模式转变。

5.1.2 产业集群合作行为特征

（1）竞争与合作并存现象

霍茨·海特认为，产业集群成功的关键因素是竞争与合作的很好结合、先进的供应商、灵活的组织和管理、知识的不断更新和产业对人才的吸引力。在产业集群里，通过内部合作，企业能够比自己独立开发更加经济地从外部获得所需要的市场及专业技术知识，同时这里也有更多的学习机会。从区域经济范畴来看，这能够带来规模经济和范围经济，从而分担研究开发费用和风险，增强企业灵活性，减少了新产品和新工艺开发时间。①

在日本的丰田汽车城和美国的底特律汽车城，产业集群都以集群内部某些关键企业为核心，其他企业和机构与核心企业之间常常形成上下游投入产出关系。这些企业密切合作，使得其能够通过多种渠道获得集群发展所需要的各种市场与专业技术知识，它们之间相互学习，形成了较为稳定的长期契约关系。内部合作给集群企业带来的好处不仅如此，从整个区域来看，这还能产生巨大的规模经济与范围经济，使得企业成本得到节约、产出大幅度增长，资源也得到了合理的配置，还增强了企业的灵活性，同时还降低了单个企业面临的风险。

在产业集群内部，激烈竞争是一个不争的事实，许多供应商在邻近的区域集聚，为购买者选择合意商品提供了更大的选择空间，这样反过来，也加剧了企业之间的竞争，购买者评价商品的每一个标准，包括供应能力、产品质量、价格、配送、客户化定制以及售后服务等都成为供应商之间的竞争领域。每

---

① 霍茨·海特. 创新网络、区域和全球化［M］. 北京：商务印书馆，2005.

个企业只能各自寻找与确立自己的核心能力与竞争优势，并迅速吸收其他企业的成功经验，以及充分利用其他企业可能提供的资源。在这里，信息的快速传播使得企业之间相互了解与权衡各自的战略、能力、资源和盈利能力成为可能，在产业集群内部，企业之间所使用的策略大都是透明的和可以模仿的。

激烈的市场竞争也带来更多的横向与纵向合作，在产业集群内部，企业之间的合作关系主要表现为购买方的经济资源（市场订单）与供应方多种形态的产品与服务（设计、开发、零部件和元器件的生产供给）的有效结合（Friedberg, 1996, 2005；Neuville, 1997, 2005），以及复杂的转包与生产能力共同利用的关系，企业主要通过产业链动态组合来提高效率与保持竞争。另外，企业虚拟合作经营方式更是激烈的市场竞争带来的结果。

美特斯邦威集团作为温州服装产业集群中的一员，利用集群优势发展成为国内知名的大型休闲服饰生产销售企业，且在服装设计能力、产品市场占有率等方面独占鳌头。而实际上，该公司只是一个不足 50 人的管理机构，该机构是用来协调产品的研发和营销流程，而其余 80% 的业务都是借助温州服装产业集群的优势由外部供应商提供。该公司与集群内的供应商紧密合作，并运用集群内已有的信息网络建立起虚拟组织，将该公司产销活动与集群内其他企业的活动联系起来，加快了对市场需求变化的快速反应能力。

在产业集群中，企业之间的合作关系通常都是建立在一个长期契约关系框架内，类似于银行长期授信方式，它虽有一定软与硬的约束效力，以及等级制度关系形式的稳定性，但又不是绝对的集中方式，而是具有市场机制的灵活性，能够同时降低官僚等级体制的僵化与市场机制中的机会主义与搭便车行为。当然，这种长期合作关系框架的建立是一个长期而复杂的过程，委托方的经济决策涉及复杂、昂贵的机会成本与沉没成本的压力，存在较大程度的信息不对称。这时，产业合作关系框架把交易的对象从产品市场升级到了组织市场，交易时更看重的是企业，而不止是企业生产的产品，也就是说，这时的市场竞争已经更多考虑的是对方企业的合作、履约能力及对方的组织声誉。快速市场反应要求，企业之间的密切嵌入，尤其是准时制（JIT）合作生产系统（Ohno，1988），更是增加了企业之间的相互依赖性，使整个产业系统更加脆弱，生产供应环节出现任何过失，都会造成很大的经济损失。基于此，企业之间更愿意建立长期契约关系，强势的购买方也愿意为保证契约有效履行而对供应商的人员提供更好的培训、金融、技术及组织发展的投资。通过这些投资，引导供应商积极地学习、分享技能及组织管理经验，以及带来更高层次的合作，当然，这也可能带来的是更高水平的竞争。在这里，"沟通"比"退出"更盛行（Helper，1993），即合作双方更喜欢非正式谈判与合作而不是成本更高的法律冲突。

（2）产业集群中合作行为特征

竞争与合作相互融合，是产业集群发展的重要因素之一，竞争家家相似，合作却各不相同，就产业集群内部的合作，我们可以发现，严格的市场关系与柔性的社会关系是同时并存的，技术、标准与规范的严格界定和信任、关系与互惠是相互补充的。在浙江诸暨大唐袜业集群中，这种严格的市场关系与柔性的社会关系的结合就得到很好体现。集群内企业大多属于上下游关联产业及密切相关产业，许多企业使用相同的原材料和营销渠道，甚至采用相似的管理方法，开发相同或密切关联的产品。这种产业上的关联性和地缘上的接近性，促使集群内的企业尽可能地采用互利合作或协作方式。在集群网络中，各成员企业不仅建立了合作关系，企业之间互相信任以实现互惠，但同时，集群内部企业之间也设立了很多技术规范，在维护彼此间关系的同时，也必须按照严格的市场规则办事，以保证他们之间的合作能顺利进行，并长期维持下去。

接下来，笔者从三个方面来反映产业集群的合作特征。

第一，市场契约与社会契约互补共存。

市场契约产生约束力的关键是要能够比较有效地事后评估，并对违约行为实施有效的制裁，以保障交易双方的合法权益。但是，签约时信息是不充分的，也无法对未来可能发生的事件全部估计到，而且，交易双方的许多信息也是不对称的，供应商的许多私人信息，对方是难以获取的。

在产业集群内部，交易双方不断地发挥个人社会关系的作用，对市场契约进行补充，当这种个人关系不断奏效时，就会产生出一种基于个人信任关系稳固的长期合作，这种社会关系为不确定性环境下的市场交易导入了一种很好的柔性因素。这使得由于信息约束与环境不确定性下合作企业之间设计的不完全市场契约，随着时间推移而被渗入人际间的社会性契约，以赢利为目的的市场交易与相互信任的人际关系相互融和，有效地降低了交易成本，并产生了交易所需要的市场调节与约束力。于是，经济契约与社会契约二者相互补充，共同影响产业集群内部的合作与联系。

持久性的市场交易与合作安排既来源于社会信任，又进一步强化社会信任（Axelrod，1984）。反复的市场交易会增强彼此的适应性和亲密关系，从而使企业合作少了许多的不确定性干扰，这种建立在特定人与人之间社会关系基础上的柔性，超越了任何正式的市场契约，对双方来说虽然可能没有任何法律上的保障，但它却是建立在"社会道德契约"基础上的，合作与信任，相互学习并社会性地构建起了一种道德资源（Hirschman，1984）。

第二，质量与标准的"灵活空间"。

质量既是"客观"的、纯技术的，也是社会性的，质量的确定部分地依赖于各种谈判和交易的结果，没有这些谈判和交易，它将不存在。而且，质量要求难以明确地界定。在交易实施过程中，即使利用了最先进的精密设备，也无法完全消除大规模生产阶段出现的质量不稳定和偶然出现的干扰；同时，ISO质量标准或者其他认证和资格审定程序往往难以准确界定在实际生产过程中的质量差距，ISO虽然能够为选择供应商提供合理性依据，但是对供应商的供应失误是很难监控的。于是，企业之间在签订契约时都留下了灵活的行动空间，这些空间也成为操作人员讨价还价的资源，相关操作人员是灵活质量的最后判定人。当然，这种灵活空间不是无限制的，它来源于关于质量的技术手段，及其界定的操作人员在日常活动中可容许的误差。

因为许多合作都是非正式的，很难对具体质量与标准的细节进行准确描述，只能通过频繁的相互交流与工厂互访。通过丰富的关系网络与及时的信息传递和快速扩散来促进合作，增强机会主义行为的识别，并提高以诚信为基础的合作效果。

在产业集群，或者说新经济背景下，"标准"概念也被赋予了新的内涵，原先的"标准"主要产生于工作契约，目的是通过标准更好地控制，但是，工作标准并不能够让供应商创造性地工作，或者作出更好的改良，这里的标准更多是目标导向的，而不是静态的。

第三，长期博弈下的合作均衡。

在产业集群内部，有合作并不排除机会主义行为，恰恰相反，信任与机会主义很容易从一方转移到另一方，在另一方没有觉察的情况下合作方可能会选择背叛，合作方对另一方越是信任（更少的控制和更多的自由），另一方就会从有限的机会主义风险中得到越多。相应地，产业集群内部的合作与交易也不只是建立在权力、控制、讨价还价和机会主义基础上，也不只是建立在信任基础上，而是一个混合产物，是在长期博弈基础上形成的一个合作均衡，并通过时间来减少信息不对称，建立起个人关系和降低机会主义风险。

通过对交易关系的分析，我们还会发现另一个侧面：信任只能减少控制，却对有限机会主义无能为力，甚至有时信任还是机会主义者的一种策略，机会主义者前期投入一定的时间和资源建立信任，以换取后期的利益。因此，长期博弈过程中会逐渐形成一种合作均衡机制，以保障各方长期利益，并对各种不良动机进行隐性约束，对各种利益损失进行过程性补偿。

企业的采购策略与对供应商的评估受到长期合作关系的直接影响。制造商往往不是与最有资格成为供应商的企业签约，而是和那些能够和制造商的技术与管理人员建立起信任和合作关系的供应商签约，评估程序真正测试的是供应商的合作和共同寻找解决日常品质影响因素的能力，这意味着事后评估比事前评估更为重要。

在供需关系治理方面，供应商在操作层次无疑是权力的主动方，制造商通常是用停止生产和通告失误等"自残"手段实施威胁，但供应商提供的是一种不可替代的东西——与生产过程紧密伴随的敏捷反应和柔性。制造商的生产过程总是不断受到诸多潜在质量和数量波动的影响，供应商能够提供许多帮助生产车间考虑生产程序、寻求更好更合适的装配方法和克服零部件暂时短缺的应急方案。于是，供应商在后期逐渐争取在早期交易谈判中作出的让步，不断掏空最初的约定，获得当初为了得到订单所做出的牺牲部分；相对应地，制造商在契约安排早期的收益往往会因合作关系的深入实施而有所付出。

实践中，产业集群合作企业经过长期博弈，会逐渐形成一种利益均衡。如果分包商获得的价格较低，它将无法收回最新的高级专用设备投资,而没有先进专用设备投资,合作各方的持续性发展都会受到影响。因此,一个聪明的分包价格,不仅仅用来保障供应商的短期成本,还要保证其相应的长期技术投资回报,相互都有一个较大的容忍空间。①

5.1.3 产业集群合作机制与准则

在产业集群内部,除了竞争之外,各种形式的合作也发挥着重要的作用,对于这种合作,我们不能简单地从良好意愿及参与者的个性特征来解释,支撑合作的实际上是一整套复杂的合作机制与准则。尽管合作带来巨大共同利益,但仍然不能掩盖企业间的个体利益冲突,双方也都在积极寻求更佳的合作替代者,厂商积极搜寻品质更好或者价格更低的供应商,供应商也在搜寻能够为其产品或服务支付更高价格或者带来更大订单的客户。如何建立长期互信的合作机制,减少机会主义行为就成为问题解决的关键。要在制度层面上成功地解决这个问题,弗莱德伯格(Friedberg,1996,2005)和纳维尔(Neuville,1997,2005)归纳了四个关键要素,包括:建立可以信赖的生产质量体系,通过道德资源(规范、人际关系、身份、经历)建立社会关系机制,依赖货币利益以及依赖事前的理性预期的共享。接下来,基于弗莱德伯格的关键要素分析逻辑,我们将通过产业集群内部的能力、质量评估及柔性标准来解析其内部的合作机制及相应的合作准则。

(1)产业集群合作机制

在产业集群内部的合作实践中,合作企业通常通过相互的考查、评估与监督来共同管理生产过程,减少机会主义行为风险与降低不确定性,这种合作监督机制包括事前的供应商能力

---

① 布鲁斯科. 企业网络:组织与产业竞争力 [M]. 北京:中国人民大学出版社,2005.

评估，事后供应商质量表现评估，以及对供应商生产数量与时间的评估；同时，评估标准变得更加的柔性。

在契约签订前，生产商通常会考查潜在供应商的生产车间、技术服务水平与供应能力，并对潜在产品质量作出评估。但是，这是一项相当困难的工作，因为生产商自己往往不具备严格评估未来供应商技术的技巧或能力，更何况供应商会事先伪装。生产商虽然可以通过提高检查人员专业技术能力，召开一个产品展示会，或者用出其不意的巡查等手段来部分获得相关信息，但是，这样将会导致紧张和对立，妨碍从供应商那里得到真正想要的东西。聪明的办法是与供应商内部的质量、设计和生产部门的核心工作人员建立密切的私人联系，向供应商人员提供其竞争对手的生产、工艺和组织情况，以及生产商自己的采购政策和未来新产品开发信息。通过这种关系与信息的交换，供应商会自发限制其机会主义行为，以避免损失未来更多的获益机会。

一旦通过事前评估，企业对供应商交付的零部件质量通常不再由指定部门监控，而是直接送到装配线；同时，装配线公布所有有缺陷的零部件，并告知采购部门供应商的质量表现。在产业集群中，采购部门几乎总是在出现系统性问题时才被告知供应商零部件在数量和质量上存在失误；如果缺陷只涉及一个独立的零部件，装配线尽可能修复而不是公布；如果不能修复，则直接要求供应商经济补偿，而不是去告密；如果在交付中连续出现第二次、第三次缺陷，装配线管理人员会警告供应商，要求他们直接派人来装配线；而供应商当然不会不同意，他们还可以借机考查自己的零部件是如何被处理或装配的。只有当每次交付中的零部件缺陷有规律出现时，装配线管理人员分析是供应商生产流程出现问题了，才会通知采购部门停止订单。

由于严密的配送流程和减少存货的要求，制造商的生产物流供应压力巨大，不仅要保证零部件的及时供应，还要维持尽可能低的库存。为了避免零部件的供应波动，制造商物流工作人员需要比较准确地掌握供应商的供给波动，而在这方面，供应商却是不愿意提供透明信息的（这样会更好地掩盖工作上的懈怠）。于是，制造商的后勤物流保障人员通常处于一种明显的被动地位，因此，他们往往与供应商的相关工作人员建立起一种互利合作关系，以获得必要的灵活性。通常情况是，供应商技术人员会提醒制造商部分零部件的交付会有所延迟，制造商相关人员提早做好准备；相应地，当被要求提供更多的零部件或者减少供应时，供应商也可以有效合作。

通过上述三方面分析，我们可以发现一个共同的特点，即"自我约束"，所有的参与方在日常工作中都不愿意采用正式合作契约所提供的任何强制性和消极制裁手段。这表明传统对立的供需双方之间实现了某种程度的团结合作，以实现他们从这种关系中所期望的长期利润最大化，而这种合作也是建立在以最终起破坏作用的最后制裁的契约性框架基础上的，虽然这一框架主要作用是警示与威胁，很少付诸实践。

对这种产业集群特有的良好合作倾向，可以从其发展历史来解释，产业集群合作机制形成的历史编码是不可模仿的。信息的快速扩散和丰富的关系网络促进了合作，这不仅有助于机会主义行为的识别，而且也放大了以诚信为基础的合作效果。对代理人的行为了解越多，合作的机会也越多。密切联系的关系网络是集聚在一起经营活动的结果，也是专业化生产和相应制度发挥的结果。

当代消费者的需求更加复杂多样、多变，为了提高生产效率和产品竞争力，企业需要供应商及其工人的积极合作，从设计、规划、生产、检测，直到产品的最终生产完成，需要他们

付出更多的智慧和勤奋,而不是按照一般的标准化程序去操作
(Gallino,1978),并以此"标准"进行控制。当然,合作关系
的长期维持更深的层次则取决于共同的利害关系及更重要的特
殊交易。

共同的利害关系就是努力避免可能对双方的破坏性的影响:
对供应商来说是失去订单、减少市场份额和损害声誉;对制造
商来说,则是事先评估的困难和不确定性,以及由此带来的损
失。交易对象或内容在事前和事后评估中是不一样的。在事前
评估的关系中,交易对象主要是相互感兴趣的信息:制造商提
供产业未来走势,以及竞争对手信息,作为交换,获得供应商
真实能力;在事后评估中,交换的主要是制造商对供应商失误
的宽容和后者更高的透明度以及追加性服务。事实上,这里涉
及的交易可以定义为"非质量"准市场,即没有做到与契约相
符的供应商,通过提供追加的非契约性服务来进行弥补,如在
零部件设计上没有按照契约约定,但有助于装配操作等的小的
工艺改善,或者调换操作失误损害的零部件,甚至进行特殊的
零部件加工。

合作关系的内在活动揭示了制造商与供应商之间在各个层
面上存在的跨企业的密切关系。在合作安排、团结和信任基础
上,将市场交换转变为一系列"游戏规则",并建立起"本地
(市场与社会)秩序"(Friedberg,1993),通过"本地秩序"
稳定和调整行为主体的实际行为,并使它们有效地处理日常工
作中的"相机事件"。许多产品质量改进都是通过上述社会交易
安排或非正式谈判和交易过程来实现的。

(2)产业集群合作准则

在产业集群中,除了上述的合作机制外,还有一套特殊的
合作行为准则,这种合作准则形成的历史编码是比较难以模仿
的,如果这些准则在过去由于缺乏适应性而没有存在的话,在

今后也很难产生。布鲁斯科（Brusco，1995）将其总结为三种类型：谨慎性准则、互惠准则和惩罚性准则。其中，谨慎性准则是单边的基本行为准则，是合作的必要条件，如签约前对合作企业的审慎评估等；互惠准则是主导性准则，明确规定一旦确立了关系，大家应当遵循的行为准则；惩罚性准则则是事后补偿准则，明确规定破坏准则所应当承担的责任。

在意大利产业区，在不同的供应商之间分配与获得订单是普遍现象，这就是谨慎性准则的运用，即可以在出现个别违约的情况下保护企业利益，并淘汰不合规的企业，将没有完成的任务转包给其他优秀供应商（Lorenz，1988），这也在一定程度上防范了大供应商的超级发展，形成供应垄断与要挟。尽管谨慎是必要的，但是，互惠互信却是可以大大节约交易成本的，在意大利南部，只有那些进行全权委托并无条件信任其他企业的企业才有权在需要别人支持时提出特殊要求。

最能体现产业集群生产活动互惠准则的是生产最终产品企业和供应商之间的合作，这种合作依赖于为学会如何一起工作并进行共同投资。通过共同投资，增加相互的了解，并形成有助于交流的共同语言和一系列有助于达成共识的惯例。在产业集群内部的合作企业，通过一系列订单的签订，在成本上达成一致意见的同时，价格也就基本确定下来了，并通过各自工厂的经常性互访，对各自的技术状况、产品品质、合作态度，以及管理水平等都有了更好的了解和认知。在这基础上，合作企业之间逐渐形成了一个契约模本，在形成正式契约之前，双方甚至可能通过电话就可以确认具体内容。

在互惠合作准则主导的企业之间，交易价格的变化幅度明显小于公开市场。在公开市场条件下，市场萧条时，分包商获利较多；在市场需求旺盛时，承包商获利较多。在互惠合作状况下，双方都拥有更多的获利空间，相对而言，这里的评估与谈判成本较低；而且，在信息极其复杂与不对称的加工工艺与成本方面，分包商与供应商可以因为实际工作的复杂程度，要求调整价格，也就更能够负担为实现利润而进行的专用性资产投资，对不确定性的控制能力会有所加强。交易双方都会平衡得失，从长远的利益角度对待对方。实际上，分包商与供应商之间的互动远远不止这些，而是更加复杂与紧密，供应商常常需要帮助解决供应与生产中的新问题（Brusco and Sabel, 1981）。在这种情况下，不仅要共同从事流程和结果都已经确定的生产活动，更重要的是学会一起从事创造性的工作，共同创造一种新产品或一种新工艺，通过这种方式，在市场上发现一种新需求的创新者把自己熟悉而又拥有相应生产技术的供应伙伴紧密联系起来，把新概念的产品设计介绍给不同的供应商，以寻求更好的技术解决方案。相应地，供应商则会审慎认真地选择合作客户，权衡其商机与风险，通常情况下，这种"顾问型客户"最终会提升企业自身的工艺水平和市场价值。在产业集群中，这种类型的互惠性技术合作不只是局限于企业之间，许多同行企业的工程师之间也会相互帮助、共同合作、共同解决工艺技术上新出现的难题与挑战，同时实现自身能力的提高与增加对新问题的认识。

产业集群内部的合作准则也可能表现为对违约的惩罚，只是这种惩罚较少涉及法律诉讼与仲裁。比如，当怀疑供应商的供应延迟，或者质量不够好，或者成本控制力度不大，作为长期合作伙伴，减少订单会是一种比较好的警示。当然，如果情况更糟，则会直接取消订单或者拒绝接受加工产品，如果这样的话，会造成双方的共同关系投资以沉没成本的形式损失。

在产业集群中，信息的传递非常快，如果两个企业的合作关系破裂，人们很快就会知道，而且对生产工艺环节、原材料、资金或者是市场出现的问题进行议论，所以，如果是某一个企业破坏游戏准则，大家都知道这意味着什么，该企业也知道意味着什么。也就是说，如果博弈是一次性的，违约者无疑比合作者会获得更高的收益；但是，这里却是长期的，而且信息迟早会公开。

5.2　产业集群根植与信任行为研究

在产业集群中，除了竞争与合作行为并存外，还有一种显著的行为表现，那就是社会性的人文因素与经济行为之间存在着某种较为强烈的联系，这里不只是一个经济网络，还是一个社会网络，所有经济活动参加者（包括公司）的行为都会受到大量共同因素的制约，而不仅仅是简单遵守社会系统中的法律规则；也就是说，经济主体在追求经济利益的同时，往往还要考虑诸如社交、声誉、潜规则、道德、风俗和权力等非经济因素（Granovetter，1992），即经济行为根植（embedding）于一个复杂的、包括各个层面、各种类别和内容的关系网络之中。企业就像是市场与社会关系海洋中一个个的小岛（Richardson，1972），社会关系是成员企业的联系纽带，也是一种具有经济效益的资产，并且是该区域不同竞争领域所共享的一类资产，与一般性资产不同的是，它是由网络中各个参与者共同拥有的，没有哪一个参与者对社会资产拥有排他性的所有权（Burt，1992），社会性人文因素的根植，使得产业集群的竞争和市场具有了某种"社会性"，这种"社会性"进一步影响产业集群中的信任关系，以及信用的配给。

5.2.1　产业集群社会性根植作用与影响

我们不只是可以用经济学视角来解析社会现象，还可以用社会关系或社会结构来对经济现象做出更好的解释，任何组织及其行为都会受到社会关系的重大制约，把社会关系屏蔽，单独把它们作为独立个体进行分析是不完整的。公司间社会或组织关系不应该被认为是妨碍自由竞争的因素，反而应该作为解释市场机制的一个关键因素。市场和产业部门的社会性根植如此之深，以至于它们的角色扮演甚至不是取决于传统的市场与竞争，而是取决于参与者之间的社会关系（Granovetter，1985）。

对根植的认识经历了一个否定到肯定，然后又辩证看待的过程。

早期经济学家把社会性根植当做是将清澈的市场之水搅浑的东西。近年来，因为对产业集群中社会性根植发挥的作用而对其做出了几乎一致的积极评价，认为它可以有效降低交易成本，便利交流，激励创新，为集群网络的参与者及产业集群提供竞争优势（Brusco，1982；Lazerson，1988；Pyke，Beccatini and Sengenberger，1990）。尤其是对小企业，社会性根植所形成集群网络不仅替代了管理各种经济交换关系的计划与科层，而且显示出对生产行为进行管理的巨大效率（Lazerson，1993）。产业集群内的网络关系被诸如尊重、团结、信任和非机会主义行为等社会性因素所维系，而这些因素又被认为是既有高度融合性（更多的是社会性而不是正式机制），又有高度灵活性（每一个企业都有高度自主权）的产业集群形成的基础，它既是高效而结构灵活的，又没有一体化弊病（Crewe，1996）。

这就可以解释，尽管受到同样的外在经济、社会、政策和法律环境的制约，但是，同样的法律、社会规范、价值观念及政策对产业集群中的企业产生的效果却是不同的。集群网络组织为了保证其自身的生存和发展对其中的成员行为产生了影响，也就是说，社会性根植给网络组织成员行为施加了影响（Evan，1966），在一个密集型组织网络中，参与者在追求某些特殊目标时，为了结成联盟和满足更有影响力的机构的要求时，会不遗余力地消除障碍或创造条件（Zald，1970）。

但是，也有学者认为根植性将会增加交易成本（Burt，1992），并有可能导致产业集群缺乏创新及产生顺从性行为（Grabher，1993）。

研究发现，公司间的关系网络会随着公司数目的增加而导致其交流能力下降，并大幅增加关系资本成本。在一个大型集群组织内部，如果公司数量巨大，相应地，建立关系型资本的成本也是昂贵的。组织间交流的能力与组织数目 n 值成反比，包含 N 个公司的网络，其所有成员均相互联系所需要的关系链是 N∗（N−1）/2。如果是 2 个公司，只需要 1 条关系链就足够了，但如果有 10 个公司，这 10 个公司间均有联系，则需要多达 45 条关系链（Pfeffer and Salancik，1978）。

朱赛皮·索达与亚历山德鲁·阿萨伊（1996）通过对意大利建筑公司与欧洲同类公司的对比分析，发现意大利相互竞争的公司之间存在广泛的合作，但最大的建筑公司比欧洲同行规模更小，利润更低。通过研究，朱赛皮·索达与亚历山德鲁·阿萨伊发现：关系型组织结构通过为参与者提供机会或好处将会导致非自由竞争局面出现，带来消极的外部性、低效率和表面利益；并认为在相同领域竞争的公司之间的关系型资本，仅仅在处于良好发展环境或者受到区域外竞争者施加进入压力时，才是有益的。

总之，根植带来的效应是多方面的，在带来正面效应的同时，也产生负面效应。

对单个公司而言，社会性根植与关系资本可以带来更多的成功与获利（短期）。对整个产业组织网络而言，关系型资本的存在，对确立与生存、发展、效率、合法性等相关游戏规则发挥着重要作用；但同时，它也会产生交易成本和负的外部性，并导致恶性循环，产业集群关系资本越多，产业的自我规制就越强，它对网络成员为降低不确定性或者动态交流施加了更大的压力，对交流施加的压力越大，网络产生的负外部性也就越大。

另外，社会网络中的公司彼此相互依存，共同利益的关系链使他们互惠互利，并共担风险。由于这种社会与经济利益关系的存在，使得一部分生产者（被社会制度环境所大力支持）能够建立起一种正式的或者非正式的相互依赖与互惠机制来替代市场机制，使得市场机制失灵，也使得市场竞争压力带来的企业成本节约或者质量创新的激励作用越来越小，长期下去，将会比较明显地降低集群网络中企业的竞争力，使其缺乏自主性和创新性。

德国 Ruhr（鲁尔）产业集群的衰退就是根植性负面影响的典型代表，其主要表现为三种"闭锁"效应：首先是经济闭锁，集群内各企业之间长期积累的经济与社会关系阻碍了企业获取外界信息和资源。其次是体制闭锁，这是产业和行政管理关系固化的结果。在集群内各企业、政府、工会和行业协会之间的长期关系导致了对现有产业结构的共同维护，阻止外来竞争者的进入。最后是社会闭锁，产业集群内过于密切的人际关系限制了人们的创新性与自主性。在亲密友谊和持久关系基础上的过度根植性还会导致企业经营决策中的非理性行为，从而限制有效的交易。

因此，根植性对产业集群的影响不能说完全的有利或者不利，只是各自的发展阶段不同，网络结构不同，规制程度不同，产生的效果不同罢了，如前面所言，它确实在减少不确定性、增强相互信任，交流学习与创新方面存在正面效应，但是，它对市场关系的某种替代却有可能带来负面影响。

中国河北清河羊绒制品产业集群的发展历程很好地反映了

产业集群对创新的正负两方面的作用。在集群的早期，集群内各成员企业之间的关系十分密切，逐渐形成了一个合作稳定的关系网络，信息在集群内的流动几乎没有障碍，在这一阶段，根植性减少了很多不确定性，增强了企业之间的信任。到 2000 年，清河已经成为全国闻名的成员企业达近百家的羊绒制品产业集群。但是随着集群规模的进一步扩大，这种社会关系网络在组织结构上开始体现出排外性，外来的技术、人才很难融入本地网络，导致集群技术与人才短缺的问题，从而在技术上与管理上创新方面遇到了很大的障碍。

5.2.2　产业集群中信任与权利

早在 19 世纪杜克海姆（Durkheim，1893）对部落的描述中，社会科学就开始了对组织关系中的信任原则的讨论。英语单词 trust（信任）来源于古斯堪的纳维亚语，表示由抵押所保障的权利。在日耳曼法律中，信任以抵押物和保证为特征（保证金及罚没财物为特征）。在英格兰诺曼文化中，信任是以实际的货币价值的担保为特征的。在北欧的信任用语中，合约性责任与拉丁文中对应的信任的含义是不同的，忠诚常常是忠实或诚信所表达出来的一种义务象征。

对于信任的研究方法很多，有制度性分析法（Fox，1974），也有功能分析法（Luhmann，1979）。1970 年和 1980 年初，博弈论经济学家运用类似于信任的概念来定义自我实施协议（Telser，1980）。

在产业集群中，处于同一产业链的制造商通常会将零部件的设计和生产的特殊细节介绍给分包商，但是，这样的"信息共享"不止反映出他们之间存在信任关系，也更多地反映出产业链的效率要求。通过这种信息共享，有利于制造商降低交易成本，并能在降低零部件价格的协商过程中发挥作用；同时，制造商的工程师和设计专家能够利用这种信息共享机制了解与监督供应商的生产技术水平与经营绩效状况；供应商从这种信息共享中虽然获得了额外利益，但也在深深根植一系列的网络关系中，付出了许多的专用性投资，并阻碍了它们从其他地方获得机会。

在产业集群中，企业的隶属关系、规范程度和寿命是评定其信誉的关键决定因素。也就是说，这一集群网络体系主要是以企业的规模、寿命和隶属关系等标准来评估其可信度，而不是单从企业的经济基础的角度评估其信誉，根据上述判断，信用评估程序主要针对的是小的、新的和价值低的企业，并进而有效地排除了新进入者和其他的外部成员。

虽然信息在个人层次上频繁传播将增加商业关系中的信任，但是，产业集群中企业间的关系大都是长期性的与全局性的，存在交往关系的个体之间的相互影响并不一定改变企业间的基本关系，个人层次上的信任也通常和企业经营中的长期战略不必然相关，企业经营中的战略主要依赖的是企业间的长期关系与合作带来的效率，这种长期关系通常比契约中的短期合同或现货市场中的机会主义行为具有更高的效率。不过，这一信任关系体系的维持也对相应的责任关系施加了严格的限制。

在比较强调集体主义的产业集群中，集群内部成员对抗外部成员的原则是"亲近关系"原则，该原则构成了所有交易活动的基础。产业集群企业之间的关系中，核心的商务活动是由一系列不成文的团队规则和责任所决定的。对于外部观察者来说，这些规则是不明晰的，而构成这种规则和责任的治理原则就是"亲近关系"。根据"亲近关系"原则，企业间关系存在着一个有权力等级的距离区间。这种距离区间是非正式的和隐性的，企业间关系级别根据这一原则依次由内到外排列。内部成员对抗外部成员的原则是亲近关系范式的基础（Scher，

1997)，亲近关系反映了从内部成员到外部成员的一个连续区间，每一种关系都被定义在这个连续区间上。连续区间中企业的位置决定了许多东西，但是最重要的是，它反映了企业接触到集团成员企业的程度。属于内部成员，可以享有接触其他内部成员的权限，受到来自内部成员的保护，同时也承担相应的责任；而外部成员之间没有所谓的权利与义务，也就没有进入的渠道。

这种关系是以同心圆为分级的模式，而不是线性合约模式，这反映了产业集群内部成员对外部成员的进入控制作为一个机制是如何在不同网络中运行的。霍夫斯泰德（Hofstede，1991）也引入权利距离概念来分析集群网络内部关系的不平等程度。这种信任同心圆与权利距离特征在日本书化中比较典型，也被称为"超文本书化"，它以内生的关系链为特征，由正式的和非正式的广泛的信任与权利网络维系（Hall，1977），见图 5-1。

当一种文化建立在非正式规则和责任的广泛体系上时，信任这种以社会凝聚力为特征的概念就会发挥重要作用，作为一种一般性预期会成为长期关系决策的依据。只是这种依据并不表现为信任的个体化形式，而是一套超文本化规范的一部分，大部分企业通过这种规范避免短期的机会主义行为，从而保证长期战略收益。

但是，一旦遇到大的经济危机，这种长期性信任概念的持续性将会被打破。

当存在权利关系的不平等或者当与外部成员产生关系时，信任的概念表现出高度的实用主义特征，所以，它不是以与信任相关的情感为特征的，而是反映了一种企业间传统或者长期关系的依赖，或者说是企业盈利能力在权利差异上的反映。在经济全球化中，企业网络的边界可能发生扩散，传统的关系当遇到更有利的供应商或替代品时，将会受到严峻的挑战。

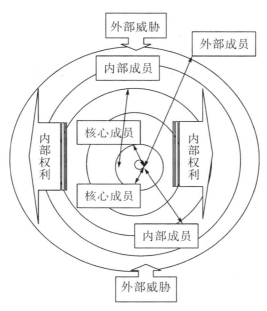

图 5－1　产业集群中的信任同心圆与权利距离

　　河南与山东的交界地长垣县起重机械产业集群就反映了产业集群内企业间信任机制从基于家族、泛家族的关系信任向基于制度的信任发展的变迁轨迹。长垣起重机械产业集群是全国起重行业的晴雨表，占据了全国起重机械设备市场的"半壁江山"，拥有整机生产企业 86 家、配件生产企业 900 余家。长垣县地处中原，受传统儒家文化和以亲缘、地缘、学缘等为基础的乡土文化影响深厚，强调的是"仁、义、礼、"信"。

　　长垣起重机械产业集群形成早期，当地人们通过回收旧葫芦翻新再销售出去，修理葫芦的技术也由一人带一户、一户带一村、一村带一镇扩散开来。随着资金和技术的原始积累的初步形成，一些家庭开始试图扩大生产规模，从事起重机械设备的模仿生产，这时，家族、泛家族的关系在这些家族企业资金的获取、降低交易成本以及产品的升级创新等方面都发挥了巨大的作用。

随着长垣起重机械产业集群规模的进一步扩大，基于家族、泛家族的关系所建立的信任关系已经远远不能满足其人财物生产要素的获取和市场交换的需求，企业开始试图通过市场与制度的方式来搜寻潜在的合作伙伴，利用制度的保障来减少交易中的风险，杜绝"失信"行为。这时，集群内企业通过市场契约形成外部规制，企业间逐步由情感信任发展为制度信任。

5.2.3 产业集群中信用配给与融资

与社会关系及信任密切联系的经济活动就是信用配给，这也是产业集群实施创新所必不可少的关键支撑，尤其对创业型与创新型中小企业，是否有充裕的资金支持是其生存与发展的主要影响因素。许多相关研究结果都显示，大多数中小企业的经营管理者最为关注的一个问题就是融资问题，许多中小企业由于可供抵押的实物资产不多，或者大多属于非物质性的知识资产，在通过传统融资渠道获取银行资金时遇到了难以逾越的障碍，甚至可以说这是一个根本性的约束条件。

在金融市场里，信用价格并不是借方实际支付的价格，而只是借方承诺支付的价格，在承诺支付与实际支付之间存在很大的不确定性；而且，信用市场较难用价格机制来实现均衡，普通商品是价格提高，购买不起的消费者就会自动退让，但是在信用市场，通过提高价格来排除无力偿还债务者，可能会面临更大的道德风险，也就是说，承诺支付更高的人并不一定在到期后实际交纳更多。斯蒂格利茨（Stiglitz, 1990）也指出，一般而言，那些愿意支付最高利息率的人可能不是最好的风险信用者，而更可能是"机会主义者"或者"骗子"。这时，如果银行试图通过提高价格来降低风险，可能会产生逆向选择，而那些拥有可靠信用的借方可能退出市场以回避风险。这时，银行最好的选择方法就是通过专业化中介市场——信用评级机构，以此来解决信息不对称和不完备合同问题，通过贷款前对申请人进行不同的可信赖类别的资信等级评价，以及贷款后的一系列监督机制来降低道德风险出现的可能性。在缺乏完全信息的情况下，筛选与监督的执行成本都较高，而且效果不一定理想。

在产业集群中，集群网络承担着信用中介的职能。与其他任何市场一样，金融中介最重要的功能是对信息做出反应，而信用市场的信息获取与处理成本是很高的，于是在关键信息基本上无法交易的信用市场中，产业集群网络便作为一种中介来替代银行。在浙江省的许多特色产业区内，由于国有商业银行不愿意投资给那些新成立的具有高风险的技术型小企业，产业集群内则出现了内部融资现象，即以业主的"信任与承诺"为基础，在产业集群内部各企业之间形成资金方面的互助支持和信任贷款。另外，据央视二套对嵊州领带产业集群中的企业调查发现，企业在创新过程中所需的资金主要来自于当地产业集群内部的其他企业。

事实上是，产业集群网络一直在资源配置过程中发挥着重要作用（Godley and Rose，1996）。产业集群网络中介作用的发挥，包括事前筛选、事中监督与事后惩罚三个环节。

首先，在申请者筛选和可信度分类方面，产业集群网络比银行更具效率。风险评估主要依靠信息收集，商业银行主要依据商业计划书中的预期收益，以及过去的绩效做出决策，而以个人关系为基础的产业集群网络，作为中介能够获得更多更好的信息，如申请者在本地的诚信状况、投资前景等，在产业集群中，对相关业务的绩效、前景与可行性，也会有更好的理解。

其次，在对借方的监督上，银行会由于信息的不对称而限制执行效率，产业集群网络的监督功能更加强大，例如，产业集群交易中的同行监督等。本质上讲，最有效的监督就是自我监督，即借方提供关于自己投资状况的真实报告。在集群网络中，如果出现了败德行为，将来的机会成本就会大幅提高，在这样的社会文化环境中，能够产生较强的自我监督。

最后，当借方不能够按期履约时，银行的主要手段是提起诉讼，扣押或变卖抵押物，以弥补造成的损失。在产业集群中，除了使用这些手段外，还可以利用集群内荣誉、亲情和文化等手段，甚至包括犯罪性质的手段，这会具有更强的威慑力。如前面所提到的长垣起重机械集群，集群内存在着这样一种说法：一次握手比一张写字的合同更有价值。如果某个企业一旦越过线，试图显示"小聪明"，那么其在该区域的所有交易都有可能被取消。此外，声誉在集群企业间的关系建立和维持方面起着十分重要的作用：任何一个企业不诚实的行为很快就会为集群内部所有成员知道，集群成员会尽量躲避，避免与之发生交易。基于这些行为准则所达成的非正式协议包含了企业的利益，它们会控制自己不做投机取巧的行为，因为一旦有不诚实的欺诈行为被抓住，不仅会使他们当前的商业关系处于危险之中，而且也会很难再找到新的商业关系。

总之，产业集群的社会网络中介会比银行更加有效地解决了大多数中小型创新企业的融资约束难题，能够更加有效地配置资源。

5.3　产业集群知识溢出、学习与创新行为研究

传统观点认为，产业集群于某一区域主要是由于这个区域存在该产业发展所需要的良好要素禀赋，这也就是所谓的地方

要素禀赋论（Factor Endowments Theory）（Ohlin，1931），如木材业的产业集群要求具备丰富的森林资源。但后来有学者在对美国本土上的日本投资研究中发现，日本人在美国的投资设厂大多是依据同行业早期投资者的区位选择来布局的，大家比邻而居（Head，1995）。也就是说，产业集群的目的也可能是为了利用信息的外部性，而不一定取决于要素禀赋。在这里，信息共享、知识溢出与共同学习行为是更好的一种解释。

5.3.1 产业集群知识溢出

集聚经济的良好表现主要是通过它们在对知识溢出和创新的不同影响表现出来的。

在一定地理范围内不同企业及中介组织之间，由于存在互补性的知识交流，会产生交叉收益递增效应，即一种经济活动效率的提高会提升另一种经济活动的边际产出，而且，这一效应与地理上的邻近性直接相关。实践证明，密切联系的各类经济活动在一定区域集中布局是有利于创新的；并且，知识溢出也并不只是局限于那些密切联系的技术，40%的专利引用来自不同行业（Jaffe，1993）。格莱泽用同一城市产业集中度最高的五个产业作分析，发现地方经济中产业多样性越强，地区经济增长率越高。

但是，关于地方化产业集群对创新与生产率的影响，大量实证研究的结果并不一致。亨德森（Henderson，1986）发现美国和巴西的地方化产业集群提升了生产率；但是，格莱泽与费尔德曼却发现许多的地方化产业集群既没有提高产业增长率，也没有增加创新性活动，并通过深入研究，发现产业集群与创新之间没有必然的联系，还受到产业特征及企业规模大小的影响。如果产业集群本身就是拥有大规模生产设施的成熟产业，那么，集群带来的生产率的提高不显著。他们还推导出另一个极端，如果集群中全部都是一些小企业，外部资源有限，也不能接受大企业的知识溢出，在这种情况下，产业集群生产效率的提高也会是不显著的。

在产业集群中，知识的溢出不仅取决于产业特征、企业规模，还取决于溢出的知识的属性。

知识是有很多属性的，这些属性会影响产业集群的知识溢出和创新效果。知识可以根据隐性化程度进行分类，分为显性知识与隐性知识，显性知识可以通过文字材料清楚明了地表达与传播，而隐性知识却很难，这就需要面对面的接触、交流与体会。知识越是难以解码和编码，地理邻近就越有必要。

知识不是静态的，会不断被发现和突破，这些新的发现和突破又为技术进步和创新提供了机会与条件。通过对交叉产业的比较研究发现，那些拥有众多技术机遇的特殊产业会更倾向于集群。费尔德曼（1996）就指出产业集群的倾向性和产业活动的知识需求量之间直接相关，因为，知识密集性产业，面临的技术机遇多些，集群的需要也就更加强烈。也有学者指出，在生物技术领域快节奏的创新与严格的产权制度密切相关，拥有创新所有权的第一家企业会获得相对垄断优势，导致企业间快节奏开发创新的"竞赛"，许多单位于是会在权衡利弊后选择合作开发与共享，这样，就会形成一个社会网络，由相互交换的个体组成一个集体，其相互交换是以不破坏内部的信任为准则，这也说明，产业集聚不仅会方便交流与创新，还会降低对败德行为的监控成本（Liebeskind，1996）。

在创新扩散的不同阶段，产业集聚的作用是不一样的。在没有获得具有商业回报的创新专有权时，地理邻近条件下的合作对于创新是很有作用的；而在获取创新专利之后，公司就能够挑选出一些核心技术人员，将这些技术人员在不同区域进行安置，这时，产业集聚的创新效用就不再明显了。

上海张江高科技园区 IC 产业集群的形成和发展就与美国硅谷和我国台湾地区新竹的知识溢出密不可分，虽然这三大集群并没有在同一地域。2000 年，张江成功地引进了一期投资 14.76 亿美元的中芯国际集成电路制造有限公司和一期投资 16.3 亿美元的宏力半导体制造有限公司，因此带动了上下游企业在园区的集聚。在张江集成电路产业集群的发展中，新竹 IC 厂商主要通过 FDI 向张江进行技术转移，新竹向张江所转移的 IC 产业以制造和设计为主，许多新竹 IC 企业在张江及周边地区设立了研发中心或生产基地，台湾地区的工程师与张江研发人员也经常进行面对面的沟通，形成台湾新竹对张江的知识溢出。硅谷企业不但通过 FDI 对张江进行知识溢出；硅谷中国留学人员也通过回国创业的形式，将硅谷所学先进技术和科学管理理念带回国内；同时，硅谷企业在张江也设立了很多 R&D 机构。在新竹和硅谷知识溢出的带动下，张江 IC 产业集群迅速崛起。

不同类型企业吸收知识溢出的效果也是不同的，新进入的小企业更有可能完成激进式创新的市场化过程（Henderson，1993）。大量的经济活动事实也反映出小企业带来的创新的比例总是远远大于其生产规模比重，这说明小企业或许就是实现知识市场化的一种有效组织形式。小企业在产业集群中可以实现范围经济与规模经济的双重收益。大型企业与研究机构的研究与开发产生的知识溢出会使比它们更小的企业获益，这些小企业更容易接受那些激进的创新，而这些激进的创新却可能会反过来损害大企业的现有能力。勒纳（Lerner，1999）也发现了新成立的小企业由于在地理上接近风险资本而大大受益的不少证据，他通过跟踪调查受到"小企业创新研究"（SBIR）所资助对象的长期增长模式，并与相似的对照样本比较，发现如果资助者与接受风险资本企业位于同一区位，那么，被资助企业不论是就业水平还是销售增长都明显提高。

　　从产业关联角度来看，产业创新与经济增长更多的与产业活动的初始多样化相关，而不一定与该产业的初始就业量及规模相关，这意味着产业集群创新效应还来自于多种不同类型产业之间的相互作用，而不只是本产业企业间的相互作用。研究发现，产业集群在发展不同阶段，集聚效应和知识溢出路径是不同的，新兴产业需要从众多不同产业部门的思想交流中受益，而那些比较成熟的产业部门，则更多的是从同行业的邻近生产活动中获利（Henderson，1995）。在知识外溢方面，贾菲（1993）发现：专利引用更大可能来自于同一城市，表明与创新有关的特定区位知识溢出的存在。其他学者也发现，创新主要集中在研发投资较多、大量雇佣熟练劳动力、大学科研机构经费充足的区域（Audretsch and Feldman，1996）。

5.3.2　竞争、创新与知识溢出

（1）竞争、学习与创新

　　在产业集群内部，激烈竞争是一个不争的事实，许多供应商在邻近的区域集聚提供了购买者选择合意商品的更大空间，购买者衡量商品的标准有价格、质量、配送、客户化定制与服务，其中每一个因素都可能成为竞争的领域。相应地，每一个企业都在确立自己的竞争优势，并迅速吸收其他企业成功经验，信息的快速传播使得企业之间了解与衡量各自的战略和盈利能力成为可能，在产业集群内部，企业之间所使用的策略几乎是透明的、可以理解的和模仿的。产品展销、新款推出、原料采购、员工招聘、商业信贷，都会告诉别人自己的生产工艺技术、使用的零部件、目标市场，甚至管理组织与流程的调整，所有的创新都是公开的，其他企业可以通过模仿使得自己的生产更有效率，模仿与竞争同在，加快了创新活动的节奏。这就像当年的日本企业一样，通过专业工程师对设备的分拆与模仿，再

进行少许的产品与质量改进。在产业集群内部，企业的创新速度几乎是同步的。

对于这种现象，有人认为，缺乏对创新的制度性保护可能会抑制企业对研发的投入，但实际上这种模仿创新是建立在高水平的市场分析与工艺技术的持续创新改进基础上的，在这里，创新能够快速被扩散。动态地看，一个专业化市场某一种产品的成功很快地带来大批竞争对手的同时，也使得整个市场被迅速拓展。

激烈的创新竞争可以被简化为资本和资源整合的制度化过程，在产业集群内部，存在复杂的转包与生产能力共同利用的关系，彼此之间进入壁垒是很低的，而且某个企业生产新产品或开拓新市场的相对优势是短暂的，在产业集群中，市场是透明的，信息扩散迅速，所有企业都在通过动态组合与相互学习来提高效率。如果某些企业创新失败，也能够让其他企业迅速吸取教训并及时修正，一个企业的失败可能促进其他企业的成功，于是，整个产业集群持续不断进行试错（Error - test）与改进。在缺乏其他协调手段的情况下，依赖观察—模仿—创新的路径能够有效地把握市场与技术的变化趋势。关于模仿与复制的道德问题，可以通过本地化的行为惯例来约束。

产业集群的效能之一，就是相互邻近以提高学习效率，使企业能够适应外部环境的不断变化和促进新技术的发展。企业长期生存和发展的关键是要能够识别、获得、积累和吸收新的信息与知识。但是，由于企业学习往往存在历史经验性和路径依赖性，产业集群在深化集群内部企业的关系的同时，也可能会阻碍集群企业与外部的联系，导致自满、短视和僵化，对此，波特特别提醒——"成功孕育着失败"。对于这个学习中可能出现的僵化现象，可以这样解释：组织学习行为通常基于三种逻辑，首先，组织常规行为更多是出于合适或合法，而不是最优；

其次，组织行为具有历史依赖性，基于对过去的经验总结多于对未来的展望；最后，组织行为是比较指向的，其行为更多依赖其观察到的结果与其憧憬的结果之间的联系与偏差，而不是目标本身（Levitt and March，1988）。①

（2）知识溢出媒介

在产业集群中，知识溢出产生创新，并由创新带来竞争力与经济增长，创新是产业集聚导致经济增长的中介变量，我们可以通过各种工具对其进行测量和反映，如企业申请的专利数；新企业的产生数——这往往是现存企业难以接受创新思想所导致；同理，新的投资额也在一定程度体现创新思想；还有工资与就业增长率，其内部也蕴含了创新带来的经济成果。在集聚经济的创新与知识溢出方面，产业的研发（R & D）和大学的研究都是知识生产函数的输入变量。

①地理创新生产函数。

$I = IRD * UR$

I 表示创新性产出，IRD 表示私人企业在研究与开发上的开销，UR 表示大学等研究结构所承担的研究项目的开销。该函数把研究的重心与对象从传统的企业层面转移到地理区域层面，反映出促进知识发展投入最多的区域，知识溢出现象也最广泛，各种创新活动就会在这样的区域集聚成群。

费尔德曼计算出了创新经济活动地理集中的基尼系数，发现影响产业集中度的一个关键因素是新的经济知识在该产业的重要性，即创新活动具有在那种产业研究与开发活动、大学研究活动和熟练劳动力富集的区域集聚成群的空间倾向性，费尔德曼把熟练劳动力也纳入了知识溢出，认为熟练劳动力的流动使固化在其身上的各种技能扩散开来。

① LEVITT B, MARCH J G. Organizational Learning [J]. Annual Review of Sociology, 1988 (14)：319 – 340.

②专利文献的引用。

虽然知识流是看不见摸不着的，而且它们也几乎没有留下什么可供人们测度和跟踪的线索，但是今天的我们却可以通过发明专利文献的引用数和一定时期或者一定区域的发明新产品数进行分析。有学者通过对专利引用的数据分析发现，同城专利引用率是对其他城市引用率的 5~10 倍，而引用频率随着时间的拉长而逐渐减弱（Feldman，1996）。

③人们头脑中的思想。

各种思想是蕴含于拥有一定技能、知识和知道如何推动技术进步的人群中的，在这里，有学者认为"明星科学家"在推动知识商业化的过程中起着至关重要的作用，其影响力超过平均的人力资本（Zucker & Darby）。也有学者反对，认为发展与采用新技术的能力取决于区域经济中的人力资本的平均水平（Lucas，1988），或者城市与区域经济增长率水平的高低与人力资本平均水平正相关（Glaeser，1992）。我们可以中庸地认为，核心人物对新企业的产生与运作的作用是无可替代的，但这不是确保区域经济及产业增长的充分条件，技术密集型产业集群尤其如此。

在产业集群内部，不少企业主是朋友或亲戚关系，这种产业网络和社会网络提供了各种正式和非正式的交流渠道，促进了知识流动，对于新观念的传播和创新十分重要；相对于企业业主，集群内部的普通员工由于跨企业间流动频繁，这种不稳定的非正式劳动力网络关系也会借助于以前的同事或朋友关系使得知识在此网络内得以流动。

④货物中的思想。

一系列实证研究认为贸易是知识溢出传导的基本机制，知识已经固化在货物中，成为创新者无法从交易中收回的超额价值。

所以说，企业在学习过程中的实际表现与传统管理文献的描述是有差别的。学习是建立在常规行动基础上的，并且倾向于自我强化，而不是偏离原来的状态。因此，成功的产业集群较少来自于外来干预，而是长期形成的，并且具有路径依赖性（Glasmeier and Fuellhart，1996）。

5.3.3 学习路径与创新循环

产业集群的竞争优势之一就是其创新效率，接下来，我们引进"脚本概念"与"组织学习理论"（Cohen and Sproull，1996）来解析其学习与创新循环行为过程。脚本有一个它的框架结构，由一系列代表各种活动的结点组成，每个结点代表不同的替代物，表示完成一种活动的不同方法。脚本概念包含了各种不同层次的创新，有"彻底的"框架结构创新，这种创新类似于熊彼得的"创新组合"；也有增加"参数"的创新，在脚本实施中，各种活动以新的方式来完成，但脚本框架结构不变（Nootboom，1999），见图5-2。

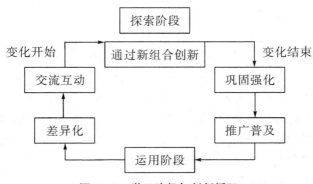

图5-2 学习路径与创新循环

组织学习过程包括"探索（知识）"与"运用（知识）"两个阶段。

最初，人们可能已经发现了一种新的实践方法，但是还不能准确理解它是如何运行的，也就是说，这时的知识还是程序化的，而不是陈述性的（Cohen and Bacdayan，1994），是隐含的而不是文献性的。彻底创新的知识性成果还存在多种不确定性，创新的实践还不明确，还需要经过多次试错进行巩固强化，在此基础上再进入"主导设计"。新的实践可能会受到过去实践经验的阻碍，过去的实践也会成为新实践的累赘，过去实践所经历过的种种失败与障碍在用各种方法在新的实践中实施与验证时会受到嘲笑。

对一种新的框架还没有深入探究以至产生一个最优的"主导设计"之前，还不能过早地进入巩固强化阶段。知识的发展需要经历从程序化到陈述性，从隐含到文献的过程，当然，许多隐含因素在一定程度上会继续隐含。这时脚本的框架结构才逐步明确下来，并且能够得到详细说明，这需要合理性、系统性和科学性地分析，以及正式程序和培训，接着，需要专业化和劳动分工，需要确立某种标准来衡量脚本中不同部分间的边界。这样才能把已经确定的"主导设计"运用于新的环境，进入"推广普及"阶段。

巩固强化和推广普及阶段可以看做是进一步利用知识或继续学习的过程，这时结点中的替换物越来越少，结点间的顺序趋于稳定，直到在现有环境中出现最优化的实践，并且不断扩展最优化实践的适用范围。

随着推广普及，新实践被运用于不同环境，要恰当运用新实践就需要根据不同的环境做适当的创新，并且要承认和允许这种改变。这样，就进入了差异化阶段，该阶段主要是增量创新，不同替代物进入结点并且结点的顺序作某些变动。在差异化阶段，切忌将原来的所谓"最优化"模式标准化，变为常规活动，这样的话，差异化就不会产生了，也没有了交流互动。

不同条件下的实践在新环境的失败会产生调整的压力，框架结构又开始变得不太稳定，表现出混乱，各分支向不同方向延伸，于是开始"清理"，成为一个严谨的结构；同时，这也预示可能发现新的结点、新的结点框架与组合。在不同的脚本框架中有一些共同的替换物成为脚本的结点，因此，当它们向新的方向扩展自己范围时，这些脚本彼此就联系起来。在"交流互动"阶段，新组合的联系较为松散，处于混乱状态，并且新组合处于不断的试错中。

差异化和交流互动阶段可以被看做产生了早期的探索。在推广普及阶段实践中的多样化或差异化，交流互动以及新组合的实验是探索多样化的前提。环境的多样化产生了多样化的需求，而知识则是环境的能动反映。

从理论上讲，学习与创新过程不一定是严格按照这个顺序发展的，如可能直接从巩固强化阶段发展到差异化阶段，但是，在实践中却大都是循序渐进的。巩固强化是扩散运用的前提，同理，差异化的利用也是多样化探索的前提。

需要补充的是，信息技术的发展使得相对复杂的知识也能够长距离高效廉价地传播，通用符号与专业技术术语被大范围普及，使得经济上有用的知识和思想的全球共享更为可行。这种知识与信息的交流，会导致更大的质量差异化和更多的制造商的出现。贸易与竞争带来知识扩散与差异化创新，厂商会根据竞争对手的反应更为积极有效地进行产品与技术改进，共同扩展市场。这也是一些国内学者将产业集群描述为具有空前剧烈的生存竞争的原因吧，但是，他们只是反映了硬币的一个侧面，对另外一面深层次的知识扩散反映得还不够充分——信息革命与经济全球化带来的专业化的重新洗牌并没有我们想象中那么可怕。据巴黎国际信息研究中心（CEPII）的统计数据，欧盟内部常规耐用消费品制造业产业内的白热化竞争带来更多的是差异化，而不是厂商的倒闭。

最后，我们还需要厘清一个问题，即产业集群的知识溢出和创新是怎样受到地方化经济与城市化经济影响的。其实，"地方专业化"与"城市多元化"，可以产生两种兼容的创新与学习路径。"地方化"经济可以让一些企业从与生产相同或者类似产品的产业集群中得到好处，如计算机、光学制品等；"城市化"经济则是当企业开始创新时，可以靠近非常广泛的各种不同的经济活动，各种不同的产业部门、研究结构、商业中介，以及紧密的社会文化制度网络。当然，地方化经济与城市化经济并不排斥，许多大都市，如洛杉矶既存在广泛的各种产业，又是娱乐、航空航天和时装的集中产业区，又如新泽西中部是著名的医药企业集中地区，也同时大量存在许多其他的各种不同产业。大量证据表明，创新和经济增长既来自于地方的城市化，又在一定条件下来自于某个（或某些）较为狭窄产业的专业化（Glaeser，1992；Glasmeier，1987；Harrison，1992，1995；Kelly and Helper，1997），以及信息、机构和工人技能的多样化。而且，产业集群的发展主要适用于不断积累的多样化经济活动已经存在的地区，而不是正在出现的地区，也就是说，产业集群可能不会在达不到专业化的规模经济地区获得成功，它需要有足够水平的经济活动来支持创造新市场和保证产业间的联系。

5.3.4 网络中介与集群学习

（1）集群网络成员的内部学习与外部学习

在传统的市场关系中，相关企业往往不愿意泄漏其具体的操作过程或战略内容，以免被其他企业利用而使自己丧失竞争优势。在产业集群内的企业由于长期的委托关系与信任，会对自己和相关的其他企业关系有更深刻的认识，大家会发现，通过合作而不只是竞争将能够获得更大的共同战略利益，通过信息的通畅传递，减少机会主义行为，提高组织的"内部学习"和"外部学习"水平。这里的"内部学习"是指产业集群成员通过集群网络参与，增强对自身的认识和对自己能力的发现和理解（Day and Wensley，1988），比如，通过观察不同企业的经营活动，对比不同企业生产运作之间的差异，可以更好地认识到自身的优势和劣势；"外部学习"是指产业集群成员通过网络参与，可以提高对其他网络组织中的成员（包括竞争者与合作者）的相关认识，比如对集群网络中其他企业的能力有更多的了解，知道应该和谁打交道，彼此更加熟悉，沟通更加通畅，容易形成共同的目标和兴趣。

萨克森尼安（Saxenian，1994）就观察到在硅谷的酒吧里，经常有工程师聚在一起讨论他们在工作中遇到的技术问题，以此来认识到自己产品的不足，以便更好地完善之。相似的"CLUB 文化"也出现在北京的中关村（王缉慈，2001）。有学者曾对6 000家企业进行问卷调查，结果发现，有 54.5% 被访企业的创新信息来自于与相关产业集群内部各企业的交流（盖文启，2002）。正是由于这些企业交流沟通频繁，使得能够对自身优势劣势有比较客观清楚的认识，在此基础上产生更多的创意。

不同类型的产业集群，组织结构不一样，学习效果也是不同的，一些产业集群成员间联系比较密切，而另一些的联系却非常少，或者仅仅通过中介机构发生联系。很多时候，网络中介在激励企业之间相互学习，尤其是相互竞争企业间的学习上，发挥着重要作用。在竞争型产业集群中，大家都害怕失去各自的竞争优势，从而倾向于更少地交流，成员间的学习是比较少的，因此，一个强有力的中介机构或组织对网络的形成和维系非常必要，会促使形成学习所必需的信息开放和网络学习氛围。

普罗文与休曼（Proven and Human，1995）对美国木材再加工行业两个典型的产业集群及其中介机构进行了研究。集群 A

为竞争型产业集群，集群成员包括家具、机制木工产品、细木家具和原木再加工四个生产环节，企业产品线雷同，关系为潜在竞争对手。集群 B 为互补合作型产业集群，无论从规模还是产品类型都包含一个更为广泛的领域，包括全部 12 个主要生产环节。集群 A 中的中介机构是代表具有一定潜在竞争关系的同业协会，而集群 B 中介机构是代表互补性企业之间的一个联系平台。在中介机构的作用下，产业集群成员产生了不同的学习效果。

研究结果表明，中小企业参与网络活动的确发生了组织学习，企业不仅对自己有了更好的认识，还对网络中的其他成员有了更多的了解，实现了内部学习与外部学习。通过网络中介的学习活动，企业除了对集群网络内部成员企业的能力有一个更深入的了解外，还拓展了对竞争对手的了解。"与一个从前认为最不可能打交道的企业结成关系，这非常有趣。我们与竞争者的行事方式差别很大，但正是这些差别使得我们能很好地共事……因为我们是竞争者，但同时我们之间又具有互补性。我关心某件事，而他关心其他的，通过参与网络活动，我可以了解竞争者，看他们的能力是否优秀。比如我有一个不能马上为之服务的客户……我会自问谁能够在这个领域帮助我，答案是我的最势均力敌的竞争对手。但是，只有通过融入他所在的网络，我才能知道这一点。"通过参加集群网络活动，许多企业会把竞争对手当做企业业务的潜在资源。

调查结果还显示，A 网络内的企业无论对自身能力的了解程度还是对其他成员及竞争对手的了解都远大于 B 网络的企业。也就是说，相互作为竞争对手的网络成员通过网络中介平台会比互补性网络成员取得更好的学习效果，这与普通的常规思维是不一样的（见表 5 - 1）。

表 5 - 1　　　　　　　　不同集群网络中的学习效果①

	A 网络	B 网络
内部学习	把自己同（网络内）其他成员比较非常有意义，因为你会发现大家在很多方面不同，因而会使你感觉良好或者使你感到需要学习的还有很多。	通过接触，我发现某些地方我们比（网络内）其他企业强，而另一些地方它们更好，这是一个学习的过程。
外部学习	我对网络内的企业的能力（比网络外）了解得更多，如果你清楚它们的能力，那么你就会知道该怎么跟它们打交道。	我对成员更为熟悉，所以交流也容易得多。
	我们与一家企业（竞争者）目标是如此的不同，但正是这些不同，使得我们可能更好地一起工作，直到我们在一起我才知道这一点。	通过网络活动，我可以了解竞争者，知晓他们的能力。

（2）网络中介的影响与作用

网络中介的主要功能就是便利网络成员之间的交流，最终影响网络成员间学习。如行业协会这一重要的网络中介，在我国的包装印刷工业园区，以及在硅谷、剑桥的工业园区和班加罗尔的软件产业园区内都有着重要的作用，行业协会作为中介服务机构，是网络成员之间交流与相互学习的桥梁和纽带。网络参与为产业集群内部成员，尤其是中小企业提供了一个通过市场协议无法达到的了解内部能力或竞争能力的机会。通过市场竞争或与顾客和竞争者打交道，虽然可以使企业认识到它们能够做什么，不能做什么，但是做起来却伴随着巨大财务成本。而通过在产业集群中的合作活动，既可以学习，又不至于在竞争中被击败，或者付出昂贵的学习成本，因此，集群内部网络

---

① 借鉴普罗文与休曼 1995 研究报告。

成员的交流为企业认识自身能力提供了一个比市场交易更好的途径。

普罗文与休曼（Proven and Human，1995）的研究发现，主要由竞争对手构成的 A 网络中介的活动比由合作者构成的 B 网络的中介作用具有更大的不确定性和探索性。A 网络中介的兴趣在于在相互竞争的企业中发展合作关系，把组织演进和拓展企业间联系的重点放在努力为会员企业做全新的事情上。在加入网络之前，A 网络成员之间很少交流，一旦进入网络，就会形成复杂的相互关系，形成了权利和义务约束，鼓励信息交流，从而提高了对自身和其他企业的学习。在 A 网络中，许多中小企业有相同的生产线，在相同地理区域，在进入网络后，随着网络参与程度的加深，横向联系的企业发现存在比过去更多的直接竞争者，并且竞争者之间建立了信任机制，于是懂得了如何更有效率的进行竞争。研究结果显示，当企业联系发生在竞争者之间，而不是供求者或其他辅助企业时，参加网络活动，组织学习确实增加了；与之相反，在互补的企业间或已经建立联系的企业间的 B 网络进行会员交流，虽然更易于管理、有利于会员交流，但是比较缺乏创新。也就是说，组织成员是那些已经存在合作关系的企业，如供求关系或配套关系时，参加网络活动，也增加了知识和对网络内其他会员企业的学习，然而，这些不同类型互为配套的企业之间相互作用非常有限，只会发生低水平的组织学习。同时，参与网络活动的企业对自身能力的认识也相对有限。此外，与其他会员发生相互作用的主要机制表现为，当有新的机会出现时，由网络中介机构提供信息，在这种情况下，会员很少有机会了解其他会员的能力并和自身能力相比较（见表 5 - 2）。

表 5−2　　　　　　组织学习中网络中介机构的作用①

	A 网络	B 网络
会员交流	我们此前是零散的，企业间基本无沟通，所以网络中介作用就是在会议上引导新成员……直到他们在网络中自如的交谈。	我们利用一个网络流程向会员传递特殊机会信息……即得到商业机会后，我们用电话或者传真方式通知他们。
	在会议上，我（网络中介机构）会跟他们交谈，因为至少一开始，他们会觉得与竞争对手交谈很可笑，我希望他们在会议之外也能够网络化沟通，这样社会化进程就开始了。	我（网络中介机构负责人）的一项重要工作是发挥配对作用……尽力发现那些可以与其他会员合作的会员，或者尽力将我们得到的商业机会传递给合适会员。

产业集群理论模型与实证研究

---

① 借鉴普罗文与休曼 1995 研究报告

产业集群运行成本、
绩效与风险研究

关于产业集群的集聚效应的研究是非常多的（Marshall，1920；Weber，1909；Becattini，1978；Krugman，1991；Porter，1998；the OECD，1998），产业集群的成功案例也从欧洲到美洲，再到许多的发展中国家与地区，可以说是遍布全球。产业集群的显著绩效毋庸置疑，并主要表现在两个方面，首先，它能够有效地降低市场交易成本与新经济时代非常重要的学习与创新成本；其次，它能够带来集群化与专业化的规模经济与范围经济，在资源互补、专用性资产共享与创新方面也极具优势，能够有效增强系统的学习能力、快速满足不断变化的市场需求，并实现内部有效的动态协调。但是，在关注产业集群绩效的同时，我们也不能忽视产业集群内部蕴藏的潜在风险，需要对其各种类型的风险进行解析，并设计相应的对策。

6.1 产业集群运行成本研究

我们前面对产业集群的合作、信任、学习与创新等行为进行了分析，而这些行为的发生是会产生成本的。接下来，我们将从交易成本、机会成本、生产成本、学习成本及社会福利成本等方面分析和研究产业集群的运行成本，分析产业集群是如何最小化机会成本、最小化生产资源成本（生产成本、交易成本和学习成本），获得重要利益相关者的支持，并付出较小的社会福利成本的。

6.1.1 产业集群运行成本研究

在全球化与新经济的背景下，机会成本是企业可能付出的最大成本代价，产业集群中的企业由于信息的快捷传递，能够大大地减少机会成本；同时，在产业集群这种治理结构中，内部企业的交易成本与学习及创新成本节约是其主要的竞争优势所在，而社会福利成本是产业集群良好运行的有效保障，生产成本作为最基本的成本也会由于专业化与范围经济而大大节约（见图6－1）。

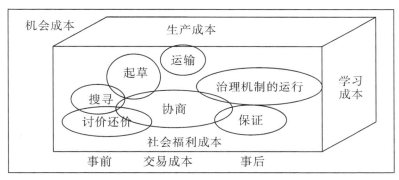

图6－1 产业集群成本结构图

（1）机会成本

经济学是很重视机会成本的，机会成本是某项资源因投入某一用途，而丧失的可能在其最好的替代用途上生产出来的商品或服务的价值。企业经营者需要经常在机会成本与生产成本、学习成本、交易成本以及社会福利成本之间权衡。在企业之间进行交易的最有价值的产权，通常是那些被预期能够提供超额利润或者租金（Penrose，1959）的部分，而这一部分是需要货币、物质、人力和社会专用性资本的长期投资的，问题是，这类专门的长期投资的回报面临极大不确定性的困扰，这类专门投资在它们被投入到生产活动之前，其交易的时间不可能被完全确定，也不太可能事前对这类投资的交易条件做出准确的描述。

在产业集群中，由于集群效应与范围经济，为这类专门投资提供了一定程度的保证，这样一系列专门投资的结果，有效地降低了机会成本。也就是说，广泛的产业集群外部环境有助于企业增强对动态环境的发展趋势与市场机会的认识与把握，从而降低了机会成本，并且，产业集群内企业具有独特的松散性和多样性特征，能够动态地组合，具有快速市场响应的能力，与单纯市场或者科层制相比，这种交易模式具有更低的机会成本。

在产业集群中，成员企业间相互作用、相互适应和相互学习，从而，相互承诺也是必不可少的，这将导致这些与承诺相关的资源的使用存在较高的机会成本。尤其在社会性根植很强的产业集群中，组织内部合作更加紧密，在成员结构上出现重大变动与调整会很困难的，这样，机会成本会上升。也就是说，产业集群组织成员结构如果是稳定的，那么，许多新的机会将会被大家所忽视。

（2）交易成本

威廉姆森在相当大程度上改变了经济学家思考成本的方式，使科斯（1937）关于交易成本的论述开始被大量应用，而威廉姆森本人也成了交易成本理论的集大成者，威廉姆森将交易成本区分为"事前交易成本"和"事后交易成本"，事前交易成本又分为搜寻成本、协议起草成本、协商成本、讨价还价成本以及预定维护协议的成本，事后交易成本分为交易管理机构的建立及运行成本、调整与适应成本以及保证协议安全生效的抵押成本（1985）。

交易成本中最基本的是运输成本，产业集聚可以视为是一种生产要素的集聚，如果生产要素不能流动，那么产业集聚也就不能产生。但是生产要素的流动产生产业集聚，还需要一个先决条件，那就是较低的运输成本、较大的规模经济和较大的市场份额，只有在规模经济效应大于运输成本节约时，产业才会倾向集中（克鲁格曼，1998；梁琦，2004）。

在产品质量要求极高的今天，零部件及其他资源的选择往往是决定企业成功或失败的关键，大多数企业都会致力于搜寻和评估供应商及其他参与合作伙伴、市场交易规则与行业通用标准。搜寻成本变动幅度较大，受到许多因素的影响，其中，区位要素是影响搜寻成本的一个重要因素，产业集群内的企业因为相互更多的了解而具有更多的搜寻成本优势，而且，产业集群内部各种方式的交流也可以降低搜寻成本，比如，通过拥有相同社会经历（就读相同学校，或属于同一社团组织）的管理人员的私人聚会等。

产业集群内企业总是与功能发达的专业市场相共存，以快捷捕捉到各种最新的市场信息，并借助丰富的人际渠道将信息高效传播，节约企业搜索市场需求信息的时间和费用，使得企业生产更加贴近市场，甚至超前于市场。如浙江永康的小五金企业，把本地的五金城和近在咫尺的义乌市场作为自己的重要窗口，接纳它的丰富信息，借助它的销售渠道，实现了制造业市场需求信息的快速获取。永康的五金产业集群拥有近5 000名的市场营销人员，这些人员和特定的市场联系而不是和特定的企业联系，他们活动在全国的各大城市，为永康的各家企业推销产品，只要新产品一出来，马上就能通过上述三种渠道进入相关经销商视野，大大减少了产品推广的时间；同时，这些营销人员也将全国各地的市场需求信息反馈给集群内各企业，大大降低了企业搜集市场信息的成本。

协商与起草协议时的讨价还价是另一种类型的交易成本，讨价还价本身通常意味着更高的交易成本，维护协议也会产生交易成本，它可能需要引入第三方加入，而第三方对相关专业问题知识与看法也可能不同于交易双方。在不确定性的条件下，特殊资源的反复交换，使得产业集群内依靠信任机制来降低协商成本的可能性大大提高，当然，信任也是有成本的。

产业集群还可以依赖网络化组织，通过替代效应来降低事前交易成本，集群内参与者具有更多的交易经验，他们集体分享了交易的知识，就可能化解有限知识的消极后果，降低网络中高度不确定性条件下专用性资产频繁交易产生的交易成本，而这种不确定性又是高技术产业的重要特征。

事后交易成本通常比事前交易成本具有更大的可变性，大多数商业交易的结果都要等到事后才能揭晓，这会产生风险，而且各方对未来的预期及其实施常常是不一致的，常常需要针对具体情况来调整他们最初的协议。在产业集群内，大家会采用更为稳定温和的合作方式，并愿意承担由此产生的锁定与沉没成本。

对产业集群来说，保障协议执行的成本也相对较低。在产业集群治理中更多的是依赖信任，从而为集群组织成员提供了被威廉姆森描述为可降低机会主义行为可能性的各种内生集体性保障措施（Helper and Levine，1992）。这时，产业集群组织自身就成为了各种成本高昂的外生性保障（如中介、法院和仲裁）的替代，以这种方式防止参与方冲突，并大大降低交易成本。

在产业集群中，由于事后不能相互适应而不断进行调整的成本更低，在参与方相互信任时，出错的概率也更低。在信任的前提下，对于事后可能出现的情况，各方不必在最初就不得不做出具体明确的判断与决定。当然，如果相互失去信任，那么，参与各方不得不回到正式的治理框架中，一切按照正规的，也是代价高昂的机制运行；如果确实不能履约，将终止交易，这样会带来更高的成本。

产业集群网络建立与运行的成本也明显低于零散的以市场为基础的交易成本，以及科层制下的管理成本。社会学研究也认为，根植性能够为企业提供交易成本的优势（Granovetter，1985；Lazerson，1993；Grabher，1993），帮助企业降低搜寻成本、讨价还价成本以及监督履约成本。

（3）学习成本

学习可以通过观察或者输入而获得，通过观察的学习，是通过贴近知识源工作来获得；通过输入的学习，是将知识源融入到组织中。产业集群的优势就是使用这两种学习方法更加的便捷。产业集群中的企业可以更容易或更迅速获得更多的经营信息，除了编码性知识外，还可以通过近距离接触获得隐性知识，这样，就降低了原来通过市场交易方式获取知识的成本。当然，不同企业的学习方式与进度是不同的。与多家供应商或者中间商合作的企业可能获得更多的知识。

学习有两种形式：实质性学习和过程性学习。实质性学习针对具体的知识，而过程性学习针对如何学习知识，在产业集群中这两种形式也都在以更低的成本加速进行（Wesrney，1988）。

在集群内相互信任的环节下学习，比与大量不熟悉的合作者学习成本更低，相互熟悉意味着大家能够很好地掌握双方共同拥有的，使大家相互联系起来的东西，较少出现不适应情况；同时，由于合作者限定在一定范围，重复交易的过程性学习将被限制在一定程度上。

学习需要不断的信息交换。相对于单个企业或者一系列双边关系企业，产业集群中的信息通常在大量的企业间进行更有规律的交流，更为频繁的信息交换可以让产业集群中所有企业都面临更加多样化的外部信息环境，而且通常能够获得远多于单个企业所能获得的信息。由于产业集群中的企业可能拥有提高个体的专业化水平的能力，产业集群外部环境的多样性也就意味着以学习为目的而获取的信息可能更为可靠，尤其当产业集群成员间存在高水平信任关系时，这样的信息会更加有效（Normann，1971）。

学习是创新的基础与前提，创新过程就包括学习和信息的传递。当信息是在信任条件下进行交换时，更多有价值的信息将被交换（Oliver and Libeskind，1995），这直接导致更低的创新成本，这也许就是在同等条件下，产业集群往往能比通过市场交换的其他形式产生更多的创新的主要原因。

产业集群对学习成本也可能会带来负面影响。产业集群的稳定关系会产生"群体性思维"和越来越多的承诺，那么，就会减少学习，或者增加学习成本。在根植性的产业集群中，甚至会出现新知识学习困难的局面，因为，在根植性网络中，组织成员仅能接触到较少的新知识来源与较少的多样化信息，从而使其知识受到局限，并且，根植性还经常过滤掉那些与大家共同接受的观点有分歧的有用信息。

总的来说，产业集群能够在一定程度上降低学习的成本，并加速创新，但同时，如果过度的根植，集群可能也会面临更高的机会成本。

（4）生产成本

这里的生产成本是广义的生产成本，不仅包括原材料成本、劳动力成本、存货成本与贬值成本和资金成本，还包括管理费用和销售费用。管理人员只通过交易成本来考虑治理模式显然是不可能的，许多交易成本与生产成本是密切相关的。

在产业集群中，合作各方关注自己的生产专业化水平的提高，尤其范围经济或规模经济主导的产业，产业集群内的企业规模经济效益的源泉是单一品种或者某一纵向环节的大规模生产制造。不可避免的，这种密集的网络化组织形式也会发生更高的（可能表现为潜在的）交易成本。产业集群中供应链协同进行产品设计、开发和其他形式的创新，能够更好地适应市场的迅速变化，降低机会成本与生产成本，但是，由于相互的资源依赖，交易成本也会相应提高。

相反的情况是，在一个根植性的产业集群，由于信任与社会关系，交易成本降低的同时，也可能会抑制学习以及排斥其他竞争者进入，从而失去降低生产成本的机会。

（5）社会福利成本

社会福利成本经常在企业集群"租金"中反映出来，并具有正的或者负的外部性，如对员工的专业技能培训，较高的工资福利水平等。产业集群中的企业可能会担心在他们从员工技能中收回投资之前，员工就已经离开了企业，因而在减少员工技能方面的投资；当然，也可能为了竞争的需要，加强人力资本的开发，或者提供更好的开拓性工作环境。

6.1.2 产业集群运行成本综合研究

在产业集群中，各种成本并不是单独存在，而是相互交错、彼此影响的，或者此消彼长，或者共同增加，或者共同消退。因此，产业集群的成本节约是整个的综合成本的节约，而不是某一个成本的单独节约，某一项成本的节约可能是其他成本增加的代价；反过来，某一项成本的增加可能带来整体综合成本的大大地节约。比如，在分析交易成本时，事前交易成本和事后交易成本往往是相互依赖的（Williamson，1985）。实现经济效益的目标包括交易成本和生产成本的均衡，管理层的目标不只是节约交易成本，而是同时实现交易成本和新古典经济学生产成本的节约……需要用替代方式同时检验可选产业组织模式的生产成本和交易成本的具体情况（Williamson，1985），强调规模经济的产业，为了获得学习效应，可能会放弃生产成本和交易成本上的规模收益，减少纵向一体化，更多的外购。这样做，更多的市场交易会产生更高的交易成本，但是，可以降低采购部分的学习成本（干中学），同时降低企业内部管理人员的机会主义行为。

在产业集群中，还存在其他各种成本之间的替代与均衡（balance）。

在早期对拥有稀有资源或能力的供应商的搜寻中，核心企业学习了大量关于这种特殊资源的市场供给方面的知识，早期的搜寻成本可以转化为后期的学习成本；类似的，商务交往中的学习成本包括事前学习成本和事后学习成本，而如果事前学习不足的话，事后的学习成本可能会非常高。

讨价还价作为交易成本的一种，讨价还价越多交易就越充分，也就是说，较高的交易成本有助于发现降低生产成本的方式、建立能降低网络组织治理成本的信任关系和避免机会成本的方法。在交易的维护成本方面，拥有大量交易经验或者彼此都有较深了解的参与方会认为他们能够减少交易的维护成本，以前的学习成本会也降低后来的交易成本，而陌生人的交易维护成本将非常高昂。

由于无法准确预测未来（如市场或要素需求），这将增加参与各方的生产成本，随着时间的发展，合作的目标会发生变化，从而需要更改条款或条件，而事后的讨价还价会更加激烈，成本也更高，参与各方会将失误或延迟归咎于对方在处置不可预见事件时的失误。这样，就发生了为处理交易争端而建立相应治理机制的成本，这些交易成本与前期的学习成本是互补的。随着时间的推移，规制有限合作者的经常性交易的学习成本的收益将转化为更有效率的较低的治理成本，并降低产业集群网络以后的事前与事后交易成本。因而，集群网络的学习活动比其他治理形式出现得更为频繁，学习过程也必然伴随更高的交易成本，如果这些更高的交易成本能够带来更好的产出或降低其他领域成本的话，这些学习成本就是可以接受的。管理学中，经常把合作看做是一种学习途径（Powell and Brantley，1993），一个有持久性生命力的企业不止是致力于降低生产成本与交易成本，还必须关注如何创新与降低学习成本。

这里还有与制度相关的成本，政府的干预是否能够促进交易成本或生产成本的降低呢？萨克森尼安的研究成果表明，地方政府通过税收、土地等手段可以大幅降低生产成本，此外，大量的风险投资也是激励创新，并降低创新成本的核心因素。

通过上述的分析，我们发现产业集群组织是一种占优的治理机制，在这里，各种经济活动的综合总成本相对较低。

6.2　产业集群经济绩效研究

产业集群的经济绩效表现主要包括静态效率与动态效率两个方面，静态效率反映为产业活动过程中的规模经济与范围经济，而动态效率则主要是创新效率。关于动态创新效率，存在两种对立的观点：一种观点认为大企业是创新的源泉；另一种观点则认为小企业更加具有灵活性。我们认为，在产业集群中，核心大企业与小企业在创新活动过程的不同阶段，各自发挥着自己的不同作用，并通过对产业集群中的创新活动及扩散过程解析，研究其各阶段的动态效率。

6.2.1　产业集群静态效率

静态效率主要是指企业在生产、销售和流通过程中的成本节约，表现为规模经济和范围经济。产业集群的静态效率主要就是广大中小企业集聚产生范围经济及各个环节上的规模经济。

（1）规模经济

规模经济就是由于生产、研发、营销及管理等方面的大规模，而产生的单位成本节约，或者产出的大幅增长。对企业规模的度量尺度并不统一，有的采用企业年销售额或年产值，有的则用企业经营资产规模或股本额，还有的以企业内部所包含的分支机构的多少，或者以企业员工数量作为衡量尺度。总体来说，国内侧重产值或增加值标准，国外更多倾向于员工数量标准。产业经济学大师泰勒尔认为，经济学意义的企业规模特征包括两个部分：一部分是企业重复生产同种产品的数量大小（企业的横向规模）；另一部分是企业内部包含的生产环节的数量，即内部一体化程度的高低（企业的纵向规模），这两种规模特征共同决定一个企业的规模。如在浙江苍南县金乡镇徽章产业集群，一枚小小徽章的生产环节包括设计、熔化金属、写字、刻模、晒版、锤打、钻孔、镀黄、点漆、制针、打号码、装配、包装等十几道工序。这些本可以在一家企业内部完成的活动，却在独立的加工企业或加工专业户之间分工完成。另外在陕西省户县果品纸箱产业集群中，纸箱厂专做纸箱，而纸箱内的衬垫纸板、隔挡纸板这些本可以在纸箱厂生产的配套产品，却由当地其他企业生产。这样将简单的生产环节进行分离，节约了成本，提高了效率，形成了规模经济（张元智，2004）。

关于企业的规模经济性，或者说是规模经济还是规模不经济一直是经济学领域的热点争论问题。在现代企业经济学文献中，规模经济效应是被大多数人所认可的，通常都认为：随着当代社会生产力的发展以及生产的自动化程度的提高，可变成本大幅下降，投资成本大幅上升。固定成本的增加，不只是体现在生产用物质资产的增加，而且包括用于研发、营销和管理的物质资产与非物质资产的增加（Ohmae，1989）。这时，大企业存在着更高的技术经济效应，可以实现更深层次的劳动分工，采用大型的生产效率更高的设备进行规模生产，雇请各种专家来从事管理或技术工作，能够在技术研究与开发，以及市场营销方面投放巨额资本，最后可以分摊到大规模生产的产品上面。

在企业不断追求规模扩张的同时，"小的总是美好的"之类的观点也常常出现在经济学和企业管理的文献中，这类观点主要认为：厂商如果试图扩大规模，增设分厂，很可能被迫增加新的管理层级，而层级的增大意味着管理成本的增加；大企业还存在着员工激励上的难题，因为大企业中各个环节各个岗位上员工的工作绩效很难与公司的经营业绩直接联系起来；另外，大企业机构庞大，管理层级多，导致决策和控制信息失真，管理组织官僚化，这些构成公认的"大公司病"或者大企业存在的"X非效率"。

虽然相对于大企业的许多弊端，小企业表现出更好的灵活性，但小企业也有小企业的短处，比如：专业化人才有限；更多的是实用的、短期的和临时性方案，而不是明确的长期战略；有限的文献与隐含知识以及极少的正式程序，这些都可以解释为小规模的不经济性。对企业自身和它们的合作者来说，搜寻、评估、契约设计和实施监控等交易成本也都很高，由于缺乏风险承受能力与分担机制，违约风险也较高。

在杨小凯等新兴古典经济学那里，规模经济效应被认为是一个不恰当的概念，对规模经济的解释被转化成了对分工的解释，他们认为产生规模报酬递增的根本原因在于分工而不是规模。美国企业史学家钱德勒也从时间视角分析，认为规模经济包含有速度经济的内容，规模的扩大并不能保证一定降低生产成本，因为规模经济既依靠规模，也依赖速度和利用生产能力的强度，钱德勒还列举了大量的产业案例来说明规模经济在速度方面的意义。

综合上面的各种分析我们可以认为，随着专门化机器设备的采用和大量物质与非物质成本的摊薄及速度经济，企业的横向规模经济是存在的；但是，企业的纵向规模却与经济效益负相关，具有规模不经济性，纵向规模越大，即企业内部包含的生产环节越多，经济效益越差，而低水平的纵向一体化则是产业集群企业的显著特征。如果将产业集群中的企业与普通的企业做比较，我们不难发现，产业集群中的企业在横向规模上扩张了，而在纵向规模上收缩了，扩张横向规模可以获取规模经济，收缩纵向规模可以避免规模不经济，正是这一张一缩，为产业集群带来了更高的生产绩效，并赢得了竞争优势。

（2）范围经济

产业集群企业的规模经济与生产效率问题很大程度上还取决于扩大固定资产与固定成本的覆盖范围。如果集群内的企业之间不能共享资产，那么，产业集群效率也是不会很高的。也就是说，产业集群的真正优势不只是水平规模经济，还有非常重要的范围经济。

如果产品是有差异的，实现范围经济的机会就取决于如何灵活地利用资源（研发、生产资源、信息资源和流通资源），即能够在多大程度上把资源运用于不同的产品。比如，企业可以在同一流通渠道销售不同类型的产品，和在同一知名商标下销售不同的消费类产品。现代信息技术的发展让传统的机械化生产也具备了弹性的能力，可以灵活地柔性设计与制造。

只要现有资源可以灵活适用于各种新产品，企业就可以通过产品多样化或通过增加来自不同生产者的互补性产品来扩大范围经济，也就是说，范围经济的条件是需要资源能够很灵活地适用于各种不同种类和范围的产品。如果该资源与企业核心竞争力相匹配，就可以通过创立企业自己的新产品或通过兼并来实现多样化，但是，这样做可能太慢，还可能带来更多的成本和一体化风险。一般来讲，比较可行的方案就是通过松散式联盟或者产业集群的形式汇集来自不同生产者的互补性产品，实现范围经济。尤其对小企业来讲，通过与别的企业集聚成群和采用合作方式来分担固定成本、分享特定专业技能员工或专业设备，实现规模经济和范围经济是十分有益的（见图6-2）。

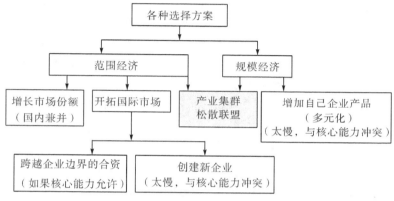

图6-2 规模经济与范围经济的选择

6.2.2 产业集群中小企业创新效率

产业集群中广大中小企业的动态创新效率，是一个富有争议的问题，也是产业经济学及产业组织理论十分关注的一个问题。有的学者从大企业的一体化结构优势视角，发现中小企业创新存在相当大的局限（Amin，1989）；也有学者研究发现，尽管独立中小企业很少参与研发，但一旦实施研发，或者在应用层面，往往做得更深入、细致和更有效率（Nooteboom，1991，1995），或者说，与大企业相比，中小企业中的非正式的研发活动发挥着更重要的作用；即使在公认的一体化大企业的优势所在研究与开发（R&D）上面，也有学者指出，就研发效率而言，中等规模企业与大型企业相比，规模越大的企业往往效率越低（Mansfield，1969）；在对美国小型商业企业的创新数据基础上，阿克斯和奥迪奇（Acs and Audretsch，1990）也发现，小企业的平均创新效率高于大企业。很多时候，大企业往往为了保护现有产品或技术的市场份额，而在运用它们自己的创新成果时表现得犹豫不决。来自乔治·华盛顿大学的研究也发现，销售额在一亿美元以上企业只有 51% 专利得到利用，而小企业的这个比率达到 71%（Weinberg，1990）。当然，小企业的研发也是离不开大企业的基础研究支持的，中小企业是他们的大企业合作者和大学及其他研究机构研发溢出的受益者，而这种接受的研发溢出对于中小企业的创新活动往往具有决定性的意义（Feldman，1994）。但是，就整个产业集群而言，小企业集群的创新效率是更容易为大众所接受的，即独立的小企业组成的非一体化集群结构可能具有更大的动态效率（Piore and Sabel，1983）。

上述争论的焦点在于创新与研发（R&D）往往需要大规模的固定投入，这对小企业而言，是很大的进入壁垒；但是，小企业的优势也是很明显的，尤其在创新性成果的使用上面，由于没有既得利益的干扰，所以，往往能够更加快速、灵活与果断地应对出现的重大变革。虽然小企业由于专业研究人员的缺乏，生产目标主要以实用性和短期性为主，在系统性的基础研究中处于劣势，但是，小企业却善于将别人的系统性的基础研究成果运用于实践并实现产业化。同时，尽管小企业拥有的专业性资源较少，但是，在研发活动中，受官僚体制约束也较少，表现得更具有活力。所以说，大企业的优势是表现在物质上的（有形的），小企业优势是表现在行为上的（无形的），二者存在动态互补（Rothwell，1989）。

除此之外，在动态的交易成本上，以及知识或能力的转移成本方面，大企业与小企业也是各具优势。小企业的研究人员很少遇到新成果能否被接受和采用的问题，知识转化成本较低；但是，小企业系统性技术增量创新较少，这需要持续的创新投入，以及不同企业之间的长期、稳定和系统性的联系，这种企业之间创新的市场网络联系成本，无疑会大于大企业内部的协调与管理成本。值得欣慰的是，在小企业集群网络中，一旦创新技术被确定下来，通过巩固强化阶段，并形成主导设计与行业标准后，小企业间的交易成本就会大幅降低。

在控制知识溢出和保护创新成果方面，对小企业来说，通过专利来保护创新成果的成本也是较高的，专利保护的知识主要是文献化的显性知识，而在小企业内部，更多的"专利技术"是隐含性知识，将隐含的知识文献化既过于昂贵，也没有必要；同时，隐含知识还有利于创新的运用。也就是说，虽然大企业的一体化结构在知识外溢的控制方面具有优势，但前提是知识不是隐含的；如果知识是隐含的，就没有必要为控制外溢而把不同企业集中在统一的所有权下面，控制知识外溢也能够在企业之间的知识密切交流过程中实现。

迈克尔·波特在研究了多个主要的多样化经营公司后，发现：企业购并正在由过去单一地通过并购实现企业资产规模扩张，转向企业并购与企业分拆并存，表现出了企业重组的特点。由于在企业内部存在着一种被称作被俘获的市场，即上一个环节的产出自然被下一个环节所接受，这就缺少一种创新的激励，于是，企业业务外包在许多环节展开，激励各个环节去面对市场，以提供更有效率的创新与生产活动。

6.2.3 产业集群创新循环绩效

通过前面对产业集群的学习路径和创新行为过程的研究，我们认为，在创新循环过程的不同阶段，创新绩效的表现及产业集群优势的发挥是不同的。接下来，我们就创新循环过程的每一个阶段的创新绩效进行分析。

一项基础性的创新成果，如发现一项新功能，在进入了最初的巩固强化阶段后，随着主导框架设计的确定，企业的注意力将会转向推广普及以实现更大程度的范围经济。这时，新产品市场份额不断扩大，新进入的模仿者也不断增加，最初由于创新而形成的专利技术垄断逐渐失效，随之而来的是价格竞争，这时，规模经济就是实现价格竞争的有力武器。规模经济主要通过一体化来实现，这个一体化要么是企业快速成长或规模扩张，要么是在经历创新阶段后幸存下来的成功企业对其他企业的兼并。

接下来，随着隐含知识的巩固强化与文献化，广泛传播与扩散成为可能，基础技术逐渐形成公开标准，这时，为了避免纯粹的价格竞争，在市场的驱动下，开始出现产品差异化。在产品差异化阶段，非一体化的产业集群形式往往比一体化的企业形式更具有优势。一般来说，在这个阶段，技术已经明确，不确定性减少，这为企业之间签订比较明确的正式契约提供了条件。尤其是在产品生命周期的后面阶段，市场已经成熟和比较饱和，潜在的市场空间已经不大，这为不愿意及不能作基础性创新，而只能做补充性的应用型创新的大量小企业提供了机会；同时，小规模不经济的劣势也因为差异化的细分市场而减弱。

在彻底创新和创新性破坏所形成的新组合阶段，由不同个体企业组成的集群非一体化结构在相互交流和新组合的探索方面更具优势；相反，随着生产系统连贯性被打破，一体化组织在系统连贯性上面的优势将逐渐消失，并且，它们的规模与成功大都是建立在现有技术基础上，所以希望继续从维持现有技术中获得更多的利益，会阻碍替代品的出现，或者漠视新环境的新需求和新机会。于是，创新形成的新组合经常成为导致现有的一体化结构解体的导火索。

也就是说，在最初的推广普及以及差异化的增量创新阶段，一体化结构由于生产系统的连贯性而具有优势，但这种优势在交流互动和形成新组合的创造性破坏中却变成了劣势。在产业集群中，非一体化结构使企业能更灵活地改变相互作用的模式，探索新的组合，如果失败，拆散它，再与其他重新组合，如此循环，直到相互适应，并继续保持动态调整态势（Nooteboom，1984）。

在交流互动和探索新组合阶段，现有知识和标准不再完全适用，具有较大的不确定性，企业不得不更多地依赖外部资源，而新知识往往又是隐含的，监督活动相应变得比较困难，为了快速灵活地探索到新信息，专用性资产和竞争能力互补变得更为重要，范围经济效应开始大于规模经济效应，所以说，产业集群式非一体化结构在创新效率上面更胜一筹，如果要在合资企业和产业集群网络之间进行选择的话，因为不确定性太大，后者会更有优势。

综上所述，如果创造性破坏处于主导地位的话，那么，非一体化的产业集群会更具有比较优势，尤其是在存在提供多样化产品组合的大规模市场环境时（这也是当前经济全球化背景下产业集群成为研究热点的原因之一），它可以通过分享固定资源实现范围经济。当然，为防范搭便车问题，也需要一定程度的集中监控。这时，大企业也可以利用这种方式进行彻底创新，即让小企业去探索新组合，一旦成功，就实施间接控制或接管。

最后，需要补充的是，产业集群并不总是创造性破坏的"引擎"。彻底创新需要非一体化结构，但是，并不是说非一体化结构就一定能够产生彻底创新，非一体化产业组织结构只是一个基本条件，而不是充分条件，彻底创新还需要产品差异化，以及实现产品差异化大的市场环境。

6.2.4 产业集群创新绩效与组织结构演进

在前面的创新行为研究及对一体化与非一体化产业组织创

新效率比较分析后，我们接下来继续以"学习路径与创新循环"为基础，分析创新循环过程中的每一个阶段，非一体化产业集群组织形式及一体化企业形式的创新绩效差异，相应产业组织结构演进，以及一体化与非一体化组织形式在创新与生产效率上的互补与替代。

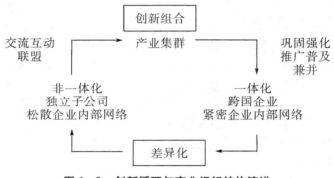

图 6-3 创新循环与产业组织结构演进

　　一体化式企业结构和非一体化式的产业集群结构并不是完全对立的，而是互补的，在不同的发展阶段各自发挥的创新效力是不同的。在创新循环中的探索创新组合阶段，产业集群形式的非一体化结构更具有效率优势；而在利用新组合实现生产效率时，较为稳定的一体化企业结构更具有效率优势。

　　在整个从差异化到创新组合的探索过程中，非一体化的创新效率是较高的。如永康市的五金产业集群，在短短10年的时间中就衍生出了涵盖机械五金、装潢五金、日用五金、建筑五金、工具五金、小家电等1万多个品种的产品，平均每年开发出1000多个产品品种；此外，在永康市五金产业集群，一个企业主提出一个制造踏板车的设想，并组织了50家相关企业进行合作研究。这50家企业在不到1个月的时间内就研制出各自所负责的配件，这些配件一组装就创新出了踏板车，并可以立即生产。如此快速的创新速度，主要是由于该产业集群内部各企业之间相对比较独立，内部网络十分松散，呈现出非一体化结构。

在差异化阶段，企业主要是在内部授权与放松控制，进行市场与产品改进创新，企业内部网络逐渐从集中走向松散，出现独立的子公司；在交流互动阶段，企业子公司开始与其他企业建立跨越原先企业边界的新的网络联系与战略联盟，包括与竞争对手公司建立联系；在新的创新组合的探索阶段，新的隐含知识开始出现，各自独立的企业之间通过相互作用与影响来获得隐含知识，具有自主权的个体企业为创新组合实验提供了足够的多样性与灵活性，在互补性隐含知识的基础上进行联合需要企业间密切的相互交流，在交流中，只存在有限的外溢风险并能够得到有效控制，这时，新技术的发展还不足以产生出统一标准，在一个主导设计出现之前，所有这些标准都是潜在的，产业集群中还存在许多的误解与试错，虽然从静态角度讲这个阶段是混乱与低效的，但是，从动态角度讲，这恰恰是非一体化产业组织结构的优势所在。

到了巩固强化与推广普及阶段，一体化组织结构开始展现出其更高的生产效率。在巩固强化阶段，为了更好地传播与扩散，知识开始从程序化和隐含性向陈述性和文献化发展。知识向陈述性和文献化方向发展，刺激了一体化产业组织的出现，并奠定了组织基础：知识一旦被文献化，就有可能实现规范化、系统化和科学化的管理，并有利于劳动分工，这样，空间距离的重要性也相应被削弱。原先的隐含知识只有在直接观察和相互影响基础上通过模仿实现转移，但是，当知识被文献化，就能够在很大空间范围转移了。从治理角度讲，当新技术已经出现系统化（技术之间的联系固定）时，就可以通过一体化把竞争性活动联合起来实现规模经济。

市场范围的扩展是随后差异化阶段的基础，差异化要求企业分散管制。在技术上要达到这一点，同时需要在巩固强化阶段大企业建立起某些标准来衡量技术上的可分隔性，以判断不同技术中共有部分的归属，这样才能够进行模块化生产（Langlois and Robertson，1995），并且使得子公司拥有更多独立性。

许多学者都提出了类似的观点，即在发展过程中创新本质的变化，首先是处于流体状态，其特征是通常由灵活的规模较小的个体企业进行许多彻底的产品创新；紧接着是专业化状态，重点在于提高已有产品的生产效率，由一体化企业通过增量创新实现（Abernathy，1978；Freeman，Clark and Soete，1982）。

从理论上讲，在新技术的初始阶段，产业集群网络效率较高，许多新领域都还在探索之中，新技术与新实践还处于模糊与混乱之中，这时就会有所谓的熊彼得式创新型产业集群出现。尤其是在规模效应较小、技术离散，知识隐含，不确定性高的条件下，产业集群创新效率在国际彰显。但在现实中，大多产业集群运行平稳，并没有要进行彻底创新的苗头；相对应的却是许多一体化的大企业（如3M公司等）正在不断地放松管制，让子公司拥有较大的创新与经营自主权。

6.3　产业集群运行风险研究

产业集群能够有效地降低不确定性和不完全契约带来的交易成本，形成规模经济和范围经济，并由集群知识溢出和学习带来高水平创新效率。在认识到这些优势的同时，我们也不能漠视产业集群潜在的风险及其危害。产业集群越成功，则越倾向于发展成一个封闭的系统，进而逐步丧失应对市场变化的能

力，导致其竞争力不断下降（Markusen，1966），如果这时产业
集群再遭遇周期性风险或结构性风险，将极有可能从此一蹶不
振。过去几年，产业集群的典范意大利艾米利亚—罗马格纳
（Emilia—Romagna）的主要发展机构——ERVETERVET[①] 和丹
麦技术研究院都面临困境（Glasmeier，1999）。类似的情况在我
国也有表现，如东北三省作为我国装备工业基地，拥有强大的
重工业装备制造集群，但自从20世纪80年代以来，由于产业结
构老化、产品不适应市场、技术落后、体制陈旧等原因，急需
重新振兴；浙江永康保温杯集群的发展"昙花一现"；浙江省最
早的产业集群之一——1979年开始发展起来的温州桥头纽扣集
群近年来也陷入了发展的困境。我们在关注产业集群各样优势
的同时，也必须认识到其潜在的风险，如果企业不引起足够的
重视并进行有效的防治，那么这样的集群很可能会在激烈的市
场竞争中逐渐失去竞争优势。

6.3.1 产业集群风险

国外现有关于产业集群风险的研究主要集中在三个方面，
波特从组织演进角度发现产业集群自从产生后就一直处于动荡
变化之中，随时可能因为消费需求的转移与技术进步等外部威
胁，或者群体思维与裙带关系等内部危机而导致组织僵化，从
而失去竞争力。其他学者也大都关注外部环境变化带来的影响，
如经济周期对产业集群的冲击———周期性风险（Cyclical
Risk）（Fritz，1998）；技术周期给产业集群发展带来崩溃（Dis-
ruption）的危险（Bent Dalum，2002）；以及区域产品生命周期

---

① A development agency, which was set up in 1974 to carry out regional planning
and contribute to the development of Emilia-Romagna's economy and society. ERVET trans-
lates regional plans into operational programmes, formulates and implements innovative devel-
opment projects, research and demonstration activities, and prepares and distributes techni-
cal, financial and market information with other parties.

（Regional Product Cycle）所带来的结构性风险（Structural Risk）——一个区域因为过于依赖一个产业的集群可能带来的长期后果（随着某个产业或产品走向衰退，可能拖垮整个区域经济）（Tichy G，1998）。在产业集群内部，还有集群网络风险，产业集群网络关系是其本质特征，能够有效增强集群竞争力，但同时这种网络关系也是一把双刃剑（Harrison，1994），其脆弱性或不稳定性可能破坏产业集群的持续发展，产业集群网络中存在各种资源如信任、关系等也可能会成为保护传统的力量，对创新产生抑制。

关于产业集群的风险类型，按照风险来源划分，可以分为内生性风险与外生性风险两大类。外生性风险是由产业集群外部的力量所引致的风险，主要包括经济周期风险、集群产品生命周期风险和结构性风险；内生性风险则是指由产业集群内部的网络化结构所形成的风险，也叫集群网络风险。这两类风险中，内生性风险是可能导致产业集群走向衰退的根本性因素，外生性风险是可能导致产业集群走向衰退的诱发性因素。

浙江省余姚塑料产业集群就曾面临着严重的外生性风险。余姚素有"塑料王国，模具之乡"的美称，2003年，余姚有塑料加工企业6 000余家，各类模具制造加工企业千余家，产值达32亿元。2004年年底，余姚市塑料制品企业的工业总产值、从业人员、出口货值占据该市总量的一半以上。但是近几年国际石油价格屡创新高，而原油是生产塑料的主要原料，占塑料成本的70%～80%，这也导致了余姚生产塑料的成本比以前高了几倍，且一直居高不下。这种由外部经济波动带来的风险而对余姚塑料产业集群的发展已经形成严重威胁。

在外生性风险中，经济周期风险是一种突发性的不能人为控制的风险，主要由外部世界经济周期性波动等原因造成，在经济全球化背景下，这种风险影响力十分巨大，单独的区域甚至国家都很难与之抗衡。这种周期性经济风险在产业集群发展的任一段时期都可能发生，并导致产业集群所在区域的经济动荡。经济周期风险对不同产业集群与不同区域的影响不尽相同，取决于当地的产业集群制度与结构特征及其抵御风险的能力。

集群产品生命周期的说法，源于佛农的产品生命周期，佛农认为每一个产品从投入市场开始到被市场淘汰退出为止，中间会经历引入期、成长期、成熟期和衰退期四个阶段，每一个阶段有各自的市场特征。类似的，产业集群也存在生命周期，也会经历诞生期（The Formative Phase）、成长期（The Growth Phase）、成熟期（The Maturity Phase）和衰退期（The Petrify Phase），到了产业集群产品生命周期成熟期以后，由于技术更新换代，或者产业转移，衰退期的到来只是一个时间问题，这时，产业集群将面临一个更新换代甚至产业整体转移的挑战。北欧的无线通信产业集群就是由于技术生命周期而使得整个区域集群发展面临崩溃危险的典型例子。

产业集群的结构性风险是与产业集群的产品生命周期密切关联的。产业集群由于资源高度集中于一个或几个产业或产品，一旦该产业或产品进入衰退期，则可能会拖垮整个产业集群以及区域经济，使其成为难以复苏的老工业区（Old Industrial Area），美国底特律就是一个从汽车产业集群经济繁荣的大都市变成老工业区的典型。而同样，我国东北的老工业基地的衰败也是由于结构性风险引起的。

以上部分是产业集群可能会面临的外生性风险，从根本上讲，产业集群的风险还是主要来自于产业集群自身。产业集群作为一种地方根植性（embedded）网络组织，企业的经济行为主要根植（或根植）于当地的社会网络与文化制度及规范之中，企业间存在着强大的非贸易性依赖关系，这种关系对于提高地方产业集群竞争力具有重要意义，同时也蕴藏着很大的风险，相互依赖关系可能会成为一种负担，抑制知识溢出与创新，导致区域锁定（Regional Locking）与僵化，增加集群网络管理与协调成本。

在受到外界环境动荡（Environment Jolt）影响时，产业集群的适应能力与应变能力受到其自身相互依赖关系的影响，或者说是产业集群的适应能力与应变能力由其自身结构和制度所决定（Meyer，1982）。由于环境动荡，相互依赖的产业集群在获得集聚经济（Scott，1989）的同时，也可能成为僵化和失去弹性的源泉（Abrahamson & Fombrun，1994），导致产业集群中企业比非集群中竞争对手反应缓慢。

哈里森（Harrison）在对意大利产业区的合作危机分析时指出，由富有活力的同为合作性竞争对手的中小企业构成的地方根植性网络，主要是基于信任关系和信息共享来协调管理。但是，这种信任可能是暂时性的（Contingent），尤其是在国际竞争加剧的今天，这种主要以血缘关系、朋友关系、地缘关系及同学关系等私人关系维系的非扩展信任可能是限制企业集群持续发展的重要因素，在这种非扩展性信任关系网络中，企业之间合作半径小，竞争激烈，网络关系松散而不稳定，容易导致恶性竞争。浙江省永康市保温杯产业集群，由于内部各企业之间关系松散，组织结构不稳定，最终导致过度竞争而引起产品质量恶性循环、不断退化，最后影响到了整个产业集群的生存。还有我国内蒙古和河北清河的羊绒产业也是同业恶性竞争而危害到整个产业集群的典型例子。同时，信任也可能成为维持传统的力量，从而抑制创新。哈里森指出，网络可能是一把双刃剑，信息在网络中快速扩散，对于具体某一个企业来说，私人性专有信息如同专用资产，这些有价值的信息一旦暴露，他的商业机会就会大大降低，从而挫伤他们搜索新信息的积极性和知识共享意识，阻碍知识的溢出。

在创新方面，产业集群网络既承担了企业创新活动的组织功能，但也可能导致区域锁定，阻碍企业集群的持续创新与发展。区域锁定是促进产业集群形成的重要制度和实践，这种自我保护（Self preservation）和自我强化（Self aggrandizement）倾向，最终的结果可能是带来对区域进步不利的僵化风险（Sclerotic Risk），而不一定是促进区域进步的活力源泉（Lifeblood）（Bergman，2002）。

最后，产业集群网络主体的活动及其相互影响也是导致产业集群风险的一个重要方面。集群网络成员的相互联系，会产生额外成本，贝路斯和阿堪基里（Belussi & Arcangeli）认为，不完全契约、道德风险、机会主义和偷懒都会在一定程度上增加集群网络的管理和协调成本，从而削弱产业集群的优势。就产业集群内部而言，机会主义者的进入以及搭便车行为可能是破坏产业集群的重要因素。

6.3.2 产业集群风险防御

在产业集群的风险中，经济周期风险和集群生命周期风险，在很大程度上是不可控风险，产业集群只能通过自身调整来适应它，以提前预防为主，而不能彻底改变它。

对于产业集群的结构性风险，也只能针对不同阶段特征，采用相应的防御与保障措施。在产业集群形成期，主要通过相关产业政策刺激企业的衍生，帮助企业集聚，刺激本土市场的发育，加速集群内部专业知识的扩散，创办培训机构，引导创新文化，重视跨部门的技术和产品开发。在产业集群的成长期，集群内企业的主要精力大都集中在主导产品的销售上面，很少考虑产业集群的进一步发展与创新，这时，需要对"专业化"尺度有较好的把握，一方面是要求防止专业化程度太低，没有竞争力；另一方面是要防止过分专业化。在产业集群的成熟期，需要有危机意识，因为成功可能孕育着失败，集群可能会失去对市场需求的反应能力；同时，市场扩展减缓，生产的多样性开始减少，这时，必须通过"企业家"这种特殊人物将新的信息引入产业集群，利用现有的能力整合集群外部的资源，开发新产品，获得新的技术，开发新的产业集群。在产业集群衰退期，垂直一体化企业出现，缺乏新产品和新工艺，企业不再有充足的灵活性去满足细分市场需求，这时，需要打破大企业，在老的集群内部产生新的企业，或者引进新的技术。

至于内生性风险，或者说是产业集群内部的组织结构和制度性风险，则是可以通过自我调整来改进的。目前经济学界与管理学界研究较多的一种模式就是通过模块化（Modularize）来增强产业组织的"活性"（Clark，Baldwin，2000；青木昌彦，2003），以对抗产业集群内生性风险。

关于模块的相关理论我们在前面的文献述评中已经进行了介绍。模块作为具有某种确定独立功能的半自律性子系统，可以通过标准化界面结构与其他功能半自律性子系统按照一定规则相互联系而构成更加复杂的系统。模块化则更多地体现为把一个复杂的系统分解为能够独立设计的半自律性子系统，再按照某种联系规则将可进行独立设计的子系统模块组合起来的过程，即模块的分解与整合过程。通过模块化，一个复杂的系统就能在一个统一的平台上面分解为一系列相对独立的具有特定功能价值的模块子系统，使得每一个系统成员既具有高度专业化的分工独立性，拥有各自的核心能力，保证子系统的创新动力，又能够集中统一在共同的平台，进行有效的整合与合作，创建一系列个性化、多样化的终端产品，保证和加速实现整体的市场目标。

许多地方产业集群，大多产品雷同，主要依靠价格竞争，创新较少，这在我国东部沿海地区的制造业产业集群中表现是很突出的。对于这种风险的化解，主要是引导这些中小企业在遵循整体系统平台信息的前提下，各自独立开发能够提供相同功能的不同模块，实现能力互补与产品互补，这可以在一定程度上消除集群内的等级秩序，促进具有较高资产专用性且经济潜力巨大的特定技术开发，让同一功能的模块之间通过创新能力进行背对背的竞争。

产业集群的形成和发展的基石之一是沿着产业价值链的纵向专业化分工，以及各种专用性资产的专业化范围经济，这种专业化的深度合作与相互依赖，也蕴藏巨大的风险，一旦某一环节的专用性资产出现问题，就可能产生多米诺骨牌效应而对整个产业集群产生影响。将产业组织结构模式模块化，顺序的价值链上下游关系转变成了模块间平行的立体网状关系，这样就可以降低模块之间的垂直依赖关系强度，从而化解产业集群的资产专用性风险。

产业集群的自我封闭和僵化，是学者们最为关心的一个问题。越是成功的集群，越有可能自我封闭。产业集群封闭自守的技术原因是它不再能够迅速地与外界进行信息和能量的交换，对外部环境的应变能力不断减弱。要消除这种封闭自守，需要不断增强产业集群的自我修复功能，通过不断地重复研发，产生持续的价值选择，以此来应付更为激烈的市场周期更替。鲍德温和克拉克借鉴金融学的期权理论证明了模块研发价值创造的有效性，即通过白热化的淘汰赛激励，促进每个模块供应商不断努力，刺激产业集群不断的人才衍生和企业衍生。在激烈的背对背市场竞争环境中，每一个供应商都在遵循可见部分设计规则的前提下试验各种各样不同的工艺技术，自觉地吸收先进知识、先进技术、先进设计理念和先进管理技术。在硅谷，往往是几十家企业同时为设计生产同一个有前途的技术模块而展开竞争，只有较少的成功的企业才能获得创业投资者进一步的融资及巨大的订单。这种生生不息的创新模式使得各个供应商都在努力成为行业科技应用的先行者，这里，不论是模块供应商，还是系统设计师，他们从来不会停留在已有的成就上坐享其成，而是不间断的持续构建与设计新的模块，这样，就推动了整个产业集群的创新与演进，并化解了产业集群的自我封闭与僵化风险①。伦敦的金融产业集群就通过成功化解风险而获得了持续的发展，其最初依靠出口自由资本而形成了金融业集群，但是随着世界经济及各种环境的变化，该集群面临着很多风险，依靠出口自由资本已经不能再发展，于是该集群进行创新，逐渐转型成为国外资本和为借贷者提供技术性服务的世界金融中心；同样，曾经一度衰败的瑞士的 Jura 地区，由于数字革命的兴起，自己被其技能和制度的遗传结构所禁闭，一度失去了世界领先地位。然而，该地区随后设法打破这种禁闭，重新保持了在手表生产的全球优势地位。以上实例表明，产业集群完全可以通过不同的途径化解风险，最终获得可持续性的发展，而其关键因素在于能否及时识别风险产生的原因，并采取有利的手段和措施来规避和化解风险。

---

① 朱博瑞. 模块化抗产业集群内生性风险的机理分析 [J]. 中国工业经济, 2004（5）.

7

产业集群识别与统计
指标体系设计

7.1 产业集群统计

7.1.1 国外产业集群统计分析

国外产业集群统计也是随着发达国家产业集群的繁荣发展而逐渐完善的，它可以从产业集群的分布、构成、规模、生产、销售、就业、投资、科技等各个方面，全面系统地描述一定时期产业集群基本发展情况，为解决产业集群实际问题、制定产业集群治理政策、选择产业集群发展战略、发挥产业集群效应等提供重要依据。

其中，美国产业集群统计主要源于理论研究的需要，由学者组织的民间团队进行有关产业集群的数据资料收集与统计调研。其中，波特主持的"集群分布测定项目"（Cluster Mapping Project）在这方面是比较有代表性的，而且产生了比较深远的影响。波特的"集群分布测定项目"应用现代统计学方法和工具，对美国各州产业集群进行了详细的统计分析，给出了产业集群的劳动力、专利和对区域经济贡献等多方面的统计资料，而且被推广到澳大利亚、加拿大等国家。另外，"合资：硅谷网络"（Joint venture：Silicon Valley Network）这个非盈利性的民间组织在 20 世纪 90 年代初就对硅谷产业集群的发展情况进行了探索，并于 1993 年公布了"硅谷索引"（Index of Silicon Valley）统计年报，反映硅谷产业集群的发展情况，每年公布一次，并且产业集群统计资料逐年更加详细和丰富。随后，美国加利福尼亚州、华盛顿州等产业集群比较发达的几个州政府也陆续开展了产业集群统计工作。

与美国产业集群统计最早由民间推动相反，欧洲的产业集群统计主要是由政府来推动实施的，如意大利政府早在 1970—1980 年就对本国的产业集群给予了高度的关注和政策支持，到 20 世纪 90 年代末，意大利国家统计局逐步制定出了产业集群的判定标准，建立了产业集群统计报告制度，开始了正规的产业集群统计。丹麦、英国、芬兰等国家的产业集群统计也呈现出相似的发展经历。

总体而言，西方发达国家的产业集群统计分为官方统计与民间统计两种形式。

官方统计的实施主体主要是产业集群所在地的地方政府，如美国的州级政府、县级政府，意大利的区级政府、省级政府等，国家一级政府实施统计的比较少，另外，就是一些联合国官方经济组织，如联合国产业发展组织（UNIDO）、联合国经济合作与发展组织（OECD）等。官方统计一般是在参考已有各类统计的基础上，制定出产业集群统计的各项方法和措施。从统计范围来看，官方统计基本上是以行政区域和产业类别来界定产业集群的统计范围，即把具有集群特征的某产业限定在比较合适的行政区域内，然后对该区域内产业集群涉及的所有各类企业进行统计；从统计指标来看，官方统计指标一般借鉴传统产业或产品统计指标体系，并根据产业集群情况进行适当的修改和补充，指标体系比较健全；从统计方法来看，数据收集主要是通过集群内部企业报表上报的方式，并以普查、专项调查及问卷调查为补充；从统计周期来看，官方统计包括定期统计和随机统计，以定期统计为主，大多以年为统计周期，随机统计主要是对某些特殊产业集群在特定时期的特殊表现的调查报告；从统计资料来看，官方的统计资料内容比较广泛，而且公开官方的统计制度的比较严格，同时对多个产业集群进行统计，并在统计时序上保持连贯性。唯一的不足是，它按照行政区域和产业类别来限定产业集群统计范围，这样就不能够清晰地勾勒出产业集群的真正轮廓，因而较难准确反映出产业集群的实际情况。

产业集群民间统计一般由民间团体、学术机构及科研项目小组来实施。与官方统计相比，民间统计在操作风格和统计内容上与官方统计存在比较明显的差别。在统计范围上，由于民间统计组织一般对产业集群都有比较深入的研究，因此能够更加严格地按照产业集群的专业化程度和集群内产业之间的关联度来确定产业集群的边界。如波特的"集群分布测定项目"在对美国产业集群的统计中，先将产业集群分为核心产业（Core Industry）和外围产业（Periphery Industry），然后计算核心产业的专业化系数（Specialization Coefficient）以及核心产业与外围产业的关联系数（Correlation Coefficient），以此来计算产业集群的纵向和横向扩展范围，从而明确产业集群的边界；在统计口径上，有些民间统计与官方统计也存在比较明显的区别。由于产业集群内的中小企业经常快速地成立，而又快速地走向灭亡，对这些发展不稳定的企业就很难进行常规统计，为此，民间统计通常针对许多中小企业经营的投机性和动荡性现象而设计灵活的时间统计口径，对产业集群内的企业确定一个考察期（一般是 1~2 年），对在考察期内持续生存并经营比较稳定的企业进行常规统计，而对其他企业则进行特殊统计——只按照几个特殊的总体指标进行统计；最后，民间统计指标一般比官方统计指标要少，根据实施主体统计目的的不同而有所侧重，而且可能经常调整变动，并且，与官方统计数据直接来源于产业集群企业的第一手资料不同，民间统计有相当部分的统计数据来源于政府的产业统计、产品统计或区域经济统计年鉴或年报，主要通过应用现代统计方法对上述数据进行分类和加工处理，因此，作为产业集群的统计数据民间统计更具有有效性和针对性。但民间统计也有缺点，主要是大多只进行产业集群的单项或多项统计，统计指标少，统计资料不全面，没有严格的统计制度，统计时间不连续，统计资料一般也不对外公开。

7.1.2　中国产业集群统计现状与目标

（1）中国产业集群统计现状

实行改革开放政策与加入世界贸易组织以来，我国在工业化进程中接受了全球化的产业转移，成为"世界工厂"，并逐渐形成了全国范围的产业集群，在东部的广东、浙江、福建、江苏、山东尤为突出。但是，与产业集群经济发展不相适应的是，到目前为止，我国尚无一套规范的涵盖全国范围的产业集群的统计资料，也没有相应的统计标准体系，甚至没有统一的产业界定标准。在《中国统计年鉴》、《中国城市年鉴》、《中国经济特区开发年鉴》以及地方省市的政府统计年鉴中，很难得到产业集群的关键信息。只有在《中国私营经济年鉴》和《中国乡镇企业年鉴》中涉及一些浙江、广东、吉林等省有关产业集群或块状经济的调查分析和文献论述，但是，关于产业集群的数据内容也只是包括总产值、企业数量、产品销售量和劳动就业等有限的几项，而来源也大多出自"据有关部门调查"、"据统计"、"据不完全统计"、"大量统计表明"等，其数据真实性和可靠性大打折扣。

2002 年由中央统战部、全国工商联、中国民（私）营经济研究会的"中国私营企业研究"课题组组织的第五次大规模的全国私营企业调查，以及 2005 年中国社会科学院财政与贸易经济研究所副研究员倪鹏飞博士对我国城市竞争力的调查研究，收集了大量的中国产业集群统计数据。另外，在浙江、广东等省的一些地方政府（特别是区县、乡镇政府两级），如浙江嵊州、温州，广东东莞等，对本行政区内各种特色产业集群发展情况也进行了一定的统计。

产业集群作为一种特殊的产业组织形态，在繁荣我国地方经济中的价值毋庸置疑，但是，关于产业集群与传统产业组织的优势对比，产业集群与经济增长的关系，产业集群与增加劳动就业的关系，产业集群与产业结构调整的关系等一系列问题都还有待深入研究，尤其是在产业集群动力机制、演变规律等核心问题上需要有所突破，这是科学有效和可持续发展我国产业集群经济的基本前提。而产业集群数据资料的收集与统计分析可以为解决上述问题提供必要的研究工具。通过比较完整的和连续的产业集群数据资料收集和统计分析，可以清楚地反映出产业集群的实际情况、变化特征和发展轨迹，从而有助于进一步认识产业集群，并通过构建一整套反映产业集群各个方面的数据指标体系，增强对产业集群的理性认识，便于官、产、学各界对产业集群进行更为深入的研究，有利于政府对产业集群更好的调控与服务，有利于更好地增强产业集群的竞争能力，带动区域经济的科学与可持续发展。

（2）发展中国产业集群统计

要发展我国的产业集群统计，关键是要解决复杂的产业集群的识别问题，并建立相应的完整的统计指标体系。产业集群由于涉及的产业链较长，关联企业多，而又不完全受行政地理区划的限制，于是，形成产业集群统计的诸多难点：首先，产业集群的边界难以确定，也很难对产业集群给予科学、系统与统一的评价，难以设计合适的统计指标体系；并且，当今产业集群处在快速发展和变化之中，对产业集群的统计的要求也在不断提高，因此很难同时满足保持统计稳定性与动态发展性的需要。在这种情况下，笔者认为，中国产业集群统计的当务之急是在两个方面做好基础性工作。

首先，确定产业集群的统一判定标准。

产业集群的判定包括怎样从定性和定量两个方面来辨识产

业集群，怎样区分不同的产业集群和怎样确定产业集群的边界等三个方面的内容。制定产业集群的判定标准就是要明确产业集群的统计对象和统计范围。我国几乎每个省市都有发展程度不同的、具有地方特色的块状经济、特色产业区、专业镇、产业园区等，是否是产业集群，这需要一个统一的判定标准。同时还需要注意，产业集群中的"产业"与我国统计年鉴上（如《中国统计年鉴》、《中国经济年鉴》等）规定的2位数及3位数产业分类有所不同，它一般涉及多个行业，而且产业集群内部各企业之间有很强的专业化特性和密切的产业关联性，因此不能随便地划定产业集群的边界；否则就会模糊产业集群的统计范围，也会造成不同地方在统计口径、统计分类等上的混乱。这需要由政府及相关政府部门（国家统计局）来建立一个普遍适用的产业集群判定标准，包括产业集群的辨识标准、分类标准和边界确定标准等，各地方机构可以部分使用或整体使用本判定标准，同时根据本地产业集群的性质和发达程度，做相应的修改和补充。

其次，构建科学、合理的产业集群统计指标体系。

产业集群统计指标体系主要是为综合反映产业集群的发展情况，及其对国民经济发展的贡献。建立科学、合理的产业集群统计指标体系就是保证能从产业集群的总量、构成、变化等不同角度提供我国产业集群的统计资料，综合、全面地反映产业集群的真实状况。政府应该组织力量综合考察我国各地不同类型产业集群的发展情况，以及产业集群对各地经济发展的作用和贡献，收集信息，参考国外的做法或我国传统产业统计的经验，设计出一套科学、合理的产业集群统计指标体系，争取涵盖产业集群评价的各个方面。同时，鼓励民间组织、学术结构和专家学者从不同的角度对不同地区、不同性质的产业集群进行统计指标研究，供政府统计部门借鉴和参考，及时对国家统计指标体系进行补充和完善。

7.2　产业集群识别

目前国内对产业集群的识别大多是根据产业集群的定义和特点，通过主观判断得出，对产业集群的类别标准也极不统一，有的甚至直接将高新区或者各类技术开发区作为产业集群，或者人为将一些并不存在多少经济联系的企业绑在一起，形成所谓产业集群的局面。

产业集群识别就是确定产业集群的存在与否及其内部产业、企业间的联系，确定集群的主导产业，以及集群成员之间相互的产业投入产出关系。产业集群的识别，需要解决三个方面的问题：首先，是以什么作为产业集群的识别对象，是传统的行政区划的省市县区，还是跨区域的经济地带，或者是以中心城市；其次，产业集群的主导产业名称，是不是继续沿用传统的产业分类标准；最后，是具体的识别技术，包括定性识别方法，如产业理解法（IPM —Industrial Perception Method）与定量识别法，如以"投入—产出"模型（Input‐output model）为基础的多元聚类方法（MVC —Multivariate Clustering）、判别分析法（Discriminant Analysis）、主成分与因子分析方法（PCFA —Principal Components and Factor Analysis）和图论法（Graph‐Theoretic Approaches）等。

7.2.1　产业集群识别对象、层次与标准

产业集群识别的首要问题是研究对象及研究对象地理范围的界定，古典经济学对产业集群识别的研究主要限定在一定的

物理距离尺度上，以此来研究成本递增、地租，以及中心与外围关系，这在理论上是可行，但是比较理论化，在实践中操作性不强，现实研究中大多还是通过传统的行政区划进行统计分析，比如省、市、县或者区，这种研究最大的优点是现实操作性较强，但是也不完全准确，许多的产业集群、经济区与行政区划并不完全一致，大多数产业集群实际上都是跨区域存在的。

关于产业集群的地理边界，以国家作为研究对象范围进行研究，波特是为数不多的几个之一。波特通过各个产业的国际贸易比重，确定某一国家存在哪些产业集群，其实，这些产业并不一定存在地理上的集中；相对应的，地方层面的产业集群界定更倾向于微观层次，通常局限于个别的特色产业集群，如嵊州的领带产业集群，古镇的灯具产业集群，这些都是在一个空间限制的区域内，紧密相关产业的由于地理临近而组成的地方产业集群体；区域层面的产业集群，介于前二者之间，主要是站在中观层次进行界定，如我国吉林省的汽车产业集群，福建晋江的服装产业集群。

也有一些研究作出更为具体的物理界定，如认为集群的邻近特性可以扩展到 50 千米的范围（May，2001）。对世界上 160 位集群专家的调查结果显示，有 50% 以上的专家认为，集群会延伸到国内区域的大部分地区或多个邻近区域，甚至延伸到相邻的国家（Enright，2001）。

我们认为，在产业集群形成的早期阶段，跨越行政边界的产业集群不多，但是，随着经济扩展范围的加大，产业链的延伸，产业集群因经济联系所表现出的跨行政区域边界的现象会越来越明显。所以，将产业集群的研究对象界定在城市维度，或者城市群维度，会是一种更好的选择。同时，在解释经济活动之间的关联时，利用基于劳动分工的经济组织概念，采用生产的物理单元，而不是基于公司（或公司总部），是寻求理解产业投入、产出和贸易关系的核心，但这与我国各地方政府的统计存在一定的冲突。

确定产业集群的识别标准，是一个逐步调整、循序渐进的过程，不能寄希望于一蹴而就。产业集群发育较早的意大利关于产业集群的界定也是经过了 10 多年的不断修订才基本确定的，许多标准我们可以借鉴。在意大利，由于 1991 年制定的产业区（地方生产体系）标准过于严格，后来在 1993 年的工作部法令和 1997 年的法律都对其进行了修正。最近的是 2002 年，威尼托大区通过的第 23 号法案，该法案规定产业区应同时具有两个特征：第一，某一生产体系中有联系的企业高度集中；第二，是一个能在支持地方经济活动中发挥作用的组织机构的总和。该法案还提出了产业区的具体标志：企业数应不少于 80 家、员工不少于 250 人。在法国，则采用给定产业区内具有相似活动的企业层面的数据来辨认产业集群，并规定了四个标准：第一，企业数目，至少 5 家企业有同样活动，且在被辨认的产业区内，至少有 3 家，每家至少有 5 个雇员；第二，就业数目，至少有 100 位雇员与同一活动有关；第三，密度标准，每千米厂商的密度至少两倍于法国的平均水平；第四，专业化标准，LQ 系数必须大于 1 （Laine，2000）[①]。可见，法国的产业集群识别标准就明显低于产业集群发达的意大利标准。

7.2.2　产业集群的定性识别方法

产业集群的识别方法，可以分为两个大类：一类是定性识别方法；另一类是定量识别方法。其实，这两种识别方法都是依赖于大量统计数据的，只是前者主要依赖传统的集中度、区位商、产业理解法，以及使用国际贸易数据的波特案例分析法；

---

① 张建华，张淑静. 产业集群的识别标准研究 ［J］. 中国软科学，2006 （3）

后者则主要依赖于"投入—产出"模型中的"产业间流量矩阵"全面地反映了各产业之间的联系。

产业集群定性识别方法包括两个层面,首先是确认主导产业,然后再以主导产业来辨识产业集群。

产业集群的主导产业名称的确定,是建立在产业分类基础上的。世界上大部分国家与地区的产业分类标准与《国际标准产业分类》(ISIC/v3.0)基本一致,都是在国际标准产业分类体系的框架下,结合自己国家或区域的实际情况作相应调整而制定的。

波特教授在辨识产业集群时,采用的是 4 位数的《国际贸易分类法》(SITC)。法国制定地方生产系统的标准,则是基于 5 位的 SIC 码来确定的。当前,我国集群的产业分类尚未形成统一标准,通常采用的是采用 2 位数或 3 位数的《国民经济行业分类与代码》(GB/T4754 - 94)。产业分类标准的不统一,会影响不同类型产业集群的区分,以及同类产业集群的比较。

在确认主导产业名称与分类标准后,接下来的主要工作就是辨识产业的集聚程度,通常采用传统产业经济学的产业结构分析工具,如产业集中度 CR、洛伦茨曲线、基尼系数和赫芬达尔指数,以及针对产业集群的空间基尼系数、区位商法和产业集聚指数。

产业集中度是产业经济学中衡量产业结构最常用的指标,它通过一定区域内某产业前几位企业的市场占有率或者就业人口数量占全部产业的市场容量或全部就业人口数的比重来反映该区域该产业的集中程度。相对而言,洛仑兹曲线、基尼系数与赫芬达尔指数能够更加全面地反映某产业的区域分布集中与均衡程度。

洛伦兹曲线是由美国统计学家洛伦兹在 1907 年提出的,洛伦兹将一国总人口按收入由低到高排列,计算收入最低的每一人口百分比所得到的收入百分比，并将人口的累积百分比和收入累积百分比的对应关系描绘在图形上，即洛伦兹曲线。在图上，横轴表示人口（按收入由低到高分组）的累积百分比，纵轴表示收入的累积百分比，洛伦兹曲线的弯曲程度反映收入分配的不平等程度。洛伦兹曲线越凸向横轴，与 45 度线之间的面积就越大，收入分配程度越不平等。

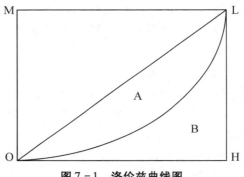

图 7 - 1　洛伦兹曲线图

基尼系数是意大利经济学家基尼（Gini）根据洛伦兹曲线提出的定量测定指标，以此来量化反映收入分配的差异程度，一般来讲，基尼系数小于 0.2，表明收入分配高度平均；处于 0.2 ~ 0.3 之间，为相对平均；处于 0.3 ~ 0.4 之间，为比较合理；处于 0.4 ~ 0.5 之间，表明趋于两极分化；大于 0.5，则表明整个社会已极度两极分化。因此，也有人将洛伦兹曲线与 45 度线之间的部分叫做不平等面积，当收入分配达到完全不平等时，洛伦兹曲线变成为折线 OHL，OHL 与 45 度线之间的面积 A + B 就是"完全不平等面积"，不平等面积与完全不平等面积之比，便是基尼系数。这个基尼系数也可以用来反映产业的集中程度与均衡程度。

赫芬达尔指数（HHI），也是产业经济学中衡量市场与产业结构的一个主要指标，与产业集中度不同的是，它将行业内所有企业的市场份额进行平方，再计算其比重，这样，通过平方的方式将不均衡差距扩大，也就能够更好地反映产业集中程度。HHI 值越大表明产业集群程度越强；反之则越弱。与之相对应的是 N 指数，它是 HHI 的倒数，在衡量产业集中度时，它等于市场中存在的规模相等企业数目[1]。

经济学家在判定一个产业在某一地区是否具有集群现象时，采用较多的是空间基尼系数（Spatial Gini Coefficient）。为了把产业组织规模的差异情况考虑进去，Ellison 和 Glaeser（1997）提出了产业集聚指数（the Index of Concentration），因为它能够对大规模企业或者垄断企业情况进行修正，因而被许多的经济学家所接受和采用（Woodard D，2000）。

国内也有一些学者运用区位商来界定产业集群（聚）及其专业化程度（梁琦，2004）。"区位商"（Location Quotient，LQ）指标主要反映产业集群区内产业的出口导向比重。由于在度量一定区域内产业集群的出口导向时，往往缺乏准确的产品出口数据，所以通常用某一区域某一产业的劳动力占该区域劳动力总和的比重与全国该比重的比值。如果 LQ 值大于 1，则表示该区域内某产业的雇员数高于同一产业全国的平均水平，该区域就可以生产出更多的大于当地消费需求的产品或服务，并且把多余的产品出口，这样的区域就是该产业专业化程度高的区域。同理，"区位商"可以用来衡量各行业在特定地区的产业集中程度，通过它，我们可以识别地区的产业集群，也可以通过"区位商"的变化来了解产业集中度的变化与转移情况。

如果研究对象是在国家或者区域层面，波特的案例分析法则更加的简明有效，直接使用国际贸易统计数据，通过出口比

---

① 史忠良. 产业经济学［M］. 北京：经济管理出版社，1998.

重，反映国家经济里最有竞争优势的那些产业集群，只不过，波特的案例分析法反映出来的产业集群并不一定在地理上是集中的，可能分布在不同的区域。

关于产业集群的定性识别，还有一个比较简单、便于操作并得到广泛的推广使用的综合方法，即产业理解法（IPM），它根据产业集群定义的内涵与外延来识别产业集群，由于产业集群是在某一区域内相互补充而又相互竞争的企业通过出口到其他国家或者地区来创造财富，并通过地理上的集中带来企业生产的专业化、共享公共基础设施与服务，形成网络状松散型企业联盟关系。因此，作为产业集群识别，主要考查三个标准：首先，是出口导向，即集群中的企业通过向区域外的客户出售产品或服务，来创造财富；其次，是专业化，即产业集群内雇员的集中度高于全国水平，并且是一个（或潜在的）专业化生产区域；最后，是规模和增长性，产业集群应当具有较大的规模，如果是一个新兴的产业集群，即使规模不大，但是应该具有高于全国平均水平的增长率。

IPM 的实施分为三个步骤：首先，计算"雇员集中度系数"（Employment Concentration Coefficient）或者"区位商"（Location Quotient，LQ）。不过，在使用 ECC 或 LQ 时需要注意，它可能对小的或新兴的产业集群的反应比较不敏感。新兴的产业集群虽然在未来有很强的增长潜力，但当前在经济（包括雇员）上的集中度可能低于全国水平，所以，还需要补充分析其增长趋势。另外，它还要求该区域和整个国家在生产和消费模式上是相似的，而且，每一产业的劳动生产率在区域和国家两个层面上也是相同的，否则就没有可比性。其次，在确定某区域存在产业集群现象后，识别具体的产业集群数目、集群的组成及运用投入产出分析方法反映产业集群内各产业的相互联系等，这一步是识别与反映产业集群的重点。最后，对初步确定的产业集群进行调整、确认或重新定义，通过对集群内主要企业负责人访谈，依靠专家意见和认识，深度分析产业集群企业之间的联系，以补充与最终确认产业集群①。

7.2.3　产业集群的定量识别方法

产业集群的定量识别方法主要有三类：多元聚类方法（MVC）与判别分析法（DA）、主成分与因子分析方法（PCFA）和图论法（GT），这三类方法都是在不同程度上基于"投入—产出"模型进行分析，从"产业间流量矩阵"中提取信息来识别产业集群，只是采用的统计分析方法不同。

投入产出分析（Input-Output Analysis）以投入产出（IO）表为基础，直接使用流量数据分析各产业之间的商品的投入产出关系，被认为是分析不同产业之间的相互联系关系的最理想实用的方法（Peneder，1997）。它为研究地区产业结构、探测现存的和潜在的地区产业连接提供了独立而有价值的工具（Shannon，2006），只是由于投入产出（IO）表统计资料的收集与编制比较复杂与困难，阻碍了其作为产业集群定量分析基础工具的应用。

（1）多元聚类分析（MVC）与判别分析（DA）

在社会经济生活中，人们处理复杂问题的解决办法，通常是将其进行有效的分类。传统的分类方法多半是凭借经验做定性的区分，较少根据事物自身的数据特征，采用定量方法来进行分类。随着事物日趋复杂，选择利用数理统计方法进行更为科学的分类成为一种必然选择。

在产业集群分析中，也面临同样的分类问题，不同的集群处于不同的地域，具有不同的特征，受到不同的因素影响，往

---

① 王今. 产业集聚识别的理论与方法研究［J］. 经济地理，2005（1）.

往还处于不同的周期阶段，需要选择多个和产业集群密切相关的变量指标来进行识别与分析。现代统计学为探测多维度变量数据规律提供了一系列分析技术，在识别产业集群过程中，聚类分析和判别分析等统计分析技术是非常有用的（Sharma，1996），它可以用来甄别产业集群的不同发展类型（Hutschenreiter，1994），约翰·斯科尔斯也曾介绍如何利用聚类分析和判别分析来识别产业集群（John Schoales，2006）。

多元聚类方法是根据变量的多维特征对一组对象进行分类，使得每一类内部的各元素特性类似，而与类别外面的各元素特性有显著差异。在具体的聚类过程中，常常出于不同的要求而采用不同的聚类方法，如由小类合并大类，或由大类分解到小类；一次性的静态聚类或多步骤的动态聚类；按被观测对象（样本）之间的指标差距进行 Q 聚类分类，或按被观测对象（样本）之间的相似程度进行 R 聚类。虽然算法很多，但它们都具有一个相同的特点，即根据目标函数确定标准进行分类和考虑元素之间的相似性和差别。聚类方法的结果通常用树状图（Dendrogram）来表示，这种两维的树状图可以反映连续聚类过程的结果，让使用者了解整个集群内许多嵌套的子集群及不同集群之间的联系。

MVC 的实施可以分为四个步骤：首先，根据"投入—产出"模型中的"产业间流量矩阵"构建一个 N×N 的输入矩阵，每一元素反映各产业之间关系的密切或相似程度，输入矩阵可采用直接消耗系数矩阵或列昂惕夫（Leontief）逆矩阵等。其次，是相似性测度的选择。相似性测度主要包括相关测度、距离测度和关联测度，在产业集群识别中大多使用距离测度方法，如欧氏距离（Euclidean Distance）测度法。再次，选择聚类算法，一般使用快速聚类法（Partitioning Methods）或层次聚类法（Hierarchical Cluster）。快速聚类把数据集分成 K 个类（K 值根据研

产业集群理论模型与实证研究

究需要主观确定），然后把各个产业根据目标函数分配到各个类中。层次聚类法又包括聚集法（Agglomerative Methods）和分解法（Divisive Methods）两种。聚集法先把各个产业独立看成一类，再按照相似性两两进行合并，直到最后归为一个大类为止；而分解法正好相反，首先把所有产业归为一类，然后把最不相似的产业分为两类，依此类推，直到每个产业都独自成一类为止，在产业集群识别中主要应用层次聚类方法中的聚集法。最后，根据不同的临界值对聚类结果的树状图进行切分，以确定集群的数目及组成，临界值并无理论上统一的确定方法，主要是通过对树状图直观的观察进行选择。

由于产业内在联系的复杂性，使得一个产业可能不只属于一个集群，而可能同时属于多个产业集群，使用 MVC 方法进行产业集群识别，产生的结果使各个集群互相排斥，虽然有利于对产业集群的解释，但与现实会有所不符；同时，不同方法构建的输入矩阵会对产业集群的识别结果产生一定的影响，所以，我们在采用这种统计方法的时候，需要结合产业集群的现实状况选择合适的算法，并将统计结果以现实为标准进行检验。

在产业集群的识别过程中，如果研究对象已采用聚类分析方法，划分为了若干类型，当要分析一个新的集群应该属于哪一类集群时，通常采用判别分析方法。

判别分析也是一种多元（多维度）数据分析方法，它能科学地判断被观测群（样本）属于什么类型，在纷繁复杂的数据中揭示集群内在的规律，使我们对所研究的问题作出正确的判断。判别分析过程一般是：首先估计各个总体的均值向量与协方差矩阵，其次从每个总体中取得一定的样本，判别分析从各个样本中提取的各个总体的信息，构成一定的判别准则，这样，就可以从统计学的角度判断新样本属于哪个总体，由于判别的准则的不同，形成不同的判别方法，如费希尔的距离判别法、贝叶斯（Bayes）判别法等。

（2）主成分与因子分析方法（PCFA）

也有学者主张在"投入—产出"模型的基础上应用主成分分析方法对区域产业集群进行了分析和识别（Czamanski，1971），即通过对"直接消耗系数矩阵"进行处理，生成一组占有较大比重的"主成分"，运用"主成分"来概括反映产业集群内部的主要构成，减少冗余信息；然后，对这些"主成分"进行解释，将其视作一个个的产业集群，并把每一个特定的产业分配到不同的集群中。通常，在获取"主成分"后，会进一步分析存在于各个不同的"主成分"中的各种"因子"，各"因子"因为构成的组合不同，反映出不同的"主成分"，这种方法统称为主成分因子分析方法（PCFA）。

PCFA 的实施分为四个步骤：首先，对"投入—产出"模型中的"产业间流量矩阵"进行标准化处理，以消除不同产业规模差异的影响。标准化处理的方法较多，如通过计算购买系数（Purchase Coefficient）或销售系数（Sales Coefficient）生成直接消耗系数矩阵。其次，在经标准化处理后的直接消耗系数矩阵基础上，建立各产业之间的相关系数矩阵。相关系数矩阵为 $N \times N$ 矩阵，矩阵中每一元素 C_{ij} 反映产业 i 和产业 j 的相似性或关联程度。再次，根据设定的特征值标准来确定主成分（即集群）个数。最后，对确定的主成分进行因子旋转以使每个因子负载最大化，确定产业集群的组成，即各产业在集群间的分配。

使用 PCFA 方法识别产业集群的主要优点是：它可以识别以前在直接消耗系数矩阵中不明显的产业关系，特别是当矩阵的维数很大时，直接观察各产业之间的关联是难以想象的；同时，它也对"产业间流量矩阵"标准化处理方法的选择非常敏感。PCFA 方法更多地反映产业间的互补性关联而不是垂直（前向或后向）关联，而且识别的产业集群不具排他性，即某个产业可能属于不同的产业集群，这是与产业集群现实吻合的。

（3）图论法

图论法主要是应用图论进行产业集群分析，将每一个产业看成一个点，点之间的连线被看成各产业之间的产品（或服务）流，这样，就构成了一个图。当各产业之间的联系被表示为有向图或无向图时，图论就为我们分析产业间内部关系提供一个很好的分析工具。

我们可以根据各产业之间产品（或服务）的流量是否超过某一临界值来构建产业关系图，不同的临界值，构成不同的连接矩阵，然后，通过不断的降低临界值使这一过程反复进行。这种连续连接的结果也可由树状图表示。从这一角度看，图论方法也可以说是聚类方法的另一种形式。在产业集群的识别中，图论可以作为在特定集群中研究产业间联系的分析工具。只是该方法的识别的产业集群不是互相独立的，根据临界值的大小，特定产业可能属于不同的产业集群①。

7.2.4　国外产业集群识别与研究方法及政策

产业集群识别的方法很多，可以根据自身的研究目标、产业特征与产业发展目标的不同，采用不同的产业集群识别方法。皮特贝利（Pietrobelli C，1998）对美国、英国、澳大利亚、西班牙和瑞典等国家的产业集群的识别与研究方法以及相应政策进行了总结分析，发现大多数国家都采用了波特的钻石模型与集群分析研究方法，并主要采用了定量的投入产出分析与定性的案例研究相结合的方法，并以此来制定本国的产业集群政策。

美国政府是波特钻石模型与集群分析方法的拥护者，并主要采用投入产出分析方法进行集群识别与研究。各地方政府经

---

① 王今．产业集聚识别的理论与方法研究［J］．经济地理，2005，1.

常组织区域内部的不同产业的企业群体进行对话，分析本区域经济结构优势与劣势，发掘商业机会，预防风险，制定区域产业发展规划。

芬兰政府把产业集群作为经济发展的一种重要手段，也主要采用波特的钻石模型，以此来识别芬兰经济的竞争优势，对集群进行战略性规划，并创造有利的结构性条件。类似的，丹麦也采用了波特的集群分析方法（只不过进行了相应改进）进行战略性研究，分析产业区发展障碍与机会，组织产业区相关群体对话，在某些特色区域开发一个中心，选择一些优先发展的产业领域。

英国政府对产业集群的识别与研究以案例研究为主，虽然也将产业集群视作区域经济发展的一种手段，但是政府的角色定位只是作为经纪人，为产业集群的发展起催化剂作用，主持启动区域产业集群项目。

比利时政府则综合采用地理分析、案例研究和改进性的投入产出分析方法，并以此为依据考虑制定相应产业集群发展政策，对某些集群项目给予财政上的补贴，鼓励行业之间的技术扩散，支持建立买方与供方的合作网络。

奥地利政府主要采用投入产出分析方法，分析创新活动的结构、形式、功能与绩效，设计产业集群政策，创造结构性条件（如改善人力资本开发等），为公司合作搭建平台，并通过政府采购来推动对集群产业的市场需求。

澳大利亚政府也主要是运用投入产出分析方法，针对具体产业区作个案研究，只是政府作为不多，任由其自然发展，仅出台一些措施鼓励企业间的合作，并没有太多的基于产业集群的政策。

瑞典政府从 20 世纪 50 年代开始，分别采用了产业发展障碍分析（20 世纪 50 年代）、网络分析（从 20 世纪 70 年代开始），和波特的钻石模型与战略定性分析等（从 20 世纪 80 年代开始）。政府主要考虑制定基于集群的产业政策，包括创造良好的结构性条件、获取外来技术、刺激研发与合作、建立研究中心，启动产业系统项目建设，以及刺激战略对话和对潜在的创新集群进行技术性预测。

7.3 产业集群主要构成要素与统计指标体系设计

要建立一套综合的产业集群评价指标体系，是一个极具挑战性的工作。各地区产业集群产生背景不同，集群形态各异，发展阶段不同，产业技术差异很大，形成机制也不尽相同，依靠市场内生的产业集群与直接依靠外部投资开发形成的产业集群的竞争力与内部联系关系都是不一样的。更何况目前对产业集群的概念及其内涵、外延以及集群识别标准都尚未统一，基础统计数据严重缺失。

当前关于产业集群的评价指标体系，主要受到波特竞争理论影响，国内外学者大都主要集中在产业集群竞争力评价指标体系上面，反映产业集群的结构与发展规模，各项基础设施水平与相应服务能力，以及社会文化影响等。最近一段时期，能力分析成为一个热门视角，也有从集群资源整合能力（集聚能力）或创新能力等方面着手设计的。

笔者认为，要对产业集群建立一套科学的指标体系，首先需要系统分析产业集群的各项构成要素及其对产业集群的影响；其次，从产业集群的总体与结构、资源与能力、生产与市场、知识与创新、文化与制度等多方面来构建产业集群评价指标体系。

7.3.1 产业集群主要构成要素分析

（1）产业集群主要构成要素分析

马歇尔、蒂奇（Tichy）和斯特那（Stener）等对产业集群构成要素进行了深入而权威的诠释。

马歇尔（1920）认为形成产业集群并产生集群竞争优势的要素，主要包括三个方面：劳动力市场优势（Labor-market Advantages）、投入—产出关系（Input－output Interdependence）和技术外溢（Technology Spillover）（Stener, 1998）。劳动力市场优势反映在，产业集群一方面可以通过劳动力市场购买所需要的劳动力，另一方面专业劳动力的转移产生了技术外溢；投入—产出关系的存在，能够使企业通过"外包"（Outsourcing）进行更为有效的专业化分工与合作，高度专业化的供应产生规模经济（Economies of Scale）和专业化经济（Economies of Specialisation）；技术外溢来源于区域内研发（R&D）专业人才与专业技术人才的培养与流动，以及企业之间密切的投入—产出关系。

根据马歇尔的产业集群三要素理论，蒂奇（Tichy, 1998）提出了产业集群的第四个要素——"企业的新组织原理"（the New Organization Principles of Firms），认为今天的产业集群是对昨天的"科层制企业"（Hierarchical Firms）的替代，表现为一种新的产业组织形式，它使得产业集群内部的企业能够专注于某些核心的活动。产业集群的组织要素是其他三个要素的组织基础和保证。

类似的，斯特那（Steiner M, 1998）认为，尽管产业集群形式多种多样，但是有三个要素是共同的，即专业化、联系（近邻性）和知识外溢。专业化（Specialization）是建立在复杂的劳动分工（a Sophisticated Division of Labor）基础上的，从而导致相互联系的活动和对合作的需要。产业集群的联系可以表现为不同的形式，如企业之间的投入—产出关系，企业之间的知识交流，以及与研发机构与公共、半公共性质服务单位的合作关系等。专业化是联系的先决条件与合作的前提，二者直接导致的结果是知识（技术）的外溢（Knowledge or Technology Spillovers）和协同效应（Synergies Effective）。协同效应是推进区域竞争力提升的决定性条件，它最终导致生产率的提高与经济的增长。

我们不难发现，产业集群的构成要素，还包括地方政府因素与资源环境因素。马歇尔的三要素涵盖了专业化的分工与协作，完善的配套产业链，技术知识的产生与扩散，以及由此产生的专业化经济、范围经济与规模经济。惕剀增加的组织要素主要承载着产业集群组织这样一种制度安排所带来的交易成本节约、创新环境、企业家精神、合作文化与商业信用体系。但是，政府因素带来的基础设施的改善，以及相关政府主导型的制度安排，中介机构的培育，政策措施的倾斜产生的影响是毋庸置疑的；同时，资源与环境因素，如地理位置的便利，与丰富的劳动力、土地、资金以及社会文化资源也是形成产业集群必不可少的基础性要素。

产业集群除了上述六个方面的核心构成要素以外，还需要考虑外部市场要素。凯恩斯将区域经济发展归纳为三种外部力量：产品需求、劳动力供应和资本供应（Chisholm，1990）。克鲁格曼也认为产业集群形成的三个主要原因是市场需求、外部经济（包括劳动力市场共享、专业化的投入和服务、知识和信息的流动）和产业地方化。因此，外部市场是产业集群形成与发展的另一必要条件。

国际经济学家汉森（Hanson，1998）认为贸易成本的下降增加了产业集聚而且有转移产业集聚中心的效果，这个转移肯定是转移到具备良好产业基础与开放性政策的区域。一个地区的现有产业基础对于产业集聚也有很大的影响，特别是支柱性产业与主导产业，当然，基础性产业的作用也是不可或缺的。支柱性产业与主导产业的存在会产生一种力量使大量的企业、供应商及渠道中间商集中在一起，由于它们的巨大生产规模、市场力量，和领导市场创新的影响力，使其能够影响与集聚大量企业，从而集聚和引导其他经济资源，并最终形成增长极（Poles of Growth）（Perroux，1950）。

还需要补充的是，产业集群形成的重要的市场要素，既包括产品市场（产品需求），也包括要素市场（劳动力供应和资本供应）。优势要素市场的存在是形成产业集群的重要推动力量，大规模产品市场的存在形成产业集群的吸引力量，二者综合作用使企业快速集聚在某一个特定的地理区域，形成地方产业集群。我国占优势的劳动力市场是产业集群形成的重要源泉，并将在相当长一段时期内持续发挥作用。

（2）总结

综合前面的各主要构成要素的分析，笔者认为，构建一个基础性的共同评价指标体系不仅是必要的，也是可能的，只有通过这个指标体系，我们才能对不同产业集群的特征进行识别与比较，并分析其各自特征。

综上所述，笔者认为产业集群的构成要素主要包括以下五类：

①资源类要素，包括当地人力资源状况（劳动力数量与质量）、技术资源与科研机构状况、资本资源状况、基础设施（交通与通讯网络）状况。为便于分析，可以把单位面积上的固定资产投资作为基础设施的代理变量（Tuan，2004）。

②产业要素，包括产业构成、产业链完整程度及发展状况。产业集群的主要效应就是规模经济与范围经济，因此，一个地区聚集的产业越多，产品的种类越完整，产业之间的关联度越大，产业集聚效应就越明显。在产业结构中，制造业与服务业

分别起着重大的基础性与辅助性作用，我们可以用制造业指数与服务业指数来进行反映。

③市场要素，包括市场规模与市场价格指数。随着产业与劳动力的聚集，会导致各种生产要素与生活要素的价格上升，产生一种与集聚相反的力量，当生产成本的上升超过集聚收益时，一些在产业集聚区域不再具有竞争力的企业与劳动力就会转移到相对成本更低的地区，形成产业扩散。

④政策要素：包括贸易自由度、地方产业发展与促进政策。

⑤商业文化与社会要素：包括地方信用体系健全程度、合作与竞争精神，这类因素与市场因素联系非常紧密。

需要特别指出的是，高技术产业集群由于技术特征，其构成要素具有一定的特殊性，如对规模经济、专业化程度、研发（R&D）与知识溢出等要求较高，这些需要用其他的专门指标来反映。关于规模经济，我们可以采用某产业企业的平均大小来衡量（白重恩，2004）；专业化程度，我们可以用专业化指数来衡量；但知识溢出就很难直接衡量，只能按照阿罗（Arrow，1962）和克鲁格曼（Krugman）假设——R&D强度大的产业其知识溢出程度也大，采用地区某行业R&D经费支出占该产业销售收入的比值来进行衡量。对于高技术产业而言，时间与速度就是市场与商机，对发达的交通基础设施与通讯网络要求是很高的，所以，某区域的高速公路密度、互联网络密度也是必要的衡量指标，最后，还包括地方政府及相关的准政府市场中介的支持与风险资本的投入水平等。

7.3.2　产业集群综合评价指标体系

（1）综合设计与指标选择

产业集群综合评价指标体系的构建是一个系统性的工作，基于我们在前面所作的一系列基础研究，如产业集群的定义、性质与特征，各种学派对产业集群的解读与对核心要素的分析，产业集群的结构体系、产业集群行为与治理研究等，我们本着全面系统、层次清楚、通用可比、简明可操作的原则来构建产业集群的综合评价指标体系。

在指标内容的选取上，我们基于马歇尔、波特、克鲁格曼和 OECD 等对产业集群基本特征的分析，依据了波特（Porter，1998）的钻石模型、集群竞争力测量表（Pietrobelli，1999），以及马克芒（Mark Mone，2001）关于集群成功的九大关键因素和衡量指标，并参考了蒋录全、吴瑞明、刘恒江与李海刚的"产业集群竞争力评价分析及指标体系设计"。

在指标的选择方法上，尽量兼顾专业技术要求与统计技术要求，使其具有一定程度的综合性，并尽可能简明扼要；数据要具有可获得性，并同产业集群特征关系密切；数据还要具有可靠性，指标之间要具有一定的逻辑联系；并充分考虑到指标计算过程的可叠加性。[①] 按照上述指标设计原则和要求，通过指标筛选、合并、指标试运行等环节，对指标进行提炼，最后，形成一个包含有 4 个大类指标与 3 个指标层次的多角度、多层次的产业集群综合评价指标体系。

首先，笔者在大的方面将其分为 4 个大类指标，包括基本特征类指标、基础设施与公共服务类指标、资源类指标和能力类指标。每一大类指标再分为一级指标、二级指标与具体测量指标。在 4 个大类指标基础上，我们分别对 14 个一级指标作进一步细化，建立了 39 个二级指标，对每一个二级指标，再分别列出了相应的测量指标。关于各类各级指标的权重，可以运用 AHP 层次分析法，配合专家评分法（Delphi）计算得出。

我们建立的指标体系，除了反映产业集群的基本特征类指

① 金碚．企业竞争力测评的理论与方法［J］．中国工业经济，2003（3）．

标、基础设施与公共服务类指标外，重点反映在资源类指标与能力类指标上面，资源类指标主要是从静态反映产业集群的各项资源条件，如原材料资源、人力资源、资本资源、信息资源和社会资源；能力类指标则主要反映产业集群的集聚能力、专业化能力、合作协调能力、市场能力、创新能力与盈利能力。

表 7-1　　　　　　　产业集群综合评价指标体系

一级指标层	二级指标层	具体测量指标
基本特征类指标		
基本特征	产业集群规模	企业数量、平均雇员数量、总雇员数量、集群总产值、平均产值
	产业发展速度	新增企业数净值、年产值增长率、企业成长率
	产业集群密度	每平方千米企业个数、每平方千米年产值额
基础设施与公共服务类指标		
基础设施	能源设施	电厂、能源价格、电网密度
	交通设施	地理位置、（高速）公路里程、铁路枢纽、水路枢纽、航空（机场）枢纽
	信息通信设施	电话、光缆和互联网网络数量与密度
	生活环境	自然环境、人文环境、生活娱乐服务设施、生活水平、文明程度
	教育文化设施	大学、科研机构与职业教育与培训机构的数量与人均数量
公共服务	创业服务	创业环境、孵化器数量和质量、新企业产生速度与数量
	中介服务	房地产、财务、技术、渠道、法律、咨询等中介机构数量与质量
	政府服务	企业一般性经常性开支、整体税负水平、贸易自由度、法制化水平

表7-1(续)

一级指标层	二级指标层	具体测量指标
资源类指标		
原材料资源	原材料	关键原材料的原产地水平（也可以由运输网络补充）
人力资源	劳动力	劳动力市场规模、劳动力成本、员工平均教育程度、初中高职称比重
	企业家	创业精神、职称、工作时间、职业经理人数量与比重
资本资源	一般资本	银行信贷规模、民间资本与信贷、区域人均 GNP
	外部企业投资	新增外部投资、商业信用规模
	风险投资	政府创新基金投入、风险基金实际使用量
信息资源	产业链合作	上下游产业合作开发、新品设计与共同开发
	市场学习	商品展销会、交流展示会
	企业间交流	企业间信息交流的频率
	人员流动	员工的流动比率
社会资源	家族企业	家族企业数量、规模
	社会网络	企业协会数量、商业信用规模、非正式组织数量与规模（同乡商会）

表 7 - 1（续）

一级指标层	二级指标层	具体测量指标
能力类指标		
集聚能力	主导产业	大型主导企业数量与规模
	产品与要素市场	最终产品、中间产品与要素市场的数量及规模
专业化能力	设备专业化	专用设备数量与价值
	劳动力专业化	专业技术人员数量与比例
	服务专业化	专业化服务机构数量
合作能力	企业间合作	产品差异化程度、企业外部协作、外包、合作态度
	配套服务	产业配套企业能力
	地理邻近性	企业密度
市场能力	市场开拓能力	出口额/销售额、市场占有率、销售增长率
	品牌营销能力	知名品牌数量、品牌价值
创新能力	研发能力	专利数量、R&D 总支出、R&D 支出占销售收入比重、人均 R&D 支出
	产品创新	新产品销售收入总销售收入
	工艺设备创新	工艺技术水平、主要设备技术水平
	创业氛围	希望创业者数量、小企业数量与增长状况
盈利能力	投入产出效率	股东投资回报率、政府利税增长率
	生产效率	劳动生产率、土地生产率

（2）产业集群基本特征类指标

我们通过三个一级指标，即产业集群规模、产业集群发展速度与产业集群密度来反映产业集群的基本特征。

集群规模主要通过产业集群内的企业数量、平均雇员数量、雇员总数量、集群总产值、平均产值等指标测量。其中，雇员数量与产值规模是反映产业集群规模的两个互补性指标，而均值指标则主要用来反映产业集群内平均企业规模大小。

产业发展速度指标主要通过新增企业数净值（新增企业数减倒闭企业数）和年产值增长率来测量，反映产业集群发展规模大小以及经济增长状况。集群内的企业是集群的基本组成部分，如同细胞的健康程度能够反映生命体整体情况一样，单个企业的发展状况在一定程度上亦能够折射出整个产业集群的发展状况。产业集群发展良好，保持较高速度成长，在吸引新的创业者进入的同时，现有企业也同时快速成长；反之，如果新增企业数下降，倒闭企业数上升，则说明产业集群环境在恶化，产业集群竞争力在下降。另外，对于企业成长率指标，通常以整个产业集群产值增长率衡量。

产业集群密度通过平均每平方千米的企业个数，和以每平方千米年产值额测量，反映的是产业在地理上的集中度。集群密度是产业集群最重要的外部特征，集群密度可以定义为 $Ps = N/V$，其中，PS 代表集群密度；N 代表集群单元的数量；V 代表集群空间。

从生态学角度说，集群效应只能在足够数量的个体参与聚集时才能产生，有所谓的"最小种群原则"；同时，种群的存在还需要有一个适宜的密度，种群密度太低或太高（Over Crowding）都会对种群的增长起到限制作用，最终导致种群数量在时间和空间上的变动，产业集群情况与之类似。

（3）产业集群基础设施与公共服务类指标

良好的基础设施与健全的公共服务体系是产业集群的基本要求，也是任何一个企业投资设厂考虑的首要因素，更是各地政府营造良好投资环境的主要手段。基础设施主要指硬件方面，包括道路、环境保护、水、电、气、邮、网络等方面。公共服务体系主要指软件方面，包括创业服务、中介服务与政府服务三个方面。

基础设施指标反映产业集群及其周边的基础设施建设情况，这是产业集群重要的外部特征，具体包括诸如能源设施、交通设施、通讯设施、教育设施与生活环境设施等，能源是企业运营的基本动力，能源紧缺或者能源价格较高，会对地方产业集群的发展形成桎梏。交通是产业集聚传统影响因素，一个有吸引力的产业集聚区域，应该是水陆空立体交通网络密布，而且最好处于枢纽位置。传统运输以铁路与水运为主，可以实现大规模廉价运输，现代物流中，公路运输成为主力，尤其是高速公路，有效实现了快速高效的门到门运输，在高科技领域，大量的知识技术与信息作为附加值承载于较小的物料上面，航空运输成为快速市场反应的主要工具。信息时代，通讯与互联网络是企业信息化管理与沟通的必要条件。教育文化设施不止是帮助企业培养优秀人才，而且往往直接参与研发与创新。与高等教育机构与科研机构在高级专业人才的作用相同，职业技术教育对初中级技术人才的培养也不可或缺。值得提醒注意的是，产业集聚区域也是企业员工的生活区域，相应的生活条件水平、自然环境与人文环境质量，以及社区文明程度也从另一个层面反映了产业集群的质量。

公共服务指标体系反映产业集群内配套公共服务体系的完善程度，包括创业服务、中介服务与政府服务三个二级指标。中介服务主要为成员企业提供房地产、财务、信息、营销、人才培训、行政及法律咨询、管理咨询等方面的服务，在企业之间起协调作用，帮助企业建立各种各样的横向生产协作网络。波特认为，在全球化经济中政府职能的发挥起着相当重要的作用，政府服务暨准政府的创业服务主要反映在政府服务与管理水平、服务效率、制度化程度等方面。产业集群的发展，离不开政府高效率社会化服务的支撑。

在公共服务指标体系中，还可以进一步细化为中介服务、商业服务、生活服务、产业配套服务、政府与产业政策引导服务、融资服务与法律服务等。

表7-2　　　　产业集群中的中介服务类型与领域

服务类型	主要服务机构与领域
中介服务	会计师事务所、律师事务所、咨询服务机构、人才服务机构、房地产中介、各类代办机构
融资服务	银行、财务公司、保险公司、租赁企业、担保企业、证券公司、产权交易机构
商业服务	交通运输企业、邮电通信企业、信息网络企业、物流渠道企业
生活服务	零售、餐饮、旅馆、医院、文化艺术、体育、旅游、休闲、家政服务、环卫、修配
政府服务	社会保障体系、行政效率、服务意识、勤政廉政、地方品牌宣传
产业配套	相关产业集聚、靠近市场、地方文化、工业园区、专业市场
产业政策	产业布局引导、国家对产业研发投入、产业发展扶持、产业税收差别
法律保护	企业制度、私产保护、分配政策、法制建设

（4）产业集群资源类指标

反映产业集群的第三大类指标是资源类指标，资源包括人力资源、资本资源、社会资源、知识与信息资源。

生态学理论认为，一切生物都离不开资源与环境，它们必须从环境中获得各种各样生活必需的资源，并受到外界环境因素的影响。在生物界，生物、资源与环境的关系中存在"最小值定律"（Law of the Minimum）、"耐受定律"（Law of Tolerance）和"限制因素定律"（Law of Limiting Factor）。它们的基本思想是：决定某物种生存或分布的根本因素是它需要的各种特定资源的存在量不能低于一定的最小值；任何一个资源的不足或过多，如果超出该物种的耐受限度时，就会影响该种生物的生存、生长、繁殖与扩散。同理，产业集群对其生存所需要的各项资源也存在最小值、耐受区间和受到某些特定的限制因素制约。它们可能因为这些资源要素而集聚在一起，也可能因为某种资源要素限制而迁移到其他区域，如众多发达国家与地区因为我国的廉价高素质劳动力资源要素，纷纷在我国投资设厂，使中国快速地成为世界工厂；同时，当人民币快速升值与工人工资大幅提升后，许多劳动力密集型企业也可能将工厂迁往越南、印度等其他资源要素更为廉价的区域。

对产业集群产生重大影响，或者说能够对产业集群生存与发展状况进行反映的主要资源包括：原材料资源、人力资源、资本资源、信息资源与社会关系资源五个方面。

原材料资源与人力资源是古典集聚理论的重点，许多产业集聚就是因为该区域具有该产业发展所需要的关键原材料，或者由于长期的发展历史，具有大量的精通某项特殊技艺的工匠。

马歇尔专门设计了一个"原料指数"指标来反映产业集聚，"原料指数"即某一区域的原料重量与产成品重量之比，认为它是决定制造业区位的初始决定因素。随着现代交通业的发展，大多数原材料资源已经实现了全球化流动，虽然"区位重"因素仍然存在，但是，在许多产业中，原材料价值比重已经大大让位于知识、信息与劳动力。因此，该项指标的重要性有所降低，主要表现在原材料密集型产业；同时，它也可能由便利的地理位置与交通运输条件所替代。

与原材料流动性相比，劳动力具有更好的流动性。正如马歇尔所描述的，寻找工作的人，自然会到有许多雇主需要像他们那样技能的地方去，在那里技能会有良好的市场，同理，雇主们也往往到能够找到他们所需要的有专门技能的优良工人的地方去建厂；一个孤立的工厂，即使能得到一般劳动的大量供给，也往往因缺少某种专门技能的劳动而束手无策；而熟练的工人如被解雇，也不易有别的办法。因此，具有专业技能的劳动力市场规模、劳动力成本、员工平均教育程度、初中高级职称的比重就成为了衡量产业集群劳动力资源的主要指标。在人力资源指标中，我们还对企业家这种重要的稀缺资源进行了单独的反映，通过对企业家素质、比重与工作时间等的分析，既反映其对经济活动的现实贡献，也反映潜在的创业可能性。

资本资源是现代商业社会的血液，产业集聚的地方，应该是资本资源十分充裕的地方。这里的资本，既包括当地资本——富裕的民间资本、居民的储蓄与借贷，也包括外部投资与外面的供应商或者经销商授予的商业信用，以及政府和非政府组织投入的创新基金等，这三项是大量中小企业创业初期的主要资金来源。

20 世纪 80 年代以来的经济增长理论越来越强调知识、技术、智力溢出和人力资本的外部性（Romer，1986；Lucas，1988），该理论引发了学者们对产业集群效应的重新评价，以前主要关注产业集群的密度与运输成本的关系（Krugman，1991），现在更关注学习与知识溢出，认为产业集聚的更多好处是由于空间邻近使工人能够通过模仿各种各样的榜样和边看边学获得所需要的信息与知识（Glaesser，1998）。由于集聚而产生的信息资源成为产业集群的核心资源，当然，这也是比较难于反映的资源。基于相关理论文献，我们发现，产业集群的信息资源主要是通过产业链合作，包括上下游产业合作开发新产品、新工艺、新技术而实现信息共享与知识溢出；同时，市场就是商品信息的渊薮，各种各样的商品交流展示会，不断地提供各个企业的最新知识与技术发展状况；而且，企业间员工的信息交流与员工的流动也蕴含着相应的专业信息的流动与共享。

在对产业集群进行分析评价时，还需要关注社会性资源的"根植"（Granovetter，1985）。在产业集群中，经济关系实际上是根植于一个更深层的社会结构中，并由此提供了一种强大的力量，足以（在当地）不断形成表面上看来自相矛盾的竞争——合作关系（Harrison，1992）。社会性根植对产业集群具有积极的影响，而且是获得其他许多资源的力量源泉，它使产业在一个运转良好的有自己的制度、文化和物质基础的社会里找到了肥沃的土壤（Fua，1983）。只有当经济行为根植于社会关系的网络之中，其行为才可能被现实的经济社会所接受，也只有这样，经济主体之间的交易费用才能够降低到最小值。亲密的个人关系的存在避免了现有关系在竞争中受损。关系越好，则市场交易转换的可能性就越低（Sheth and Parvatiyar，1995）。甚至有学者指出，交易的关键之处在于促进和维持关系，密切的个人关系是市场交易的首要考虑要素，而可能提供服务的能力则是排在第二位的（Jiittner and Wehrli，1995）。

社会资源，通过促进交易与合作而产生经济效益，它是生产性的，表现为社会关系网络及其某些特征，诸如信任与规范，使得实现某种无它不可能的目的成为可能。社会资源的统计极具挑战性，我们觉得家族企业的数量与规模是一个好的评价指标，另外，企业协会数量、商业信用规模，以及产业集聚区内非正式组织数量与规模（同乡商会）也都能够在较大程度上反映集群社会资源特征。

（5）产业集群能力类指标

就经济增长的水平和能力来说，地区间差距不仅反映在各自的要素（资源）存量差别上，还主要反映在各自对要素的吸引能力及各种投入要素的产出能力上（洪银兴，2004），这在一定程度上反映了以普拉哈拉德为代表"能力学派"的主张。"能力学派"认为竞争优势的根源不在于外部的组织结构与资源，而在于组织内部，强调以企业生产经营过程中的特有能力为出发点，来制定和实施企业竞争战略。能力学派让我们重新认识了企业的竞争本质，竞争战略的目的在于识别和开发别人难以模仿的组织能力，并通过产业组织内的集体学习培育核心能力，使自己成为一个以能力为基础的竞争者。关于产业集群能力评价指标，我们设计了产业集聚能力、专业化能力、合作能力、市场能力、创新能力与盈利能力六个一类指标。

韦伯将影响工业地方性集聚的所有要素归类为集聚要素和分散要素，认为集聚要素是使产业在某一地点集中，通过技术设备、劳动组织等大规模生产而产生优势，或降低成本的要素。勒施认为企业的区位选择就是寻找最有利的生产中心、消费中心和供给中心。克鲁格曼认为产业集聚的主要原因首先就是需求原因，公司一般会选择定位在有大量需求的地方，因为有规模经济所带来的收益增长，公司都喜欢从这个起始点向其他地方供货；其次是外部经济效应；最后是地方化产业的自我强化而循环累计，生产活动倾向于集聚在市场较大的地方，而市场因为生产活动的集聚而进一步扩大。我们这里的集聚能力是狭义的集聚能力，主要是为了反映上面分析的各种集聚要素而单独设置的，以突出大型主导企业，以及大型产品市场与要素市场的作用，这个集聚能力也可以理解为凝聚能力，而两个二级指标主导企业与市场则相当于凝聚核。在经济现实中，因为某大型企业的进驻某区域或大型市场的建立而带来相关产业的集聚的案例也是随处可见的。

专业化能力指标，是产业集群发展成熟的主要标志。在同一种类生产总量很大的区域里，高价值专业机械设备由于范围经济而达到很高的利用程度，即使是在一个很狭窄的产业部门，也可能因此而采用高度专业化的机器设备，虽然这种专业化设备的原价很高，折旧率也大，但由于范围经济其价值能够快速得到实现与转化；同理，专业化的人才与服务机构的服务也会日益专精。关于专业化的价值，在斯密的分工理论与杨小凯的新兴古典经济学中都有很好的诠释。

与专业化能力相配套的就是合作能力。在产业集群中，企业共同面临激烈的竞争压力，相互迫使对方进行改进和创新，为了获得成功，企业日益需要在集群里进行合作与相互的产业支撑。认同感是邻近企业之间合作的基础和前提，由于地处同一区域，企业之间会产生一种区域认同感，在一定程度上也表现为本地企业主之间的一种私人友谊，在同一地域内进行生产经营活动而互相认同的本地企业之间的发生交易的可能性相对较高，同时，互相认同的本地企业之间的合作效率也将更高。

基于社会关系产生的信任，会建立起一种在群体和组织之中的合作能力（福山，2001），产业集群合作能力，主要表现在企业间的外包与协作生产，相互的产品配套，在产品差异化程度越高的产业集群中，知识互补与合作表现也是越好的。而地理邻近性作为合作的表现指标的理由就不用赘述了。

产业集群的良性发展，离不开整体商品市场的开拓与营销。目前我国沿海地区产业集群的发展，大多是外向型的，巨大的国际市场是它们存在与发展的基础。随着产业集群的不断发展壮大，接下来的工作，就是不断提高市场营销能力，提升产品与区域的品牌形象价值，进一步增加市场占有率和提高产品知名度与美誉度，提升国际形象。市场占有率、品牌的知名度与美誉度是产业集群市场形象的主要表现形式。

创新能力体现了产业集群的核心竞争力。OECD 总结了产业集群网络内部创新过程运行的最重要的成功因素，认为产业集群的创新主要通过产品创新、工艺设备创新，以及新建企业等路径表现出来，许多新企业的组建就是因为在原有企业新的产品、技术、工艺没有有效实施的空间，核心技术人员出走而建立的。创新能力的基础性指标是通过企业在创新的投入与产出两方面来反映的，绝对值指标有 R&D 总支出和获得的专利数量，相对值指标有 R&D 支出占销售收入比重。

盈利能力是反映产业集群最重要的指标之一，它体现出对更多的产品生产企业和相关服务企业 以及各种人才、资金等生产要素的吸引力，是产业集群竞争优势的最终体现。盈利能力通过两类二级指标反映：对各要素拥有者而言，它反映出各种要素较高的投资回报率，对政府而言，体现出较高的政府税收的增长；针对每一个要素，反映出较高的生产效率，如劳动生产率、土地生产率。

中国产业集群实证研究
与发展政策模式分析

8.1 中国产业集群实证研究

8.1.1 研究基础情况说明

自从克鲁格曼（Krugman，1991）对美国 3 位数产业的空间基尼系数进行测算以来，关于产业集群的实证研究得到了很快的发展，成为国际上产业经济学与经济地理学的研究热点。艾力森和格利兹（Ellison and Glaeser，1997）针对基尼系数不能反映不同行业的企业集中度的不足，对产业区域集聚程度的指标计算方法进行了改进。

近期关于中国产业集群与集聚研究是比较多的，常常见诸《中国社会科学》与《经济研究》等权威期刊。文玫（2004）通过对 1980 年、1985 年和 1995 年 2 位数制造业集中度的比较研究发现，改革开放以来，中国制造业在地域上变得更为集中，并认为，随着交易和运输费用的进一步下降，制造业在地域上会进一步聚集，而不是更加均衡。罗勇和曹丽莉（2005）使用艾力森和格利兹方法，对我国 20 个制造行业 1993 年、1997 年、2002 年和 2003 年的集聚程度进行了测定，分析了我国制造业集聚程度较长期间的变化及区域间的差别。路江涌与陶志刚（2006）也运用该方法，运用更为细化的区域和行业分类数据，计算了中国行业区域集聚指数和共同集聚指数，并进行了国际比较。

笔者准备对近期中国制造业的产业集群进行实证研究，主要运用年 1999 及 2003 年《中国工业经济统计年鉴》的截面数据，分析计算中国 2 位数工业的区位集中度、区位商（LQ）与专业化指数、产业空间基尼系数（Spatial Gini Coefficient），以及产业集聚指数（Index of Industry Concentration）（Ellison and Glaeser，1997），实证分析各产业的集聚程度，以及各省份主要集中的优势产业、专业化程度与产业集聚指数。

　　本书的样本数据来自 1999 年与 2003 年的《中国工业经济统计年鉴》，在计算产业集中度与基尼系数时，笔者采用的是增加值，而不是总产值。虽然总产值能更好地反映生产规模与中间投入的运输成本，但是，笔者仍然倾向于使用增加值，理由很简单，它反映该地区对一个行业的真实贡献；同时，也有学者倾向于采用产业就业人数，如克鲁格曼等人在测定美国制造业产业集聚的空间基尼系数时，就是计算的各地区各产业的就业人数占该产业总就业人数的比重，以及该地区全部就业人数占全国总就业人数的情况。为了更好地符合国际研究范式，我们在计算产业集中度指数时采用的是增加值指标，其他的如区位商、基尼系数、赫芬达尔（H）指数与产业集聚指数时，都采用国际主流的就业人数指标，与梁琦（2004）观点相同，笔者也认为中国的增加值指标的准确程度会高于就业人数。但是，笔者认为，产业集群的主要特征之一是劳动力的集聚，而且，目前我国工业经济发展的实际情况也是主要以劳动力密集型为主，产业的发展与从业人员的数量呈正相关的。

　　在产业指标的选择上面，笔者认为不论是 2 位数、3 位数，还是 4 位数，对产业集群的反映都只能是宏观的，故直接采用了《中国工业经济统计年鉴》的制造业 2 位数产业分类标准。在中国《国民经济行业分类和代码》（2002 年）中，经济活动被划分为门类、大类、中类和小类四级。门类采用英文字母编码，大、中、小类采用阿拉伯数字编码。本书研究的对象为制造业中的 25 个大类。（注：按照《国民经济行业分类》制造业共分为 30 个大类，本书的主要数据来自于《中国工业经济统计年鉴》，受年鉴中的资料限制，本书只选择 25 个大类进行研究。

它们分别是 B06 煤炭采选业、B07 石油与天然气开采业、B08 黑色金属矿采选、B09 有色金属矿采选业、C13 食品加工业、C14 食品制造业、C15 饮料制造业、C16 烟草制品业、C17 纺织业、C22 造纸及纸制品业、C25 石油加工及炼焦业、C26 化学燃料及化学制品制造业、C27 医药制造业、C28 化学纤维制造业、C31 非金属矿物制品业、C32 黑色金属冶炼及压延加工业、C33 有色金属冶炼及压延加工业、C34 金属制品业、C35 普通机械制造业、C36 专用设备制造业、C37 交通运输设备制造业、C39 电气机械及器材制造业、C40 电子及通信设备制造业、C41 仪器仪表及文化办公机械制造业和 D 电力蒸汽热水生产和供应业。)

从全球角度研究产业集聚，主要是分析某产业集群于哪几个国家；在一国范围考察产业集聚，则主要是看某产业集群于哪几个省区，或者市县。本书考察的产业集聚区域维度，按照行政区划，笔者认为城市是最佳统计对象，但囿于数据的可得性，仍然以各省级单位作为研究对象。对于中国领土不可分割的一部分，即台湾、香港与澳门地区，因为缺乏相关统计数据而无法统计，只统计了大陆 31 个省、直辖市、自治区。

产业集群程度也可以理解为产业集聚水平的高低，或者是产业分布的不均匀程度，产业集聚水平越高则产业布局就越不均匀，笔者选取了 5 组产业集聚衡量指标，分别为行业集中度指标、赫芬达尔指数（HHI/Herfindahl Index）、区位商、空间基尼系数和最新的产业区域集聚指数。

8.1.2　产业集中度研究

行业集中度是衡量产业集聚最常用、最简单易行的指标，它反映在一个产业内规模最大的前几位企业的产值、市场或就业人数占整个产业的份额（这里，笔者采用产值），用公式表示为：

CRni = ∑ Xij/∑ Xi

这里，CRni 代表 i 产业中规模最大的前 n 位区域的产值份额，Xij 代表 i 产业 j 区域的产值，Xi 代表 i 产业的全国总产值，n = 5，N = 31，CR5 代表各产业排位前五位省份的产值占全国 31 个省市自治区总产值的比重。

赫芬达尔指数（Herfindahl Index）是产业经济学中衡量产业结构的另一个主要指标，它等于行业内所有企业的市场份额的平方和。HHI 值越大，表明产业集聚程度越强；反之则越弱。由于它涵盖了产业中每一个部分的比重情况，并通过平方的形式对差距进行放大，所以，能够更为全面地反映产业的集中度，赫芬达尔指数用公式表示为：

H i = ∑Zij^2

Zij 表示 i 产业在 j 区域就业人数占该产业就业人数的百分比，通过平方和的方式将差异扩大，以反映企业的规模分布与产业集中度。在确定赫芬达尔指数时，由于没有企业级数据，笔者采用的《中国工业经济统计年鉴》提供的各产业各省份的从业人员平均人数进行测算。

通过测算，计算得出中国前 5 位省份的产业集中度、赫芬达尔指数，并同时列举出各产业增加值排列前 5 位的省份名称。

表 8 - 1　中国产业集中度及排名前 5 位省份与赫芬达尔指数

行业	CR5	H	1	2	3	4	5
电子及通信设备制造业	0.74	0.2	广东	江苏	天津	上海	北京
电力蒸汽热水生产和供应业	0.72	0.05	广东	山东	江苏	河南	浙江
专用设备制造业	0.71	0.07	山东	江苏	浙江	河南	上海
石油加工及炼焦业	0.71	0.08	辽宁	山东	上海	广东	黑龙江

表8－1(续)

行业	CR5	H	1	2	3	4	5
普通机械制造业	0.7	0.08	江苏	浙江	山东	上海	辽宁
食品制造业	0.68	0.06	山东	广东	上海	河北	河南
医药制造业	0.67	0.05	广东	江苏	山东	浙江	河北
石油与天然气开采业	0.65	0.1	黑龙江	山东	新疆	辽宁	陕西
非金属矿物制品业	0.64	0.06	山东	广东	江苏	河南	浙江
造纸及纸制品业	0.63	0.08	山东	广东	江苏	浙江	河南
化学纤维制造业	0.61	0.1	江苏	山东	浙江	福建	上海
电器机械及器材制造业	0.58	0.11	广东	江苏	浙江	山东	上海
纺织业	0.58	0.09	江苏	浙江	山东	广东	湖北
黑色金属冶炼及压延加工业	0.57	0.06	河北	上海	辽宁	江苏	山东
煤炭采选业	0.56	0.08	山东	山西	河南	河北	安徽
有色金属矿采选业	0.54	0.07	山东	河南	陕西	湖南	云南
饮料制造业	0.51	0.06	四川	广东	山东	浙江	江苏
金属制品业	0.5	0.1	广东	江苏	浙江	上海	山东
烟草加工业	0.49	0.06	云南	上海	湖南	浙江	江苏
仪器仪表及文化办公用机械制造业	0.48	0.1	广东	江苏	上海	浙江	北京
化学原料及化学制品制造业	0.48	0.06	江苏	广东	山东	上海	浙江

表8-1(续)

行业	CR5	H	1	2	3	4	5
黑色金属矿采选业	0.47	0.1	河北	安徽	山东	湖北	山西
有色金属冶炼及压延加工业	0.43	0.05	江苏	河南	甘肃	广东	山东
食品加工业	0.4	0.1	山东	江苏	广东	河南	湖北
交通运输设备制造业	0.37	0.05	上海	吉林	湖北	江苏	广东

为了从多角度进行比较，本图表的CR5（前5位省份产业集中度）采用的是增加值指标，表示排位前5位的省份的该产业的增加值总和占全国该产业增加值总和的比重，从图表可以看出，72%的产业的前5省比重超过50%，而且有20%的产业前五省比重超过70%。而且，主要都是集中的东部沿海地区，其中，山东出现21次，江苏出现19次，广东出现16次，浙江出现14次，上海出现13次，而整个西部10个省市区总计出现6次，其中资源类占了5次。

为了与国际研究范式接轨，以及后续分析的需要，赫芬达尔指数（HHI）采用的是就业人口统计指标，按照各产业就业人口数所占比重进行的分析，H值越大，表示产业集中度越高。

这里，需要特别指出的是电力蒸汽热水生产和供应业，该产业原则上应该是分布比较均匀，没有产业集聚现象的，赫芬达尔指数反映得比较准确，但是，产业集中度指数却表现出很大的差异，通过检查前五位省份发现，主要是这些区域经济比较发达，或者人口很多，所以相关的工业与生活消耗的电力蒸气和热水的生产与供应量大。其他的产业集中度高的产业还有：资源禀赋类的黑色金属矿采选业、石油与天然气开采业与食品加工业；技术与资金密集型的电子及通信设备制造业、电器机械及器材制造业、化学纤维制造业、仪器仪表及文化办公用机械制造业与金属制品业。

8.1.3 区位商与专业化水平研究

"区位商"（Location Quotient，LQ）指标主要用来反映产业集群区域内部的产业出口导向比重，人们在度量一定区域内产业集群的出口导向时，往往缺乏准确的产品出口数据，所以通常采用该区域某一产业的劳动力占该区域劳动力总和的比重与全国该比重的比值，即区位商 LQ 代替，区位商计算公式如下：

$$LQ = (X_{ij}/X_j) / (X_i/X)$$

X_{ij} 表示 i 行业在区域 j 的就业人数，X_j 表示表示区域 j 所有行业的总就业人数，X_i 表示全国范围行业 i 的就业人数，X 表示全国所有工业行业的总就业人数。当 LQ 值大于 1 时，意味着该地区的产业专业化水平较高，理由是：如果区域内某产业的雇员数高于同一产业全国的平均水平，就可以生产出更多的产品，并且大于当地的消费需求，因此该产业可以把多余的产品出口。

"区位商"可以用来衡量各行业在特定地区的产业集中度，及其专业化发展水平，通过它我们可以识别地区的产业集群，也可以通过"区位商"的变化来了解产业集中度的变化与转移情况。

我们对中国大陆 31 个省、市、区的 25 个工业产业的"区位商"进行了计算与分析，并将 LQ > =1 的产业，即各地具有一定专业化优势的产业列出，以反映各省区具有专业化优势的产业，具体情况如下：

华北地区，北京的优势产业主要是电子及通信设备制造、仪器仪表及文化办公用机械制造、石油加工与炼焦；天津的优势产业主要是石油与天然气开采；河北的优势产业主要是黑色金属矿采选、冶炼与加工；山西的优势产业主要是煤炭采选、黑色金属冶炼及压延加工与石油加工与炼焦；内蒙古的优势产业主要是煤炭采选、有色金属与黑色金属冶炼加工。

东北地区，辽宁的优势产业主要是石油与天然气开采、石油加工与炼焦、黑色金属矿采选与冶炼及压延加工业；吉林的优势产业主要是交通运输设备制造；黑龙江的优势产业主要是石油与天然气开采、石油加工与炼焦业及煤炭采选业。

华东地区，上海的优势产业主要是电子及通信设备制造、仪器仪表及文化办公用机械制造与金属制品业；浙江的优势产业主要是电器机械及器材制造、化学纤维制造、纺织业普通机械制造与金属制品业；安徽的优势产业主要是黑色金属矿采选与煤炭采选业；福建的优势产业主要是电子及通信设备制造；江西的优势产业主要是有色金属矿采选与冶炼及压延加工、烟草加工与医药制造；山东的优势产业主要是食品加工。

中部地区，河南的优势产业主要是煤炭采选、石油与天然气开采、有色金属矿采选、食品制造、烟草加工与专用设备制造业；湖北的优势产业主要是烟草加工与有色金属冶炼及压延加工；湖南的优势产业主要是有色金属矿采选与烟草加工。

东南地区，广东的优势产业主要是电子及通信设备制造、仪器仪表及文化办公用机械制造与电器机械及器材制造；广西的优势产业主要是有色金属矿采选与食品加工；海南的优势产业主要是黑色金属矿采选、食品制造与加工、医药制造与化学纤维制造。

西南地区，重庆的优势产业主要是交通运输设备制造、仪器仪表及文化办公用机械制造；四川的优势产业主要是饮料制造、黑色金属冶炼及压延加工业；贵州的优势产业主要是烟草加工业、饮料制造与黑色金属冶炼及压延加工；云南的优势产业主要是烟草加工、有色金属矿采选、冶炼及压延加工；西藏的优势产业主要是黑色金属矿采选、有色金属矿采选业、饮料制造业与医药制造业。

西北地区，陕西的优势产业主要是有色金属矿采选、烟草加工与交通运输设备制造业；甘肃的优势产业主要是有色金属矿采选、有色金属冶炼及压延加工业、石油加工与炼焦；青海的优势产业主要是石油与天然气开采业、有色金属矿采选业、有色金属冶炼及压延加工业、黑色金属冶炼及压延加工业；宁夏的优势产业主要是煤炭采选、石油加工与炼焦业、有色金属冶炼及压延加工业、造纸及纸制品业；新疆的优势产业主要是石油与天然气开采业、石油加工与炼焦业、黑色金属矿采选、纺织业与饮料制造业。

需要注意的是，这里的区位商主要反映各地区的相对专业化水平，而不是绝对专业化水平，某些各方面都发展得比较均衡的地区，它的许多产业虽然发展水平很高，但是区位商的指数却不一定突出；与之相反，在不发达地区，因为整体发展水平不高，使得依靠资源禀赋的许多产业显得非常突出，区位商指数却很高。从产业特征来看，资源类的产业，特别是煤炭、石油天然气、黑色金属与有色金属采选与加工，区位商差异比较显著；普通的金属制品、食品加工、造纸、非金属矿制品、医药制造等相对分布比较平均，因此区位商都不是很显著。另外，在内蒙古、西藏、青海、甘肃、宁夏与新疆，由于气候与其他经济欠发达的原因，电力蒸汽热水生产和供应区位商显得比较突出。

表 8－2　　　　中国产业集群 2 位数产业区位商

区位商	北京	天津	河北	山西	内蒙古	辽宁	吉林	黑龙江	上海	江苏
煤炭采选业			1.5	5.2	2.4	1.0	1.1	2.2		
石油与天然气开采业		4.7				2.8	1.4	5.3		
黑色金属矿采选业			4.7	1.5		2.5	1.8			
有色金属矿采选业						3.3	1.0	1.1		
食品加工业						1.2		1.1	1.1	
食品制造业	1.8	1.3	1.5		1.4				1.0	1.3
饮料制造业	1.4		1.1		1.8			1.4	1.1	
烟草加工业							1.0			
纺织业				1.0						1.8
造纸及纸制品业				1.4				1.0		
石油加工与炼焦业	3.1			5.3		2.5			2.7	1.5
化学原料及化学制品制造业		1.3	1.1	1.3		1.1	1.3			1.3
医药制造业	1.7	1.6	1.5					1.9	1.3	1.1
化学纤维制造业								1.8		2.4
非金属矿物制品业	1.0			1.5						
黑色金属冶炼及压延加工业	1.8	1.5	2.3	2.2	2.5	2.9				
有色金属冶炼及压延加工业					2.0	1.4	1.2			
金属制品业	1.4	1.9	1.0						1.8	1.3
普通机械制造业						1.5			1.6	1.7
专用设备制造业	1.2	1.0	1.1				1.1		1.4	1.3
交通运输设备制造业	1.7	1.3					1.3	3.2	1.5	
电器机械及器材制造业		1.0							1.6	1.3
电子及通信设备制造业	2.0	1.9							1.8	1.3
仪器仪表及文化办公用机械制造业	2.2	1.7							1.8	1.0
电力蒸汽热水生产和供应业				1.1		2.1	1.2	1.2	1.9	

表 8 - 2（续）

区位商	浙江	安徽	福建	江西	山东	河南	湖北	湖南	广东	广西	海南
煤炭采选业		2.3			1.3	2.1		1.2			
石油与天然气开采业					1.4	1.9					
黑色金属矿采选业		4.1					1.4			1.2	14.0
有色金属矿采选业				4.1	1.3	2.0		3.0		4.8	
食品加工业		1.0		1.1	2.6	1.3	1.2			3.1	3.8
食品制造业		1.1	1.2		1.3	1.8				1.3	8.8
饮料制造业		2.3		1.1	1.3	1.2	1.2				1.6
烟草加工业		2.1		1.8		1.9	2.2	2.6		1.3	
纺织业	1.7	1.3			1.5	1.0	1.4				
造纸及纸制品业	1.1		1.2		1.7	1.7		1.2		1.4	
石油加工与炼焦业								1.0			
化学原料及化学制品制造业		1.0			1.0	1.0	1.3	1.4		1.3	
医药制造业				1.8			1.7			1.7	2.5
化学纤维制造业	1.7		1.1	1.1	1.2	1.4		1.2			2.2
非金属矿物制品业		1.0	1.1	1.3	1.0	1.6	1.1	1.8		1.9	
黑色金属冶炼及压延加工业工业		1.1		1.3			1.5	1.2			
有色金属冶炼及压延加工业		1.3		2.0		1.3		2.3		2.3	
金属制品业	1.6								1.8		
普通机械制造业	1.6				1.1					1.1	
专用设备制造业					1.4	1.8	1.1	1.2			
交通运输设备制造业				1.4			2.4	1.0			
电器机械及器材制造业	1.8								2.2		
电子及通信设备制造业			1.5						3.4		
仪器仪表及文化办公用机械制造业	1.2			1.3					2.1		
电力蒸汽热水生产和供应业					1.9	1.4		1.3		1.9	2.4

表 8 - 2 （续）

区位商	重庆	四川	贵州	云南	西藏	陕西	甘肃	青海	宁夏	新疆
煤炭采选业	1.2	1.1	1.8			1.3	1.2		3.4	1.4
石油与天然气开采业		1.1				3.3	1.1	15.0		7.8
黑色金属矿采选业	1.6			2.3	13.8					2.0
有色金属矿采选业			1.1	6.0	10.2	3.0	2.3	6.1		1.1
食品加工业				2.0						1.6
食品制造业									1.3	1.2
饮料制造业		2.6	2.2		2.0		1.2	1.3	1.3	2.0
烟草加工业	1.6		7.3	9.9		2.2				
纺织业							1.0			2.1
造纸及纸制品业		1.1							3.0	
石油加工与炼焦业						1.2	3.0		2.4	4.7
化学原料及化学制品制造业	1.3	1.3	1.4	2.1		1.1		1.6	1.7	
医药制造业	1.5	1.4	1.3	1.1	2.8	1.5		1.0		
化学纤维制造业	1.3									
非金属矿物制品业	1.3	1.6	1.3	1.2	2.3		1.5	1.3	1.0	1.1
黑色金属冶炼及压延加工业		2.0	2.3	1.5			1.4	2.2		
有色金属冶炼及压延加工业		1.0	3.0	4.8			7.1	4.5	3.8	
金属制品业									1.0	
普通机械制造业	1.0								1.4	
专用设备制造业				1.1		1.6	1.5			
交通运输设备制造业	4.0	1.2	2.0		1.3	2.3				
电器机械及器材制造业										
电子及通信设备制造业		1.2				1.2				
仪器仪表及文化办公用机械制造业	2.2			1.0		1.4			1.9	
电力蒸汽热水生产和供应业	1.3	1.5	1.7	2.5	3.9	1.2	2.3	2.7	2.3	2.4

8.1.4 空间基尼系数研究

基尼（Gini）依据洛伦兹（Lorenz）曲线，设计了对该曲线进行量化的统计指标——基尼系数。空间基尼系数（Spatial Gini Coefficient）主要用来反映产业区域分布的集中程度，它的值在 0 与 1 之间变动，越接近 1 表明产业集聚程度越强，接近 0 表明产业没有空间集聚，呈现均匀分布状态。

欧美学者利用洛伦兹曲线和基尼系数的原理和方法，对产业的集聚程度进行了较多的实证研究。克鲁格曼用来测定美国制造业集聚程度的度量方法就是空间基尼系数，其他的研究还有，运用空间基尼系数研究美国从 1860—1987 年间产业经济活动区域分布的长期变化趋势（Kim，1995）；计算美国 2 位数产业空间基尼系数，并对 12 个创新性产业集群进行深入分析（Audretsch，Feldman，1996）；计算欧盟十国的 3 位数水平的 27 个行业的基尼系数及五国 65 个行业的基尼系数，检验欧盟国家在 1968—1990 年期间的产业集聚（Amiti，1998）。总之，空间基尼系数是目前为止，研究产业集群的最主流研究方法之一。

梁琦教授对空间基尼系数的具体计算公式有过详细的推导（2004），具体计算公式如下：

$$G = \sum \text{IiPi} + 2\sum \text{Pi}\,(1 - \text{Qi})\ - 1$$

$$\text{Ii} = \text{Qij}/\text{Qi} \qquad \text{Pi} = \text{Qj}/\text{Q}$$

G 是基尼系数，Qij 是 j 地区 i 产业的就业人数，Qi 是 i 产业全国总就业人数，Q 是全国所有工业产业的总就业人数，Qj 是 j 地区全部工业产业就业人数，Ii 是 i 地区某产业就业人数占全国该产业总就业人数的比重，Pi 是 j 地区就业人数占全国总就业人数的比重。

该方法的最大优点就是简便直观（可以很方便地把基尼系数转化成非常直观的图形），基尼系数越高（最大值为 1），表明产业集聚越显著。

　　我们对中国 1999 年与 2002 年的 25 个 2 位数产业的空间基尼系数进行了计算，并列举出了 2002 年排位前 5 位的省份。

表 8 - 3　　　　中国 2002 年 25 个 2 位数产业的区位
基尼系数及排名前 5 位省份

2 位数工业产业	G2002	G1999	排名前 5 位省份				
石油与天然气开采业	0.58	0.56	黑	鲁	辽	豫	津
电子及通信设备制造业	0.48	0.44	粤	苏	沪	浙	闽
黑色金属矿采选业	0.47	0.47	冀	辽	皖	鲁	鄂
煤炭采选业	0.46	0.41	晋	鲁	豫	冀	黑
有色金属矿采选业	0.43	0.43	鲁	豫	湘	滇	桂
烟草加工业	0.40	0.41	滇	豫	黔	鄂	湘
石油加工及炼焦业	0.38	0.30	晋	辽	黑	鲁	津
电器机械及器材制造业	0.29	0.22	粤	浙	苏	鲁	沪
金属制品业	0.26	0.22	粤	苏	浙	鲁	沪
仪器仪表及文化办公用机械制造业	0.24	0.23	粤	苏	浙	沪	鲁
纺织业	0.23	0.24	苏	鲁	浙	粤	豫
有色金属冶炼及压延加工业	0.22	0.21	甘	豫	晋	湘	滇
食品加工业	0.20	0.13	鲁	豫	苏	粤	桂
普通机械制造业	0.18	0.16	苏	浙	鲁	辽	沪
黑色金属冶炼及压延加工业	0.17	0.26	京	津	冀	晋	内
造纸及纸制品业	0.15	0.13	鲁	粤	豫	浙	苏
专用设备制造业	0.14	0.15	鲁	苏	豫	浙	冀
交通运输设备制造业	0.12	0.13	鄂	苏	吉	鲁	浙

表8-3(续)

2 位数工业产业	G2002	G1999	排名前 5 位省份				
化学纤维制造业	0.09	0.24	京	津	冀	晋	内
饮料制造业	0.09	0.10	鲁	川	豫	苏	皖
食品制造业	0.08	0.11	鲁	豫	粤	冀	浙
非金属矿物制品业	0.05	0.06	鲁	豫	粤	苏	冀
电力蒸汽热水生产和供应业	0.02	0.00	鲁	豫	粤	黑	辽
医药制造业	0.02	0.03	苏	鲁	冀	浙	鄂
化学原料及化学制品制造业	0.00	0.03	苏	鲁	豫	粤	冀

通过各产业的空间基尼系数,我们发现,基尼系数接近或超过 0.4(普遍认为,基尼系数超过 0.4,产业集群特征就是显著的)的产业共有 7 个,其中,矿产资源类占了 5 个,分别是石油加工及炼焦业、黑色金属矿采选业、煤炭采选业、有色金属矿采选业、石油与天然气开采业;种植业资源类占了 1 个,即烟草加工业,另外还有 1 个产业是资金与技术密集型的电子及通信设备制造业,紧接下来排位第八的也是资金与技术密集型的电器机械及器材制造业,基尼系数接近 0.3。

也许是以省份作为研究对象的缘故,除了上述 7 个产业集聚程度非常显著以外,基尼系数低于 0.1(基尼系数低于 0.1,说明产业分布非常的均匀)也有 7 个产业,分别是化学原料及化学制品制造业、医药制造业、电力蒸汽热水生产和供应业、非金属矿物制品业、食品制造业、饮料制造业、化学纤维制造业,这些产业相对而言,"落脚"比较自由,没有太多的硬性约束条件限制,各个省市区的发展都是比较均衡的,也就是说,呈现出较强的"同构"特质。即使是技术与资金密集型的专用设备制造业、交通运输设备制造业的基尼系数也是很低的,这说明各个省份都希望发展与强化这些主导型产业，所以，以省份作为研究对象的产业集群差异也就不显著了。

其他的处于中度集聚程度的产业（基尼系数在 0.1~0.3）中，金属制品业、仪器仪表及文化办公用机械制造业、纺织业、有色金属冶炼及压延加工业、食品加工业、普通机械制造业、黑色金属冶炼及压延加工业，以及造纸及纸制品业，许多属于劳动力密集型产业或者是中型资金与技术密集型，在一定程度上才真正地体现了如外部性、范围经济、社会文化根植等产业集群的特征。从区域来看，这些类型的产业集群大多集中在沿海发达地区。

接下来，我再对 1999 年和 2002 年的区位基尼系数作对比分析，不难发现，大多数产业的集聚都存在不同程度的强化趋势，而不是更加的均衡。在基尼系数接近或超过 0.4 的七个产业中，只有烟草加工业轻微有所下降，可以理解为是各个省市区对烟草这个特殊行业的地方保护主义的结果，其他的如电子及通信设备制造业、石油加工及炼焦业，以及煤炭采选业的产业集聚程度都显著增强。在基尼系数处于 0.2 以下的产业，本身集聚程度就不显著，并呈现进一步均衡分布的趋势。基尼系数介于 0.2~0.4 之间的产业，整体上呈现出集聚程度进一步增强的趋势。

为便于大家更多地了解各省市区的产业集群状况，笔者将排位前 5 位的各省市区产业集群列表如下：

表 8-4　　按空间基尼系数排列的各省市区产业集群

山东	石油天然气	黑色金属矿采选	煤炭	有色金属	石油加工
饮料制作	食品制造	非金属矿物	水电气	医药制造	
仪器仪表	纺织	食品加工	普通机械	造纸	

产业集群理论模型与实证研究

表8-4(续)

金属制品	运输设备	电器机械	化学原料	专用设备	
河南	石油天然气	煤炭	有色金属	烟草加工	纺织
造纸	专用设备	饮料制作	食品制造	非金属矿物	
食品加工	化学原料	有色金属冶炼	水电气		
江苏	电子及通信	电器机械	金属制品	仪器仪表	纺织
专用设备	运输设备	饮料制作	非金属矿物	医药制造	
食品加工	普通机械	化学原料			
浙江	电子及通信	电器机械	金属制品	仪器仪表	纺织
专用设备	运输设备	食品制造	医药制造	普通机械	
造纸					
广东	电子及通信	电器机械	金属制品	仪器仪表	纺织
食品制造	非金属矿物	水电气	化学原料	食品加工	
造纸					
河北	黑色金属矿采选	煤炭	黑色金属冶炼	造纸	专用设备
非金属矿物	医药制造	化学原料	化纤	食品制造	
辽宁	石油天然气	黑色金属矿采选	石油加工	普通机械	水电气
山西	煤炭	石油加工	有色金属冶炼	黑色金属冶炼	化纤
上海	电子及通信	电器机械	金属制品	仪器仪表	普通机械
黑龙江	石油天然气	煤炭	石油加工	水电气	
湖北	黑色金属矿选	烟草加工	运输设备	医药制造	

表8－4(续)

湖南	有色金属	烟草加工	有色金属冶炼		
北京	石油加工	黑色金属冶炼	化纤		
天津	黑色金属冶炼	化纤	石油天然气		
云南	有色金属	烟草加工	有色金属冶炼		
广西	有色金属	食品加工			
吉林	普通机械	运输设备			
内蒙古	黑色金属冶炼	化纤			
安徽	黑色金属矿采选	饮料制作			
四川	饮料制作				
贵州	烟草加工				
福建	电子及通信				
甘肃	有色金属冶炼				
陕西					
青海					
宁夏					
新疆					
江西					
海南					
重庆					
西藏					

通过上表不难发现，我国产业主要集聚在山东、河南、江苏、浙江与广东五个省份，其中，山东发展比较均衡，既有资源类产业、又有资金技术密集型产业，以及劳动密集型产业；河南的产业集群主要为资源类与劳动力密集型产业；江苏、浙江与广东集聚的产业，主要是技术密集型、资金密集型与劳动力密集型产业；河北产业类型与河南类似；山西产业类型与黑龙江相似；另外，有八个省份几乎没有大的产业集群，这八个省份除江西省外，全部是西部省份。

另一个值得关注的现象是，更多的行业通常集中在更少的几个临近区域，尤其是在分析各区域优势产业时，笔者发现，邻近区域往往存在共同的优势产业，这意味着经济生活中的产业集群现象比以行政区划为单位确定的产业集群更为显著。美国各州的投入产出数据也反映出类似现象：两个州之间的贸易量越大，则两州的生产模式越相似；两州之间相距越近，生产模式相似性越高（Wolf，1997）。

8.1.5 产业集聚指数研究

运用基尼系数反映产业集群，简便直观，但是，它没有考虑企业的规模差异，如果一个地区存在着一个规模很大的企业，可能就会造成该地区在该产业上有较高的基尼系数，但实际上并无产业集群存在。为了解决这类基尼系数失真的问题，艾力森和格利兹（Ellision，Glaeser，1997）提出了用新的产业集聚指数（Index of Industry Concentration）（γ 指数）来测定产业的区域集聚程度。

产业集聚指数假设某一经济体（国家或地区）的某一产业 i 内有 N 个企业，并分布于 J 个地区，对于行业 i 来说，产业集聚指数 γi 的计算公式为：

$$\gamma i \equiv (Gi - (1 - \Sigma Xj2) \times Hi) / [(1 - \Sigma Xj2)(1 - Hi)]$$

这里，Gi 是行业 i 在 j 区域的基尼系数，Xj 是区域 j 内所有行业职工人数占全国所有行业职工人数的比例，Hi 是行业 i 的赫芬达指数。我们也可以简单地将 γi 粗略地看做是 Gi 和 Hi 的差，即采用行业 i 内的企业集中度 H 对基尼系数进行修正。

艾力森和格利兹将产业集聚指数划分为三个区间，γ < 0.2 为第一个区间，表示产业集聚度低；0.2 ≤ γ ≤ 0.5 为第二区间，表示产业中度集聚；γ > 0.5 为第三区间，表示该产业存在高度的空间聚集。

按照艾力森和格利兹的计算公式，我们计算了中国 25 个工业 2 位数产业 2002 年的区域集聚指数，并按照艾力森和格利兹标准作了分类排序，为了更好地对比，同时还列出了 2002 年的空间基尼系数。

表 8-5　中国 2 位数产业的区域集聚指数与区位基尼系数对照表

	行业	区域集聚指数	区位基尼系数
γ < 0.2	食品加工业	0.001	0.20
	电力蒸汽热水生产和供应业◆	0.003	0.02
	烟草加工业 *	0.009	0.40
	石油加工及炼焦业 *	0.010	0.38
	电器机械及器材制造业 *	0.011	0.29

表8-5(续)

	行业	区域集聚指数	区位基尼系数
0.2≤γ≤0.5	有色金属冶炼及压延加工业	0.020	0.22
	饮料制造业	0.024	0.09
	仪器仪表及文化办公用机械制造业	0.024	0.24
	纺织业★	0.024	0.23
	非金属矿物制品业	0.024	0.05
	交通运输设备制造业	0.024	0.12
	普通机械制造业	0.025	0.18
	专用设备制造业	0.029	0.14
	化学纤维制造业★	0.032	0.09
	金属制品业★★	0.033	0.26
	医药制造业★	0.033	0.02
	化学原料及化学制品制造业★	0.035	0.00
	造纸及纸制品业★★	0.042	0.15
	食品制造业★	0.043	0.08
	黑色金属冶炼及压延加工业★★	0.047	0.17
γ>0.5	电子及通信设备制造业	0.052	0.48
	有色金属矿采选业	0.058	0.43
	石油与天然气开采业	0.061	0.58
	煤炭采选业	0.066	0.46
	黑色金属矿采选业	0.156	0.47

在 2002 年 25 个工业产业的区域集聚指数中，有五个行业高于 0. 05，15 个行业介于 0. 02 ~ 0. 05 之间，五个行业低于 0. 02。区域集聚指数高于 0. 05 的产业，除了技术密集型的电子及通信设备制造业外，其他四个都是资源类产业；同时，这五个产业的空间基尼系数也是较高的，说明这五类产业存在着显著的产业集群现象。与国外研究文献基本一致，艾力森和格利兹（1999）发现：至少 50 % 的行业区域聚集可以用自然资源优势来解释。相对应的是，电力蒸汽热水生产和供应业的区域集聚指数与基尼系数都是很低的，充分说明该产业的均匀分布，这也与经济现实吻合。

通过对比基尼系数与区域集聚指数，我们发现：烟草加工业、石油加工及炼焦业，与电器机械及器材制造业产业区域集聚指数很低，但是它们却有较高的基尼系数，主要是由于这三类产业的企业规模都很大，有很高的企业集中度，其实产业集群形象并不明显。

另外，医药制造业、食品制造业、化学原料及化学制品制造业，以及化学纤维制造业，这四个行业的基尼系数都很低，而区域集聚指数却呈现出中度集聚特征，表明这些产业的产业集群现象实际上是存在的，只是由于大多数企业规模不大，在基尼系数里面反映不出来而已。类似的，造纸及纸制品业、黑色金属冶炼及压延加工业、金属制品业这三个产业，区域集聚指数较高，基尼系数中度，产业集群形象也是存在的。其他的各类产业目前的产业集群特征尚不明显。

8.2　中国工业产业集群现状分析与解读

8.2.1　中国工业产业布局溯源

1949 年中华人民共和国刚成立时，中国工业在地理布局上是高度集中的，70% 的工业集中在华东地区与东三省。其中，重工业主要集中在东三省，轻工业则主要分布于上海、天津和青岛等地。第一个五年计划期间，政府采取了平衡的内陆发展战略，将 2/3 的新工业项目布局于内陆省份。后来，为了战备需要，按照"靠山、分散、隐蔽"的原则进行企业搬迁与兴建新厂，到 1980 年，2 位数工业产业主要分布于上海、江苏、辽宁、黑龙江、北京、湖北、河南、四川和陕西，布局相对均衡。

从 1980 年开始，我国陆续在广东和福建设立四个经济特区和 14 个沿海开放城市，率先实践改革开放，利用沿海地区接近国际大市场和有利于吸收外资的地理优势优先发展。广东因此而成为许多出口产品的生产地，而生产方面的历史优势和已有的销售渠道则使上海、浙江、江苏和山东成为另一些行业的主要集聚地。在 20 世纪 80 年代早期，中国曾引进化学纤维生产流水线到上海和江苏，使上海和江苏在该产业上表现出较强的比较优势。

从 80 年代以来，中国还从世界银行等一些国际金融机构得到大量贷款，用于在全国范围内建造高速公路，高速公路建设的直接收益就是有效地降低了区域内的运输费用与交易成本，在其他条件不变的情形下，区域内与区域间运输效率的上升进一步强化了产业集聚。

在 1980—1995 年间，广东、上海、江苏、浙江和山东在全国工业总产值中的份额大幅度上升。相应的，甘肃、四川、陕西和黑龙江四省在全国工业总产值中的比重显著下降，其他多数省份的份额也在不同的程度上有所下降。这段时期，中国25个2位数工业产业中的22个在地理分布上变得更为集中了，只有黑色金属冶炼及压延加工业、有色金属冶炼及压延加工业，以及化学纤维制造业的产业集中度有所下降。沿海地区产业集群的发展直接促进了沿海地区城市的发展，沿海地区城市的发展又进一步集聚了该地区下一步经济增长所必需的资本和劳动力——大量的体制外的农民工。这时，内地与东北的许多传统产业逐渐衰退，新兴的、广泛的专业化城市在东部沿海地区大量涌现。

自第九个五年计划制订以来，中国政府力争降低区域间的收入差异与发展的不均衡态势，为此，政府增加了对中西部地区的基础设施投资。1999年中央政府开始倡导"西部大开发"，并于2000年立项了10个发展西部的重点工程，此外，政府对外商在西部投资也给予了专门的优惠政策。只不过，沿海地区在过去二十几年吸引大量投资产生的产业集聚"磁场效应"已经远远超越了区域所享有的优惠政策的吸引力，而且，它们还具有内地难以复制的出口外向型产业的地理优势。

8.2.2　产业集群与劳动力和资本的流动

我国的产业布局变化历程也是劳动力与资本的流动历程，产业区域结构的调整必然伴随劳动力和资本的相应移动。在制造业向沿海地区聚集的过程中，劳动力和资本要素也更多地从内地向沿海省份流动——尽管在中国，劳动力和资金还不能完全自由流动，劳动力流动还更多的是以"农民工"或者"孔雀东南飞"形式出现，资本流动主要是以企业为载体，内地长期的银行存差也反映了资金的流向。我国的深圳、珠海、东莞等城市的快速发展，如果没有其他区域劳动力和企业的大量进入是不可想象的。新经济地理理论认为，增强劳动力与资本等生产要素的流动性可能会进一步强化产业集聚①。

吸引工人到沿海产业集群区域工作的一个主要因素是当地相对较高的工资水平与就业水平；同时，企业也倾向于向专业技术工人供给相对充足的区域，或者从事上、下游经济活动的企业较多的区域集中。因为这里比内地有更多的市场机会，或者更高的劳动生产率。与国外不同的是，这里更高的劳动生产率并没有被资本化到土地价格中，土地租金仍然是廉价的。对外资企业而言，这里的所有生产要素都是廉价的，比内地相对更高的工资，但是比美国、欧洲，甚至比中国台湾及香港地区都廉价得多，于是，大量的外资企业选择在沿海地区集聚，除了廉价生产成本以外，这里还有一种与产业集群相关联的外部性经济因素，这既是大量内地资本外溢的重要原因，也是我们相对于劳动力成本更为低廉的越南及其他发展中国家吸引投资的优势所在。在这里，全要素生产率较高，各种要素的相对成本较低。限定要素成本，产业集聚规模较大的区域，生产效率也较高（Nakamura，1985；Henderson，1986）。

在产业集群区域，具备了发育良好的消费品、工业品和生产要素市场，或者具备其他区域所没有的制度环境，是一个对人们的生活和工作都有吸引力的地方。工人们在这里可以更方便找到工作，而且得到比其他地方更高的经济回报，同时，这里还有更多的知识溢出，同处一地的员工受教育程度越高，单个工人的生产能力也就越强。斯科南和霍尔（Ciccone and Hall，1996）在研究劳动生产率较高的州是否经济活动的集中程度也较高时，发现"一个区域的就业密度增加一倍，可使本地劳动

① 文玫. 中国工业在区域上的重新定位和聚集 [J]. 经济研究，2004（2）.

生产率提高6%",这也说明工人之间接近可使他们具有更强的生产能力,并使其要求较高的工资。

从当前状况来看,我国沿海地区的工资率比内地高出许多,这就是产业集聚提高生产效率的结果,当然,这种结果也会带来相应的离散效应,只不过,这种工资差异还没有大到导致大量制造商迁往内地的程度。当工资、租金和利息的上升达到一定阈值,超过产业集聚效应时,就会有一部分厂商向邻近的中部地区或者西部地区迁移。

在美国,像鞋类、服装和电子产品等消费品倾向于长距离运输,而中间产品则更倾向于短距离运输(Wolf,1997)。研究发现,企业所在区域的产业本地化程度越高,则在总销售额中,外购投入的比例也越高(Holmes,1998),也就是说:产业集聚区域的企业与外地其他企业相比,垂直一体化程度更低——它们的投入品大部分需要在本地向其他企业购买,这会进一步促进资本和劳动力的集中。在我国东部沿海地区,产业集群通过市场规模效益或产业间的投入产出联系扩大了当地对企业产品的需求,并提高了企业的生产效率。由于运输成本或其他交易成本的存在,大多数产品倾向于本地交易。

经济政策对产业布局及区域结构的影响是不言自明的,并带动相应的劳动力与资本流动。经济政策在区域之间或者时间上的变化,会对产业区域结构与产业集聚带来巨大影响,沿海地区的发展是与开放政策密切相关的,同理,积极发展内需也会为内地产业发展带来契机。研究证明,在一个封闭的经济里,产业集群通常是不确定的,国内的许多区位都可能成为中心,通常情况下,政治中心也即产业集群中心;随着贸易自由化进程,出口型企业或者使用进口投入品的企业会选择迁移到进入国外市场的成本较低的区域(Krugman,1996),中国改革开放政策导致中国外向型产业大多集聚在东南沿海地区就是证明。

同样的现象也曾出现在墨西哥，墨西哥在实施贸易自由化后产业区位也发生了很大的转移，贸易改革前，墨西哥全国近一半的制造业劳动力集中在首都墨西哥城；贸易改革后，就业增长最快的是离美国近、离墨西哥城远的区域（Hanson，1996，1998）[①]。

8.2.3 中国主要产业集群现状描述

中国社会科学院财政与贸易经济研究所副研究员倪鹏飞博士在2004年对中国200个城市综合竞争力调查研究的基础上，发现产业集群已然呈现出"中国经济的龙脉"，并对18个典型产业集群状况进行了点评，在倪鹏飞博士研究成果的基础上，结合我们前面分析的各种产业集聚指数、空间基尼系数与专业化指数，我们对一些主要产业的集群现状作进一步的分析与描述。

电子信息与计算机产业是各种分析中产业集群特征最为明显的，主要集中在珠江三角洲、长江三角洲与环渤海湾地区，四川和陕西是西部电子信息产业最为集中与发达的地区。由于产业的技术与资金密集型特征，所以集群企业大都具有生产规模大、关联企业集中和配套能力强的特点。沿海地区的电子信息与计算机产业集群，主要是利用开放政策优势，具有鲜明的外部嵌入型产业集群特征；地处西部的四川与陕西的电子信息产业集群，则主要是以早期的军工电子为基础，具有自主研发、自成体系的特征，属于内生发展型产业集群。

黑色金属冶炼及压延加工业具有很强的产业集群特征，主要集中分布在几大冶金产业基地，大都属于政府主导型，生产效率与管理水平距离国际先进水平还有一定差距。京津冀地区

---

① 汉森. 企业、工人与经济活动的地理集聚 [M]. 北京：商务印书馆，2005.

地处煤、铁资源之间的交通枢纽，靠近市场，有以首钢为首带动起来的冶金产业集群。东北地区具有较好的资源禀赋，但市场经济发育水平较低，历史包袱较重。以上海为中心的长江三角洲冶金产业集群拥有完整的产业链，技术力量雄厚，并带动了下游产业的迅速发展。中南地区、西南地区都是政府牵头建立的以大型国有冶金企业为中心的产业集群。

造纸及纸制品业具有较高的区域产业集聚指数与中等水平的空间基尼系数，具有较强的产业集群特征，而且企业规模都不大。我国造纸及纸制品业已经形成珠江三角洲、长江三角洲和环渤海三大产业集群，并已成为广东、浙江、江苏、山东、福建五省的支柱产业。由于造纸造成大量的水资源污染，所以主要布局在江河的下游地区，由于这三大区域的整体经济发展水平与开放程度都比较高，因此吸引了一批骨干的合资造纸企业，并带动了造纸印刷配套产业的发展，形成了具有一定规模的造纸产业集群。

金属制品产业区域集聚指数较高，基尼系数中等，与造纸产业集群一样，主要企业规模都不大，呈现出明显的产业集群特征。金属制品产业主要集中于沿海地区的广东、江苏、浙江、山东与上海等地，该产业属于劳动密集型产业，在市场经济与商品意识比较发达的广东与江浙地区，专业化的村镇发展迅速，也是通常意义上所讲的产业集群的典型代表，这些地区的金属制品产业集群许多都有悠久的金属工艺技术传统，通过模仿与学习，最初以家庭作坊生产，带动上下游产品、各类配件及专业化市场的兴起。随着产业集群的进一步成熟与发展，逐渐形成了一批大型骨干企业，也带动了一批品牌的崛起。

纺织业具备一定的产业集群特征。传统产业基地主要集中在上海、青岛、天津等大城市。现在，纺织业大部分分布在东部沿海地区，主要是浙江、江苏、福建、广东、山东五省，其他零星分布在中西部和东北部。特别是长江三角洲环太湖区、杭嘉湖地区、宁波、温州及珠江三角洲地区，以个别县、镇或村为范围，集中于某种产品的社会化协作生产，形成了富有特色并具备较强竞争能力的纺织服装产业集群。

我们在前面的实证分析中，发现交通运输设备制造业的产业集聚特征很不明显，这与经济现实是不完全吻合的，主要原因是由于我们使用的统计数据是2位数产业，2位数产业覆盖的范围较广，即包括高技术的航空航天器制造，也包括资金技术密集型铁路运输设备制造、汽车制造、船舶制造以及劳动力密集型的摩托车自行车制造。因此，虽然其下面的3位数产业的集群特征十分明显，但是，2位数产业则因为相互中和，而显得整体集聚程度不高。通过3位数产业分析，我们会发现，产业集群特征也是相当明显的。其中，重工业较发达的东北和中西部地区依靠大型企业配套形成了铁路机车制造业产业集群，摩托车及自行车产业集群则集中分布在东南沿海的江苏、浙江、广东、西部的重庆地区；船舶制造产业主要分布在环渤海湾、长江三角洲、珠三角地区；航空航天制造产业由于其高技术产业特征主要集中分布在航天科技研究能力较强的沈阳、成都、西安等地；汽车产业集群则比较均衡地分布于东部、中部与西部的西部的六大区域：长江三角洲、珠三角地区、东北地区、津京地区、华中地区与重庆地区。

非金属矿物制品业主要包含非金属建筑材料业、陶瓷及其制品业、玻璃及其制品业，属于2位数产业集聚程度较低的产业。虽然这些产业大都属于资源禀赋型产业，但因为这些资源在全国范围内分布比较广泛，而且，这些产业的运输成本都较高，主要靠近当地消费需求较大的城市和地区，所以，呈现出比较均匀分布的产业布局。即使如此，也并不是说这类产业集群不存在，其实，在东部沿海地区，非金属矿物制品产业集群集中度也是很高的，特别是在山东、浙江、福建与广东等地，当地具有浓厚的工商业历史传统和比较专业化的分工，形成了一个个的劳动力密集的专业镇、专业村。中部地区的非金属矿物制品产业集群主要集中在河北、山西、内蒙古、河南、湖南、湖北和四川境内。

由于机械制造业的基础性产业特征，所以布局分布广泛，从宏观上也看不出产业集群特征，进一步微观或者中观层次分析，我们发现，机械制造业的产业集群特征也是比较突出的。在东北、山西、湖南、湖北这类重工业基础雄厚的地区，有国家重点投资建设的大中型国有企业，并在大中型企业周围聚集了一大批产业配套企业；在东部沿海城市，外资与民营企业比翼齐飞，当地各种配套产业发展也较快，机械制造产业链还延伸到其他等诸多行业，这些地方的产业集群层次相对较高，处于机械制造产业集群发展的中高端。

我国医药制造业分布比较广泛，由于医药制造业的高附加值，缺乏有力的专利保护制度，以及较低的技术门槛（虽然常常冠以高技术产业），各个地方都将医药制造业作为当地的重点发展产业，于是形成全国遍地开花局面，因此从宏观上看医药产业布局均衡，产业集中度低。但从局部看，医药产业集群却是各地存在的普遍经济现象，我国医药产业集群既有外商直接投资带动的嵌入型产业集群，也有利用本地丰富的药材资源优势建立起来的资源型产业集群，还有依托密集的国家高科技资源形成的创新型产业集群。

食品加工业产业集群特征不显著，由于食品加工属于初级加工，因此，产业集聚度低，在全国范围内的粮食产区广泛分布。相比较而言，随着市场经济的发展，食品制造业则呈现出了一定的产业集聚特征，并主要集中在重要的农业粮食产区或人口密集的大中型城市，如山东、浙江、河南、广东与河北等省份，都有大的食品制造业产业集群。

家电制造业，囿于笔者所依赖的统计年鉴中的数据缺失，没有相关的产业集聚数据分析，但我国沿海的珠江三角洲、长江三角洲和胶东半岛的家电产业集群的存在却是不争的事实，尤其广东、浙江、山东等省份的家电产业集群极富竞争力，并已经形成了较为完整的产业链①。

8.3 产业集群发展政策模式研究

全球产业集群的普遍发展和明显成功，已经引起了有关国际经济组织，许多国家和地方政府部门的浓厚兴趣，它们纷纷把产业集群当做一种政策工具，来刺激集群所在地区的技术创新和提升区域竞争力，使之成为繁荣区域乃至国家经济的新动力。

8.3.1 地方产业发展政策演进

各地地方政府的第一经济要任，就是发展经济、增加就业、实现本地的经济繁荣与人民富裕。如何推动地方经济的发展，形成区域竞争能力，是各地政府设计产业发展政策的首要考虑因素，尤其在欠发达地区，由于市场经济的"马太效应"，强者恒强，弱者更弱，如何走出这种恶性循环的困境，是一个巨大的挑战。

从各国产业政策的发展历程，大致经历了以下三个阶段：

（1）在初级的产业政策阶段，地方政府主要是运用廉价的

---

① 倪鹏飞. 中国城市竞争力报告 [M]. 北京：社会科学文献出版社，2005.

劳动力、土地及其他生产要素供应，以及优惠的税收政策和其他各种宽松的经营环境（如环境污染、劳工福利制度保障等）等手段，来降低企业的生产经营成本，将企业从其他的高成本地区吸引到低成本地区。最初的广东东莞服装产业集群，就是依靠政府的力量，政府为各企业提供各种优厚的条件，包括生产要素的供应、税收的优惠等，将这些企业从其他地方吸引到该地的。

这种产业政策能够产生一定的吸引力，但作用比较有限，尤其是不发达地区，由于其市场发育并不成熟，相关的各种制度成本与交易成本其实是比较高昂的，真正的战略投资家被吸引的可能性不大，许多企业是因为在其他地方由于各种政策因素限制（如环保、社会保障等），生存空间空间收到挤压，才会在这些地方投资。并且，不发达就意味着市场容量不高，这样的区域吸引力就相应大打折扣。

随着硅谷奇迹的出现，以及"第三意大利"的繁荣，人们发现，在原先经济不发达的地方，发展高技术产业也不是不可能的，只是建立或吸引这类投资需要新型的产业政策支持（Glasmeier，1987）。

（2）在第二阶段，产业发展政策主要是通过改善供给和刺激需求双向结合的方式来提升地方投资环境。供给方面，主要表现为改善基础设施，提高服务能力，促进公共研究机构的技术市场化转移，改善生产要素供应质量；需求方面，主要是为现有企业开辟新的市场，包括建立出口加工区、扶持出口与强化本地化公共采购项目等，并将主要扶持与拉动的产业项目落实到一些更为具体的措施，如专业技能劳动力开发，直接提供资金或者利息补贴，公共服务支持和减免税等补贴手段降低企业经营成本，以及鼓励中小企业和技术型企业的创新。

在这个阶段，许多时候地方政府在某种程度上扮演着企业家的角色，通过对基础性的投资活动来获得地方财富的增长与就业的增加。我国许多地区的政府现在就正在扮演着类似的角色，希望通过复制其他地区经济发展的成功经验，实现区域经济的快速发展。但是，实施这种政策的最大帮助，也可能是最大的障碍，那就是政府对市场的替代，这种职能的有效性需要经历时间的检验。如宁夏枸杞产业集群的发展就恰好体现了地方政府在该阶段的作用。从 2000 年开始，宁夏地方政府就对枸杞产业进行大力扶植，相继制定了《无公害食品——枸杞栽培技术规程》等一系列标准，启动了"无公害枸杞行动计划"，对枸杞生产源头及各个关键环节实行严格把关，全面推行标准化生产。2004 年，宁夏政府又相继发布了一系列的实施意见，调整支农资金使用结构，拿出专项资金用于补助、扶持枸杞产业的发展，并且每年还拿出 60% 的地方增值税返还给枸杞产业。2005 年，政府开始实施"枸杞南移工程"。2006 年自治区财政厅、农牧厅、林业局、科技厅、发改委 5 个政府部门联合出台了《推进特色优势产业发展的政策意见》，对优秀的、创建国家自治区品牌及驰名商标的企业和组织给予大力度的奖励。此外，政府还对枸杞产业进行招商引资、产品推介、产销对接、市场开拓、品牌宣传、展销会、培训、信息网络建设等给予重点支持（景娥，2010）。

（3）产业发展政策的第三个阶段，就是充分利用市场机制来改善经济发展制度，政府不再提供普通的商业发展服务，而是发展大量的类似中介机构的政府部门，提供大量的市场中介服务，既避免了千篇一律和官僚主义，又能够有效提高服务绩效，该政策后来成为美国克林顿总统政府产业策略的一部分，集群产业政策就处于产业政策发展的第三个阶段。

关于各种产业吸引与支持政策，也有学者提出不同的见解，比如，认为当企业在相似区位进行选择时，这种产业政策激励实际上是一种"联系破坏者"（Glichman and Woodward，1989），因为，在许多情况下，企业并不会因为某一个区位的政策优惠而改变初衷——除非，这个激励的收益（如税收优惠等）超出企业改变区位决策所带来的机会成本。并没有证据显示产业优惠政策使发达的高成本地区的劣势减少，反而是优惠政策实际上加剧了地区间的不平衡。菲谢尔和彼得斯（Fisher and Peters，1998）也有类似的结论——优惠政策没有改变最高的 20% 和最低的 20% 的区位的地位，获胜区域不管税收优惠如何都总是赢家，而失败者不论给予多少优惠都还是失败者。

8.3.2 集群产业政策的溯源与运用

产业集群政策处于产业政策的第三个阶段，肇始于 20 世纪 80 年代，那时意大利就形成了著名的"产业区"规范性文献，丹麦 1989 年也已经创立了促进企业聚集的"产业网络协作项目"（Industrial Network Cooperation Programs），该项目为 300 多个带有集聚特征的企业网络提供金融服务，缔造产业集群的作用曾轰动一时。美国的许多州也相继创立了多个类似项目，如俄勒冈州的"Oregon's Network Programs"、马萨诸塞州的"The Berkshire Plastics Network"、佛罗里达州的"Technology Coast Manufacturing and Engineering Network"等。

真正让产业集群政策受到广泛关注并产生重大影响的是源于 20 世纪 90 年代三个著名学者的创新性研究。

斯科特（Scott，1988）发现：洛杉矶大量出现的经济活动主要来自于众多的从事相同行业并相互影响的小企业，这些小企业有效的填补了大型与多元化企业集团产业链上的缝隙，正是这些在缝隙中生存的大量的小企业的存在，满足了大企业无法内部化，但又很难通过合约清晰界定外包的专业化小规模生产的急切需要。斯科特认为这些小企业形成了密集的专业化的和地理靠近的交易网络。

意大利经济学家皮奥里和撒贝尔（Piore and Sabell，1984）基于"第三意大利"小企业发展的成功经验，从制度经济的角度来看待产业发展问题，认为小的、高度创新和专业化的企业可以跳出福特制大规模生产的"非效率"困境，并摆脱对大型企业的依赖。

哈佛商学院战略管理学家波特教授的《国家竞争力》的出版，将产业集群理论研究与政策运用推向了又一个高潮。国家竞争力理论（Porter，1991，1998）将产业集群根植到一个更为广泛的动态竞争环境中，认为国家与地方经济发展创造的财富和拥有的商业机会都是与该地区具有竞争优势的产业集群的成功密切联系的，"企业竞争就是产业集群的竞争，就是国家之间的竞争"。波特教授还探讨了区位选择、本地化参与、集群升级和集体协作等对提高集群竞争力的作用，并回顾了传统产业政策的不足，提出了新的基于产业集群的产业政策设计。

从此以后，网络、集群、外部经济便成为学界与业界关注的焦点，产业集群发展策略也开始被地方政府广泛采纳，很多国家及其地方政府都在总结国际经验的基础上，把公共政策重点转向促进地方产业集群的培育、发展和升级上面，以应对经济全球化挑战和提高区域与国家竞争力。

理论界，大多数学者都是赞成地方政府对产业集群的积极介入的。克鲁格曼（Krugman，1991）认为产业集群的形成需要政府的支持，主张自上而下的集群发展产业政策。波特（Porter，1998）认为产业集群，是一种产业制度创新，而产业制度的创新，是离不开政府作用的（至少受到政府的约束），政府在引导产业集聚方面是不可缺少的。上述理论也得到了一系列经济发展事实的支持，在德国的巴伐利亚、美国的芝加哥等城市的老工业技术中心，工业基础虽好，但创新活力并不足，这里总是弥漫着一种对辉煌历史的留恋、一种挥之不去的优越感和一种对市场风险的排斥心理。面对高科技产业发展的挑战，当地政府不得不介入产业发展。20世纪70年代以后，德国巴伐利亚政府支持大学在人工智能、系统工程、微电子等领域的研究，并对创新型企业的迁入给予配合，特别是在当地实行股票买卖的特许制度，导致了大量管理人员从传统的老牌企业进入新兴高技术企业。同时，慕尼黑政府鼓励围绕城市中心建设几个"产业集群区域"——即边缘城市，这些边缘城市通过政府的看得见的"手"布局在距市中心不超过30分钟车程的位置，以此利用中心城市的市政服务、实现企业之间的临近效应以及保障知识溢出。今天，这些由巴伐利亚政府发起的边缘城市型产业集群区域已经成为这个地区最具竞争优势的区域。

我国学者从20世纪90年代开始，也对产业集群进行了跟踪研究，2002年年底由中国软科学协会主办了以"产业集群（簇群）与区域创新发展"为主题的宁波会议，2006年在北京大学举行了"产业集群国际研讨会"，这些都对我国产业集群的研究与推广起到了积极的促进作用。

从欧美等发达国家近几年所实施的产业集群政策来看，产业集群政策有了更高层次的飞跃，如在美国硅谷的计算机、通讯、生物技术等产业集群中，政府主要定位于服务者角色，与教育机构和产业界长期密切合作与互动，实施积极的产业集群扶持与发展政策，具体表现在诸如军事用品的公共采购政策、国防高新技术转为民用技术的政策、高技术移民与就业政策、国际贸易自由化政策、环境政策等，这些都已经成为世界各国纷纷效仿的典型产业集群发展政策模式。①

---

① 刘恒江，陈继祥．国外产业集群政策研究综述［J］．外国经济与管理，2004，26（11）．

8.3.3 产业集群发展政策模式研究

随着市场经济及经济全球化的发展，各种形式的产业集群大量涌现，涵盖了从劳动密集型的传统产业到资本密集型的制造业、再到知识技术密集型的高科技产业等几乎所有的产业门类，并不断演化，呈现出形态、种类、规模各异的产业集群。综观世界各国产业集群的发展成长与演进，我们不难发现一个共同的影响因素，那就是在每一个产业集群的形成与发展过程中都存在地方政府的不同程度的干预，不同的只是在各地政府的干预过程中，市场机制和政府作用的影响程度的差别。

以美国硅谷、"第三意大利"和北欧的一些国家的产业集群为代表，主要是由市场主导，政府调节是间接地与辅助服务性的；以印度班加罗尔和中国台湾新竹等地区为代表的产业集群主要是地方政府扶持型，如果没有地方政府力量的强力介入，单纯依赖市场力量，是不可能取得如此发展成就的；当然，这种政府扶持与我国计划经济时期的国有大中型企业集中布局也是显著不同的。也许我们可以说，这三者产业集群模式代表着一种政府作用力量递增的层次结构。

在欧美等市场经济发达的国家，市场机制比较完善，产业集群的成长与演进主要是依赖市场与产业互动的方式自下而上完成的，即通过所谓的企业对产业集群效应的追逐而自发形成（Weber，1909），产业集群的成长与演进几乎完全是一个市场过程，是一个自由竞争的自发的过程。按照马歇尔的观点，获取外部规模经济是产业区内企业集聚的根本原因（Marshall，1929），这类产业集群的出现，大都是企业出于自身发展的需要，为了获得专业化经济优势、人力资本优势以及特定区域社会文化优势和持续创新的氛围等而聚集到一起的，政府的调节作用往往表现在产业集群已经出现后的事后调节，并且，政府的作为被限定在一定的范围之内，通常起的是间接性的、辅助性的作用，主要通过一些调控和激励措施，防止集聚经济的负的外部性的发生，引导并促进产业集群的良性发展。

在韩国、印度与中国台湾等国家和地区，与欧美等市场经济发达国家不同，市场经济的历史较短，市场机制相对不是很完善、市场自发作用比较不足，产业集群的成长与演进主要依靠政府的扶持来完成。也就是说，产业集群的产生是自上而下的，是通过国家和地区的干预扶持政策而促成的。

在这些国家与地区，产业起点比较低，单靠市场机制的作用很难在短期内创造出足够的发展空间与配备相应的资源条件。同时，也是很重要的一点，这些地方政府往往具有干预和控制经济的历史传统，为摆脱产业基础薄弱，以及资源和要素短缺的约束，实现经济的快速发展与赶超，做强关键性产业，往往运用政府力量，培育本地的产业集群网络，以追求更高的生产率和持续的竞争优势。

政府干预模式下产业集群的重点往往是有助于提升国家竞争优势的关键性与主导性产业，如中国台湾的新竹和印度的班加罗尔等产业集聚区都是以发展高技术产业作为主导，带动整个产业结构的升级和转变。实践证明，这种模式对于落后国家实现经济赶超具有重要作用。在这些地方的产业集群发展政策中，比较注重政府甚至强调地方政府在产业集群成长、演化过程中的主体作用，但是，并不排斥市场在产业集聚过程中的基础性作用和企业自主经营的权利。

第三种产业集群发展模式是我国原先的计划型的产业集群发展模式，这是计划经济条件下所特有的产业集群模式，苏联、东欧和改革开放前我国的产业集群大都属于这种类型。在公有制条件下，社会主义国家可以通过中央计划经济的力量，迅速的转移和调配资源，扶植重点产业，迅速地形成具有竞争力的产业集群，这种产业集群的出现，反映了社会主义集中人力、物力、财力办大事的优良传统，但是受到计划经济条块分割的影响，产业集聚的经济效应——增加收益、降低交易成本和外部规模经济并不是很明显。

笔者认为：在兼顾产业结构的协调性和培育国家与地方竞争优势，发挥市场经济作用方面，政府主导型的产业集聚模式显得更为符合中国的经济发展现实的需要。当然，产业集群成长、演化过程中国家干预力度的强弱，除与产业属性及产业生命周期有关外，还要受到国家经济体制和历史文化传统的影响。

改革开放以来，随着我国经济体制改革的逐步深入，产权关系日益明晰，市场机制开始发挥积极作用，传统的计划型产业集群模式已经逐渐被政府干预主导型的产业集群模式所取代，在民营经济比较发达，市场机制充分发挥作用的地区，市场主导型的产业集群模式已经处于主流位置。统观我国的产业集群，我们发现三种产业集群模式都广泛存在。第一类计划型产业集群模式，主要是以一些国有大中型企业为核心的传统产业集聚区，它们是20世纪50年代实施的国土资源计划、60年代的三线建设、80年代的区域规划的产物。第二类是政府扶持型的产业集群，主要是以中关村为代表的一批高新技术产业开发区内的产业集群。它们是在国家产业政策的导向下，通过扶持和发展对产业结构升级换代、提升国家竞争优势具有带动作用的关键性产业为目的而形成的产业集群。第三类是市场主导型产业集群模式，主要分布在浙江温州等民营经济比较发达的地区，由地方工业演进发展而形成的特色产业集群，它们是国内与欧美等发达国家产业集群模式最接近的产业集群。值得注意的是，目前全国范围内各种产业集群模式下的内部企业创新能力都不高，如何提升其整体技术水平，应对全球化竞争挑战，将是摆在我们面前的重大课题。

由于我国幅员辽阔，区域经济差异较大，产业集群发展模式及进程又各不相同，因此，发展具备各自比较优势的产业集群是我们的现实选择。在产业集群的发展路径选择上，不再单纯依赖区位与资源比较优势，而更为注重产业集群内在竞争优势的培育；在政府的引导作用上，改变过去政府单纯提供优惠政策措施的做法，注重产业集群区域治理和创新环境的培育，以地区潜在的竞争优势与集聚优势来吸引投资者；注重培育地方产业集群的核心竞争能力，改变过去产业竞争力层次较低的不利局面，逐步形成国际竞争优势。

参考文献

〔1〕 BALDWIN C Y. CLARK K B. Managing in an Age of Modularity 〔J〕. Harvard Business Review, 1997, 75 (5): 84 – 93.

〔2〕 BALDWIN C Y. CLARK K B. Clark. Design Rules: The Power of Modularity 〔M〕. Cambridge, MA: MIT Press, 2000, vol. 1.

〔3〕 GRANOVETTER M. Economic Action and Social Structure: The Problem of Embeddedness 〔J〕. American Journal of Sociology, 1985 (191): 481 – 510.

〔4〕 Asanuma, Babri. Manufacture Supplier Relationships in Japan and the Concept of Relation Specific Skill 〔J〕. Journal of Japanese and International Economics, March 1992. 2.

〔5〕 TAYLOR C R, STEVEN N. wiggins. Competition of compensation: supplier in centives under the American and Japanese subcontracting system 〔J〕. The American Economic Review, 1997, 87 (3).

〔6〕 DYER J H, OUCHI W G. Japanese-Style Partnerships: Giving Companies a Competitive Edge 〔J〕. Sloan Management Review, 1993 (4).

〔7〕 EATION, CURTIS B, SCHMITT, N. Flexible Manufacturing and Market Structure 〔J〕. American Economic Review, September, 1994 (5).

〔8〕 KAWASAKI, SEIICHI, MICMILLAN J. The Design of Contracts: Evidence From Japanese Subcontracting 〔J〕. Journal of Japanese and International Economics, September, 1987.

〔9〕 MILLGROM P, ROBERTS, J. The Economics of Modern Manufacturing: Technology, Strategy and Organization 〔J〕. American Economic Review, June, 1990 (8).

〔10〕 Sako, Mari. Prices, Quality and Trust: Interfirm relations in Britain and Japan 〔M〕. Cambridge: Cambridge University Press, 1992: 10.

〔11〕 BALDWIN, CLARK. The Option Value of Modularity in Design, Working Paper, www. people. hbs. edu/cbaldwin/DR2/DR1Option. pdf, 2002.

〔12〕 SOMAYA D, Teece D. J. Combining Inventions in Multi Invention Contexts: Organizational Choices, Intellectual Property Rights, and Public Policy 〔N〕. Haas School of Business Working Paper, 2000.

〔13〕 STEINER. M. Clusters and Regional Specialisation 〔M〕. London: Pion Limited, 1998.

〔14〕 TICHY G. Clusters: less Dispensable and More Risky than Ever, Clusters and Regional Specialisation 〔M〕. London: Pion Limited, 1998.

〔15〕 TICHY G. Are today's Clusters the Problem Areas of To-

参考文献

morrow? ［J］. （Leyam, Graz）, 1997.

［16］FRITZ O M, Mahringer H, VALDERRAME M T. A Risk-oriented Analysis of Regional Clusters, Clusters and Regional Specialisation ［M］. London: Pion Limited, 1998.

［17］HARRISON B. the Italian Industrial Districts and the Crisis of the Cooperative Form: Part I, Part II ［J］. European Planning Studies, 1994 （2）.

［18］Prouder, Richard, St. John, Caron H. Hot Spots and Blind Spots: Geographical Clusters of Firms and Innovation ［J］. Academy of Management Review, 1996, Vol. 21, Issue 4.

［19］ABRAHAMSON E, CHARLES J. Fombrun, Macro Cultures: Determinants and Consequences ［J］. Academy of Management Review, 1994 （19）.

［20］SCOTT A J. New Industrial Spaces: Flexible Production Organization and Regional Development in North America and Western Europe ［M］. London: Pion limited, 1989.

［21］MEYER A. Adapting to Environmental Jolts ［J］. Administrative Science Quarterly, 1982 （27）: 515 - 537.

［22］ACS Z J, AUDRETSCH D B, FELDMAN M P. R&D Spillover and Recipient Firm Size ［J］. Review of Economics and Statistics, 1994.

［23］AUDRETSCH D B, FELDMAN M P. R&D Spillovers and the Geography of Innovation and Production ［J］. American Economic Review, 1996.

［24］BOUNDEVILLE J R. Problems of Regional Economic Planning ［M］. Edinburgh University Press, 1996.

［25］FUJITA M, THISSE J F. Economics of Agglomeration ［J］. Journal of Japanese and International Economics, 1996.

产业集群理论模型与实证研究

〔26〕 GOLDSTEIN G S. , GRONBERG T J. Economics of Scopeand Economics of Agglomeration〔J〕. Journal of Urban Economics, 1984.

〔27〕 JAFFE A B. Real Effects of Academic Research〔J〕. American Economic Review, 1989.

〔28〕 KLEINKNECHT. Firm Size and Innovation: Observations in Dutch Manufacturing Industry〔J〕. Small Business Economics, 1989.

〔29〕 KRUGMAN P. Geography and Trade〔M〕. Cambridge: MA, MIT Press, 1991.

〔30〕 MANSFIELD E, SCHWARTZ, M, Wagner, S. Imitation Costs and Patents: an Empirical Study〔J〕. Economic Journal, 1981.

〔31〕 MARSHALL A. Principles of Economics〔M〕. Macmillan, London, 1920.

〔32〕 MIYAGIWA K, OHNO Y. Uncertainty, Spillovers, and Cooperative R&D〔J〕. International Journal of Industrial Organization, 2002.

〔33〕 BYRNE J. The Virtual Corporation〔J〕. Business Week, 1993.

〔34〕 GRAINER R, METES G. Has Outsourcing Gone too far〔J〕. Business Week, 1990.

〔35〕 HAKONSSON H. Industial Technological Development: a Network Approach〔M〕. London, 1987.

〔36〕 WILLIAMSON O E. Markets and Hierarchies: Analysis and Antitrust Implication〔M〕. New York: The Free Press, 1975.

〔37〕 WILLIAMSON O E. The Economic Institutions of Capitalism〔M〕. New York: The Free Press, 1985.

参考文献

［38］ DIETRICH M. Transaction Cost Economics and Beyond ［M］. Routledge, 1994.

［39］ STORPER M. The Limits to Globalization: Technology Districts and International Trade ［J］. Economic Geography, 1992.

［40］ CONTI S, MALECHI E J, ONIAS P. The Industrial Enterprise and Its Environment: Spatial Perspective ［M］. Ashgate Publishing Ltd, 1995.

［41］ NUZIA CARBONARA, ILARIA GIANNOCCARO, PIERPAOLO PONTRANDOLFO. Supply Chains within Industrial Districts: A Theoretical Framework ［J］. International Journal of Production Economics, 2002, 76 （2）.

［42］ PORTER M. Clusters and the New Economics of Competition ［J］ Harvard Business Review, 1998, 76 （6）.

［43］ ANDREAS HINTERHUBER. Value Chain Orchestration in Action and the Case of the Global Agrochemical Industry ［J］. Long Range Planning, 2002, 35 （6）.

［44］ FRANCO MORGANTI. The Value Chain in Telecommunications ［J］. Intermedia, 2002, 30 （1）.

［45］ JENNIFER BAIR. Local Clusters in Global Chains: the Causes and Consequences of Export Dynamism in Torreon's Blue Jeans Industry ［J］. World Development, 2001, 29 （11）.

［46］ DAVID J. TEECE, GARY PISANO & AMY SHUEN. Dynamic Capabilities and Strategic Management ［J］. Strategic Management Journal, 1997, 18: 7.

［47］ SCHILLING MELISSA & STEENSMA H. KEVIN. The Use of Modular Organizational Forms: An Industry level Analysis ［J］. Academy of Management Journal, 2001, 44 （6）.

［48］ SIMON H. The Architecture of Complexity ［J］. Proceedings of American Philosophical Society. 1962, Vol. 106

[49] SLYWOTZKY A J. Value Migration [M] . Boston:
Harvard Business University Press, 1996.

[50] STALK, GEORGE, PHILIP EVANS & LAWRENCE E.
Shulman Competing on Capabilities: The New Rules of Corporate
Strategy [J] . Harvard Business Review, 1992.

[51] BAPTISTA R SWANN P. The dynamics of firm growth
and entry in industrial cluster: A comparison of the US and UK com-
puter industries [J] . Journal of Evolutionary Economics, 1999
(9): 73 - 399.

[52] Schoales J. A Methodology for Identifying the Drivers of
Industrial Clusters: The Foundation of Regional Competitive Advan-
tage [J] . Economic Development Quarterly, 2006 (20):
162 - 177.

[53] HILL E W, BRENNAN J F. A Methodology for Identif-
ying the Drivers of Industrial Clusters: The Foundation of Regional
Competitive [J] . Advantage Economic Development Quarterly,
February, 2000: 65 - 96.

[54] MUDRAJAD KUNCORO. A quest of industrial district:
An empirical study of small and cottage industries in Java Economic
Growth and Institutional Change in Indonesia in the 19th and 20th
Centuries [C] . An international conference organised by the N ·
W · Posthumus Institute for Economic and Social History in co-opera-
tion with the International Institute for Social History Amsterdam,
February, 2002: 25 - 26.

[55] Dale P · Shannon Tapping. IMPLAN's Data Mine to I-
dentify and Analyze Regional Industries and Industry Clusters for Con-
necticut [EB/OL] . http: www · cerc · compdfsimplan __ paper ·

参考文献

doc, 2006.

[56] ELLISO G, GLASER E. Geographic Concentration in U · S · Manufacturing Industries: A Dartboard Approach [J]. JPE, 1997, 105 (2): 889 – 927.

[57] WOODARD D, et al. Agglomeration and the location of foreign direct investment in Portugal [J]. Journal of Urban Economics, 2000 (47): 115 – 135.

[58] BACHELLER J M. Commentary on State-Level Economic Development in New York: A Strategy to Enhance Effectiveness [J]. Economic Development Quarterly, February, 2000, 14(1).

[59] BERGMAN E, FESER E, SWEENEY S. Targeting North Carolina Manufacturing-Understanding the State's Economy Through Industrial Cluster Analysis [J]. Chapel Hill North Carolina, March, 1996, I.

[60] CONNAUGHTON J E, MADSEN R A. The Economic Impacts of Residential Construction in Mecklenburg County [M]. North Carolina: Charlotte, August, 2000.

[61] CZAMASKI S, ABLAS L A. Identification of industrial clusters and complexes: A Comparison of Methods and Findings [J]. Urban Studies, 1979.

[62] FESER E J, BERGMAN E M. National Industry Cluster Templates: A Framework for Applied Regional Cluster Analysis[M]. Regional Studies, 2000, 33 (1).

[63] HARTIGAN JOHN A. Clustering Algorithms [M]. New York : John Wiley & Sons, 1975.

[64] HILL E W, BRENNAN J F. A Methodology for Identifying the Drivers of Industrial Clusters: The foundation of Regional Competitive Advantage [M]. Economic Development Quarterly,

产
业
集
群
理
论
模
型
与
实
证
研
究

February, 2000, 14 (1).

〔65〕HOEN ALEX R. Identifying Linkages with a Cluster-based Methodology〔J〕. December 2001, Economic Systems Research, 2002, 14 (2).

〔66〕ICF KAISER. Advantage Carolina: Capitalizing on Charlotte's Momentum ⋯Together〔M〕. Economic Strategy Group, March, 1999.

〔67〕JAIN A K, DUBES R C. Algorithms for Clustering Data〔M〕. New Jersey: Prentice-Hall, Inc. Englewood Cliffs, 1988.

〔68〕PADMORE T, GIBSON H. Modeling Systems of Innovation: II. A Framework for Industrial Cluster Analysis in Regions〔J〕. Research Policy, 1998 (26).

〔69〕PENEDER M. Cluster Techniques as a Method to Analyze Industrial Competitiveness〔J〕. Austrian Institute of Economic Research, 2001.

〔70〕PINCH S, HENRY N, KRUGMAN P. Geographical Economics, Industrial Clustering and the British Motor Sport Industry〔J〕. Regional Studies, August, 1998, 33 (9).

〔71〕PORTER M E. Competitive Strategy〔M〕. New York: The Free Press, 1980.

〔72〕PORTER M E. The Adam Smith Address: Location, Clusters, and the "New" Microeconomics of Competition〔C〕// Speech was given at the 39th Annual Meeting of NABE. New Orleans, LA, September, 1997.

〔73〕REDMAN J M. Understanding State Economies Through Industry Studies, Council of Governor's Policy Advisors〔M〕. Washington, D. C, 1994.

〔74〕ROSENFELD S. Industrial Strength Strategies: Regional

参考文献

Business clusters and Public Policy, Aspen Institute［M］. Washington. D. C，1995.

〔75〕STREIT M E. Spatial Association and Economic Linkages between Industries［J］. Journal of Regional Science，1969.

〔76〕OECD. a·Boosting Innovation：The Cluster Approach·OECD Proceedings. Paris：OECD，1999.

〔77〕YEATS J. Just How Big Is Global Production Sharing？［R］. The World Bank，1998.

〔78〕青木昌彦，安藤晴彦．模块时代：新产业结构的本质［M］. 上海：远东出版社，2003.

〔79〕青木昌彦．经济体制的比较制度分析［M］. 北京：中国发展出版社，1999.

〔80〕迈克尔·波特．国家竞争优势［M］. 陈小悦，译. 北京：华夏出版社，2002.

〔81〕克拉克．牛津经济地理学手册［M］. 北京：商务印书馆，2005.

〔82〕安娜·格兰多里．企业网络：组织和产业竞争力［M］. 北京：中国人民大学出版社，2005.

〔83〕杨小凯．发展经济学：超边际与边际分析［M］. 北京：社会科学文献出版社，2003.

〔84〕杨小凯，黄有光．专业化与经济组织———一种新兴古典微观经济学框架［M］. 北京：经济科学出版社，2003.

〔85〕金碚，等．竞争力经济学［M］. 广州：广东经济出版社，2003.

〔86〕金碚．中国企业竞争力报告［M］. 北京：社科文献出版社，2003.

〔87〕魏后凯．市场竞争、经济绩效与产业集中［M］. 北京：经济管理出版社，2003.

〔88〕朱华晟. 浙江产业群〔M〕. 杭州：浙江出版社，2003.

〔89〕王缉慈. 创新的空间——企业集群与区域发展〔M〕. 北京：北京大学出版社，2001.

〔90〕王缉慈. 中国地方产业集群及其对发展中国家的意义〔J〕. 地域研究与开发，2004（4）.

〔91〕史忠良. 产业经济学〔M〕. 北京：经济管理出版社，1998.

〔92〕于立，王询. 当代西方产业组织学〔M〕. 大连：东北财经大学出版社，1996.

〔93〕夏大慰. 面对新经济时代的产业经济研究〔M〕. 上海：上海财经大学出版社，2001.

〔94〕A. 韦伯. 工业区位论〔M〕. 北京：商务印书馆，1997.

〔95〕W. Brian Arthur. 增加收益和经济中的渠道依赖性〔M〕. 美国：密歇根大学出版社，1994.

〔96〕Arthur Andersen，等. 未来组织设计〔M〕. 北京：新华出版社，2000.

〔97〕杨瑞龙，周业安. 企业共同治理的经济学分析〔M〕. 北京：经济科学出版社，2001.

〔98〕袁安照. 企业联盟——治理结构理论导论〔M〕. 上海：上海人民出版社，2002.

〔99〕解树江. 虚拟企业——理论分析、运行机制与发展战略〔M〕. 北京：经济管理出版社，2002.

〔100〕李维安. 网络组织——组织发展新趋势〔M〕. 北京：经济科学出版社，2003.

〔101〕林润辉. 网络组织与企业高成长〔M〕. 天津：南开大学出版社，2004.

〔102〕刘东．企业网络论〔M〕．北京：中国人民大学出版社，2003.

〔103〕勒施．经济空间秩序——经济财货与地理间的关系〔M〕．王守礼，译．上海：商务印书馆，1995.

〔104〕梁琦．产业集聚论〔M〕．上海：商务印书馆，2004.

〔105〕刘志彪，姜付秀．基于无形资源的竞争优势〔J〕．管理世界，2003（2）.

〔106〕范剑勇．市场一体化、地区专业化与产业集聚趋势——兼谈对地区差距的影响〔J〕．中国社会科学，2004（6）.

〔107〕徐康宁，王剑．要素禀赋、地理因素与新国际分工〔J〕．中国社会科学，2006（6）.

〔108〕陈秀山，徐瑛．中国区域差距影响因素的实证研究〔J〕．中国社会科学，2004（5）.

〔109〕路江涌，陶志刚．中国制造业区域聚集及国际比较〔J〕．经济研究，2006（3）.

〔110〕范剑勇．产业集聚与地区间劳动生产率差异〔J〕．经济研究，2006（11）.

〔111〕罗勇，曹丽莉．中国制造业集聚程度变动趋势实证研究〔J〕．经济研究，2005（8）.

〔112〕白重恩，杜颖娟，陶志刚，仝月婷．地方保护主义及产业地区集中度的决定因素和变动趋势〔J〕．经济研究，2004（4）.

〔113〕李怀，高良谋．新经济的冲击与竞争性垄断市场结构的出现〔J〕．经济研究，2001（10）.

〔114〕洪银兴．用主流经济学方法研究产业集聚———评梁琦教授著《产业集聚论》〔J〕．经济研究，2004（10）.

〔115〕金煜，陈钊，陆铭．中国的地区工业集聚：经济地

理、新经济地理与经济政策［J］．经济研究，2006（4）．

〔116〕文玫．中国工业在区域上的重新定位和聚集［J］．经济研究，2004（2）．

〔117〕克莱顿·克里斯腾森，迈克尔·雷纳．滑向未来的利润源［J］．哈佛商业评论：中文版，2004（11）．

〔118〕王今．产业集聚的识别理论与方法研究［J］．经济地理，2005（1）．

〔119〕刘恒江，陈继祥．国外产业集群政策研究综述［J］．外国经济与管理，2004（11）．

〔120〕金碚．企业竞争力测评的理论与方法［J］．中国工业经济，2003（3）．

〔121〕刘戒骄．企业兼容竞争的博弈分析［J］．中国工业经济，2003（2）．

〔122〕杨瑞龙，冯健．企业间网络的效率边界：经济组织逻辑的重新审视［J］．中国工业经济，2003（5）．

〔123〕朱英明．产业的集群化特征与集群式发展研究——基于中国投入产出的方法［J］．数量经济技术经济研究，2006（9）．

〔124〕黄勇．浙江块状经济现象分析［J］．中国工业经济，1999（5）．

〔125〕蔡宁，杨闩柱，吴结兵．企业集群风险的研究：一个基于网络的视角［J］．中国工业经济，2003（4）．

〔126〕冯丽，李海舰．从竞争范式到垄断范式［J］．中国工业经济，2003（9）．

〔127〕雷如桥．基于模块化的组织模式及其效率比较研究［J］．中国工业经济，2004（10）．

〔128〕青木昌彦．硅谷模式的信息与治理结构［J］．经济社会体制比较，2000（1）．

〔129〕贾根良．网络组织：超越市场与企业两分法〔J〕．经济社会体制比较，1998（4）．

〔130〕袁纯清．共生理论及其对小型经济的应用研究〔J〕．改革，1998（4）．

〔131〕陈雪梅．中小企业群的形成及其对地区经济发展的影响〔J〕．宏观经济研究，2001（9）．

〔132〕曾祥效．广东专业镇产业族群的形成与产业链发展〔J〕．科技进步与对策，2003（10）．

〔133〕马可·扬西蒂，罗伊·莱温．制定战略：从商业生态系统出发〔J〕．哈佛商业评论：中文版，2004.

〔134〕朱海就．企业网络的经济学分析——对产业区能力差异的解释〔D〕．杭州：浙江大学博士学位论文，2002.

〔135〕苟昂．基于价值网的贸易型企业商业模式创新研究〔D〕．南京：南京大学博士论文，2004.

〔136〕倪鹏飞．城市竞争力主题研究发现——产业集群调查：浮现的龙脉〔R〕．中国城市竞争力报告，2005.

后 记

　　蓦然回首，在光华园求学、工作已然十年，犹如白驹过隙，攻读博士学位期间，五年的亦师亦生的双重角色扮演，更是几多艰辛，感觉生活一直在推着我走，让我不能喘息片刻。同时，也就在这五年，专业研究从幼稚和盲从逐渐走向成熟与自主，开始"化蛹成蝶"，为今后的学术生涯铺垫了一级坚实的台阶。

　　能够以愚钝之资质，求教于赵国良教授门下，有幸在先生左右，见识往来鸿儒；结识同门英才，切磋于工作之中，析疑义于有形；谈笑于闲暇之间，启文思于无意。求学如是，实乃人生大幸。

　　在本书写作过程中，笔者曾经数度到产业集群园区实地考察，并与相关实业界人士及政府官员进行深度交流，深感理论研究的使命、差距与不足。在对产业集群数据的收集与分析过程中，也倍感系统、全面、标准、客观的经济统计数据的重要。本书的写作过程，既有夜半攻读的充实，也有豁然顿悟的欢欣，更多的是殚精竭虑仍不能达成预期的苦闷和彷徨。

翁智刚